기적수업이란
무엇인가

제2권

**아무리 애써도 당신의 행복, 기쁨, 평화가
완벽하지 않은 이유**

지은이 **이영종(필명 지가성)**

고려대학교 영문학 학사
미국 뉴저지 드루 신학대학원 신학 석사
미국 캘리포니아 클레어몬트 신학대학원 종교학 석사
미국 캘리포니아 샌디에고 법학대학원 법학박사
(Doctor of Jurisprudence)

뉴욕, 뉴저지, 캘리포니아 한인교회들에서 설교자로 일하고 미국과 한국에서
변호사와 다양한 업종의 투자자/경영자로 일했다.

기적수업이란
무엇인가 제2권

ⓒ 이영종, 2021

초판 1쇄 발행 2021년 9월 19일

지은이   이영종
펴낸이   이기봉
편집   좋은땅 편집팀
펴낸곳   도서출판 좋은땅
주소   서울 마포구 성지길 25 보광빌딩 2층
전화   02)374-8616~7
팩스   02)374-8614
이메일   gworldbook@naver.com
홈페이지 www.g-world.co.kr

ISBN   979-11-388-0194-2 (03230)

An Introduction to A Course in Miracles Volume 2

기적수업이란 무엇인가

제2권

아무리 애써도 당신의 행복, 기쁨, 평화가 완벽하지 않은 이유

이영종 지음

좋은땅

목차

지은이의 말 • *8*

기독교인에게 드리는 말 • *10*

머리말 • *12*

《기적수업이란 무엇인가 제1권》에서 다룬 것들의 요약 • *17*

III. 삶에서의 적용

판단하지 않고 더 이상 속지 않는 자,

몸에 매이지 않고 포기했던 완벽한 사랑을 받아들이는 자는 복이 있나니

1. 판단　　　　　　　　　　　　　　　　　　　　　• *34*

판단에 대해서 1 / 판단에 대해서 2 / 판단에 대해서 3 / 판단에

대해서 4 / 판단에 대해서 5 / 판단에 대해서 6

2. 몸　　　　　　　　　　　　　　　　　　　　　　• *70*

나는 몸이 아니다. 나는 영이다.

나는 하느님이 창조하신 그대로이다. 나는 자유롭다.

3. 시간　　　　　　　　　　　　　　　　　　　　　• *89*

시간에 대해서 1 / 시간에 대해서 2 / 시간에 대해서 3 / 시간에

대해서 4 / 시간에 대해서 5 / 시간에 대해서 6 / 시간에 대해서 7

4. 질병의 치유와 치료　　　　　　　　　　　　　• *127*

질병과 치유 1 / 질병과 치유 2 / 질병과 치유 3 / 질병과 치유 4 /

질병과 치유 5

5. 속임(기만) • *158*

속임에 대해서 1 / 속임에 대해서 2 / 속임에 대해서 3 / 속임에 대해서 4

6. 진리 수용의 단계들 • *195*

진리 수용의 5단계

7. 용의(willingness) - 작은 용의(the little willingness) • *204*

용의 = 의지 = 선택 = 결정

배움 = 노력 = 의지

8. 행복, 기쁨, 평화의 총체성 • *220*

행복, 기쁨, 평화라는 상태에 있어서 무엇인가 아주 조금이라도
부족한 것이 있거나 어느 누구라도 그것을 누리는 것에서 제외된
다면 총체적인 행복, 기쁨, 평화가 아니다.

**9. 장애물(평화로 가는 길에서) 다루기 - 머뭇거리는/머뭇
거리게 하는 환상들(lingering illusions)** • *226*

환상들이 완전히 사라지지 않고 머뭇거리게 만드는 장애물들

10. 받아들이기(acceptance) • *235*

받아들이기는 청약의 승낙(acceptance of an offer in a contract)
이 아니라 이미 받은 선물의 재발견(rediscovery of a gift)이다.
선물은 대가(consideration) 없이 소유권이 이전된다.
선물을 받을 자격이 없다고 거절하는 것은 주는 자의 뜻(그리고
선물)을 받아들이는 것보다 더 오만한 것이다. (마르틴 루터, "값
없이 은혜로 주는 구원을 믿고 받아들이는 것이 자신의 죄와 하
나님의 엄격함을 강조하면서 그런 구원은 받아들일 수 없다고
하는 것보다 하나님을 더 영화롭게 한다.")

IV. 성서(타 종교)와 기적수업

1. 수업으로 본 성서의 재해석   • 244

2. 산상수훈, 비유, 그리고 기적수업의 공통점들   • 262

   예수의 산상수훈, 비유들, 그리고 기적수업의 공통점들 1 / 예수
   의 산상수훈, 비유들, 그리고 기적수업의 공통점들 2 / 예수의 산
   상수훈, 비유들, 그리고 기적수업의 공통점들 3

3. 대승불교와 기적수업이 만나는 지점   • 282

   1) 밖에서 지각되는 것(형상을 지니고 나타나는 것: 우리에게 보
   이는 것)은 완전히 환상일 뿐이다.
   힌두 아드바이타 베단타의 불이일원론(non-dualistic monism)
   의 완전한 환영성의 실재론과 유사하다. [우주는 가유(가짜 있음)이다.]

   2) 실재와 실재세상은 우리의 이해를 넘어서는 영역이긴 하지만
   우리가 용서를 통해서 비전을 얻을 때 실재세상을 지각할 수 있
   게 된다는 점에서 공즉시색이나 진공묘유라는 표현들에서 가리
   키는 공과 유사성을 보여 준다. (대승불교와 유사)
   우주는 진공묘유. 색즉시공이고 공즉시색이다.

   3) 자신의 불성(신성, 거룩함)의 흔들림 없는 알아차림이 바로
   깨달음(구원)이다. (선불교와 유사)

V. 결론

1. 기적수업은 염세적이거나 초월적인 관조 또는 패배주의
   를 지지하는가?   • 290

2. 기적수업의 독특한 열매와 공헌   • 294

3. 기적수업을 (기적수업의 속죄를) 가르치도록 초대받은
   자의 특징   • 313

1) 지금은 극단적이어야 할 때

2) 이제는 뭘 하지?

enjoy happiness, joy and peace. (행복, 기쁨, 평화를 즐기라.)

smile more frequently with serene forehead and quiet eyes. (차
분한 이마와 조용한 눈길로 더 자주 미소 지으라.)

forgive and save the world. (용서하고 세상을 구하라.) - 용서와
구원만이 나의 기능이다. 다른 것들은 모두 사소한 목적들, 목표들이다.

3) 내가 누구인지에 대한 앎이 주는 자유를 가진 사람["진리를
알지니 진리가 너희를 자유롭게 하리라."(요한복음 8:32)]

기적수업은 나에게 셰익스피어, 엘리어트, 조이스를 읽어도, 크고 작은 교회들에서 설교자로 일해도, 변호사로 또 사업가로 세상 물결의 한가운데서 살아도 늘 완전히 사라지지는 않던 일말의 결핍감과 공허감을 해결해 주었다. 게다가 구원은 이론적인 것이 아니기에 끝내 불가능해 보이던 통합적인 신학과 이론과 실생활을 아우르는 균형 잡힌 관점을 얻게 해 주는가 하면 마침내 자유롭게 만들어 주었다. 그러므로 이 책들(《기적수업이란 무엇인가》 1권과 2권)은 '기적수업'(A Course in Miracles)에 관한 한 소개서이기 이전에 내 개인적인 감탄과 감사의 증언이다.

기적수업이 가르치는 내용들은 그 콘텐츠의 양(1,200페이지가 넘는)과 깊이 그리고 폭에서 방대하고 심오하다. 더구나 철학, 종교학, 심리학, 신학, 법학을 포함해서 상당히 다양한 주제들을 심도 있게 다루면서 몇 개의 인상적인 특이한 형식들과 강력한 문체들 그리고 간결하지만 반박하기 어려운 압도적이고 선명한 논리의 주장들로 이루어져 있다. 또한 매우 유려하고 명료한 예술적인 문장들과 함께 간결하면서도 정교하게 설득력 있는 단호한 표현들로 쓰여 있다.

　필자와 같은 보통 사람이 깊이 있고 상세한 이해를 갖추고서 정확하고 포괄적인 해설을 해내는 것은 불가능한 일이다. 그러므로 이 책들(제1권과 제2권)은 단지 기적수업이라는 숲에 처음으로 관심을 가지게 된 사람들에게 입구까지의 길잡이 기능을 하거나 약간의 초기 안내인 역할을 한다면 그 목적을 충분히 이루는 것이 될 것이다.

기독교인에게 드리는 말

"하나님 앞에 그 어떤 작은 우상조차도 두지 말라." "우상은 포기할지니 아무리 잘 위장하고 있더라도 모든 물질적인 우상과 마음의 우상을 다 찾아내어 버리라." "네 하나님을 사랑할 때 '정성을 다하고, 목숨을 다하고, 마음을 다하여' 사랑하라." 예수가 불러 준 기적수업은 이런 내용들로 요약될 수 있다. 이 메시지들은 기독교의 가장 중심적인 가르침이기도 하다. 전달하고자 하는 가장 중요한 메시지에 있어서 기적수업은 기독교 가르침의 가장 핵심적이고 정묘한 교훈들을 해치지 않고 오히려 강조한다.

기독교인들에게 기적수업에 마음을 열기 어려운 몇 가지 이유들이 있을 수 있을 것이다. 그중 일부에게는 기적수업이 부담스러운 이유들 중의 하나가 그 출처의 미스터리에 대한 불신이기보다는 '너무 극단적인 믿음'을, 즉 너무 많은 것을 기적수업의 가르침이 요구하는 것으로 들리기 때문일 것으로 짐작된다. '모든 우상'과 '세상의 모든 것'을 완전히 희생해서 포기하고 오직 '하나님'만 사랑하라는 것으로, 또 심지어는 세상을 경원시하라는 것으로 표면적으로는 들릴 수도 있지만, 기적수업은 그 미묘한 뉘앙스가 제대로 이해된다면 사실은 우리의 희생을 전혀 요구하지 않는다는 것이 드러난다. 신은 우리가 가지고 싶어 하거나 이미 가졌다고 믿는 세상의 것들(재산, 명성, 몸으로 하는 일들, 권력 등)에 대해서는 아예 관심이 없기 때문이다.

> **워크북 133:2** 이 수업은 *너로부터 네가 가진 '아무것도 아닌 것'을 뺏기를 시도하지 않는다.* (This course does not attempt to *take from you the little* that you have.)

> **텍스트 29:10** 네가 그 무엇도 포기하는 것이 아님을 깨닫고 상실이란 정녕 없음을 이해하기 전에는, 자신이 선택한 길에 대해 어느 정도 후회를 하고 그 선택이 제공한 수많은 이득을 보지 못할 것이다.

하나님이 보기에 이 세상에서 우리가 원하는 것-돈, 명예, 권력, 육체적 즐거움 등-은 '아무것도 아닌 것'(nothing) 혹은 '왜소한 것'(the little)이다. 그러므로 그것을 우리가 원하거나 사용하는 것은 그것에의 집착으로 새로운 문제만 만들지 않는다면 '전혀' 문제가 되지 않는다. 하나님은 무엇보다도 먼저 우리의 마음의 변화를 요청하신다. 이런 의미에서 기적수업의 중심적인 가르침은 기독교인으로서의 우리의 믿음이 진정 어디에 있는지 확인해 볼 기회를 제공할 수 있을 것이다.

누구나 행복을 원하지만 아무도 진정으로 행복하지는 않다는 보편적인 문제 상황

우리 모두는 행복을 원한다. 누구나 자신의(자신이 선택한 기억이 전혀 없는) 삶의 여정을 시작한 후에 생로병사라고 요약되는, 너무나 덧없고 허망하며 부조리한 삶의 구조를 발견하고 나면 살아 있는 동안이라도 양껏 '행복'하고 싶어지는 것인지도 모른다. 이것을 약간 다른 관점으로 표현하자면, 누구나 자신의 내면의 '죄책감'이 추동하는 대로 자신을 위한 '구원'을 찾게 되고, 겉보기에는 어떤 삶을 살고 있든지 간에 나름의 구원계획을 만들어서 평생을 애쓰게 되는 것이라고 할 수 있다.

그 누구든 무엇을 하든 어떤 것을 원하든 결국은 '행복'하고 싶어서 그렇게 한다. 그리고 이 행복(기쁨 혹은 평화)은 당연히 몸의 행복이 아니라 마음의 행복이다. 즉 몸의 쾌락, 성공이 주는 풍요로움, 우정, 연애, 사랑, 권력, 명예를 성취하려 할 때나 심지어 종교와 영적인 가치들을 추구할 때조차도 그 성취와 추구를 통해 결국은 마음이 행복을 느끼고자 한다.

　이상적이라면 이 행복은 시간의 흐름에 따라 혹은 여건의 변경에 따라 흔들리지 않아야 하고, 변함이 없는 행복이어야 한다. 다른 말로 해서 언제나 변함이 없는 순수한 기쁨이나 평화여야 한다. 그러나 우리가 삶의 한가운데서 문득, 때로는 삶을 되돌아보는 지점에서 보다 명료하게 깨닫게 되는 것은 무엇을 애써서 하든 혹은 무엇을 조심스럽게 하지 않으면서 절제하든 우리가 얻었다고 생각하는 행복이라는 것이 변하지 않고 지속되지는 않는다는 사실이다.

　요약하자면, 아무도 진정으로 변함없이 행복하지는 않아 보인다. (물질적 풍요와 육체적 쾌락 속에 사는 사람이든 정신적 가치추구와 도덕적 우월함 속에 사는 사람이든 다르지 않고, 젊은이나 늙은이가 차이 나지 않으며, 시대와 국경과 인종을 초월해서 그 누구라도 변함이 없는 행복을 누리고 살지는 못하는 것으로 보인다.)

　너무나 빨리 지나가는 인생과 그것이 반드시 파묻어 놓는 덫들, 세월의 덧없음, 그리고 생로병사의 사이클로 인해서 누구도 변함없이 행복할 수는 없다. 그리고 보다 근본적인 문제는 스스로를 단지 '몸'이라고 믿는 데 있다. 이런 행복, 기쁨, 평화는 진리 혹은 완벽한 사랑만이 줄 수 있는 것인데 자신을 단지 몸이라고 믿는 한은 이런 것을 얻을 도리는 없기 때문이다.

　결국, 인간이라면 누구나, 그 무엇보다도 더 행복을 바라지만 현실의 삶에서는 **아무도 진정으로 행복하지는 않다는 것**이 인간 **삶의 가장 근본적인 문**

제라고 할 수 있다. 기적수업은 바로 이런 상황에 대한 하나의 해결책이다. 여기에 변함없는 그리고 총체적인 행복, 기쁨, 평화를 준다고 약속하는, 그리고 완벽한 사랑을 소개하는 **'기적수업'의 의미**가 있다.

　이 책의 부제는 ***'아무리 애써도 당신의 행복, 기쁨, 평화가 완벽하지 않은 이유'***이다. 진리를 찾고 공부하는 사람들은 일반적으로 이전에 비해서 더 행복하고 기쁘고 평화롭다고 느낀다. 그러나 여전히 삶의 정황들에서 일어나는 사건들과 상황들을 다루면서 아직은 완벽한 행복, 기쁨, 평화를 가지고 있지 못하다고 자각하게 된다. 그렇다면 우리는 언제부터 *완벽하게* 행복하고 기쁘고 평화로울 수 있을까?

　우리는 기적수업에서 가르쳐주는 진리에 대해 듣고 배운다. 그 배움을 통해서 진리(속죄)를 받아들이기로 선택하는 한은, 즉 속죄를 받아들이려는 용의를 내는 한은 진리 안(실재 차원)에서는 즉시 구원되고 자유를 얻고 기쁨, 평화, 행복을 누린다. 그러나 시간 안에서는 '*비극적인 지연*'이 일어난다. 진리를 듣고 공부하고 깨우침에서 오는 기쁨과 행복과 평화가 세상의 삶에서는 반드시 항상 지속되지는 않음을 발견하는 것이다. 세상에 집착하게 만드는 은밀한 유혹이 오면 다시 굴복하고, 여전히 교묘하게 판단하고 있으며, 하루에도 수십, 수백 번 일어나는 공격 생각에서 완전히 벗어나지는 못한 자신을 발견할 때 진리를 발견한 기쁨과 자신의 삶의 실존 사이에 느껴지던 간격은 오히려 전보다 더 커 보이기까지 한다. 간략하게 말하자면 그 이유는 단지 시간과 같은 환상을 아직 믿고, 달리 말해서 포기하지 못하고, 단 얼마간의 주의라도 여전히 환상들에 보내며, 아무리 작은 환상 하나라도 아직은 마음 깊이 남겨 간직하고 있기 때문이다.

텍스트 5:71 지연은 영원 안에서는 문제가 되지 않지만 시간 안에서는 비극적이다. (Delay does not matter in eternity, but it is tragic in time.)

텍스트 29:11 지금, 기적이 야기되었다. 비록 아직 지각되지는 않았지만 말이다. 기적의 결과들도, 비록 아직 보이지는 않지만 거기에 있다.

그러므로 환상들을 완전히 포기하기만 하면 (그렇게 선택하고 용의를 내고 성령께 나머지를 위임하기만 하면) 시간 안에서, 세상 안에서, 물질 우주 안에서 어떤 일이 생기고 무엇을 보고 느끼든 상관없이 완벽하게 행복하고 기쁘고 평화로울 수 있다. '색즉시공'임을 보라. '제상비상'임을 알라. '염기즉각' 하라. 세상 안에서 어디에 있고 무엇을 하고 있든 상관없이 오직 진리, 실재, 천국, 하느님의 나라에만 주의를 주라. 나머지는 간과/무시(disregard)하라. 그러면 어떤 일이 있더라도 행복을 뺏기지 않는다. 오직 주의가 분산되어 환상을 실재인 양 잠시라도 애틋하게, 심각하게, 웃어넘기지 못한 채 대하여 주의를 뺏길 때만 평화는 깨어진다.

반대로, 여전히 세상에 미련을 두고서도, 일부 환상을 지니고 숨기고 있으면서도, 놓기 싫은 장난감 몇 개를 쥐고 있으면서도, 천국에 같이 가기는 거절하고픈 형제가 있는데도, 그렇게 진리를 온전히는 사랑하지 않으면서도, 완벽하게 흔들리지 않고 행복하고 기쁘고 평화롭기를 기대하지는 말아야 한다.

워크북 131:8 그 움직이는 패턴들과 불확실한 목표들, 그 *고통스런 즐거움들과 비극적인 기쁨들*(its shifting patterns and uncertain goals, its painful pleasures, and its tragic joys).

그렇게 한다면 스스로를 속이는 것이고, 온전히 포기되지 않은 몸 정체성 때문에 (판단, 공격생각, 계획하는 마음 때문에) 완벽한 행복, 기쁨, 평화는 커녕 몸까지 아프게 된다(워크북 136:21). 이렇게 한 방향으로 완전히 돌아서지 않은 상태에 있으면 위의 인용대로 아직 원하는 것들 즉 목표들이 확실하지 않은 것이다. 그런 상태에서 느끼는 *쾌락들은 고통스러운 것들(painful pleasures)*이며, *기쁨도 비극적이다*(tragic joys). 매혹이 여러 개라면 오히려 삶은 더 혼란스러워 진다.

《기적수업이란 무엇인가 제1권》에서 다룬 것들의 요약

제1권에서는 주로 '사고역전'이 무엇인지 그리고 왜 그것이 필요한지와 함께 '기적수업의 신학 이론'을 다루었다. '자신이 누구인지'와 '나의 진정한 필요는 무엇인지'에 대한 진리를 배우는 것의 중요성을 공부하였다. 그리고 내가 스스로 지어낸 환상들에 대한 완전한 **용서를 해야만 그 용서가 나에게 돌아와서**('주는 것이 받는 것이다'는 기적수업 원리처럼) 애초에 그것들을 생겨나게 만들었던 나의 죄책감이 온전히 치유되는 원리에 대해서 배웠다.

사고역전과 관련해서는 가장 큰 네 가지의 전복된 사고들을 소개했는데, 그것들은 우리 사고와 지각의 역전이 가장 크고 넓은 스케일로 표현되는 보기들이다.

1. 나는 아무것도 모른다(I know nothing)

◆ 인습적인 믿음:
• 나는 열심히 배우고 연구해서 많은 것을 알 수 있다.

- 나는 배워서 아는 것과 과학적 지식에 의지해서 삶에 관한 계획을 잘 세울 수 있다.
- 인류가 전해 준 갖은 지식을 다 공부하고 수많은 체험을 한 나는 행복과 기쁨과 평화와 구원에 관해서 많은 것을 알고 있다.
- 내가 아는 것이 나를 구원할 수 있기에 나의 앎은 충분하고 꼭 성령의 도움까지 필요한 것은 아니다.

이러한 인습적인 믿음과 정반대인 '나는 아무것도 모른다.'고 하는 각성이 있기 전에는 우리 스스로의 계획과 준비와 열심과 경험으로 구원을 찾는 것을 멈출 수 없다.

2. 나는 아무것도 필요한 것(원하는 것)이 없다[I need(want) nothing]

◆ 인습적인 믿음:

- 나는 부족한 것이 많다. 그래서 원하는 것이 많다.
- 나는 필요한 것이 많다. 무엇보다도 죄책감을 해결하고 구원을 얻어야 한다.
- 나는 결핍을 많이, 끝없이 느낀다.
- 나의 행복은 내 부족한 것 혹은 필요를 채울 때 이루어질 것이다.
- 세상의 재화는 한정되어 있기에 나의 필요를 채우려면 다른 사람도 필요로 하는 것을 먼저 확보해야 하고 '주는 것'은 내게서 상실되므로 함부로 '주지' 말아야 한다.
- 나의 결핍은 생필품, 사치품, 약, 돈, 특별한 관계들에 의해서 충족될 것이다.

- 결핍을 채우는 길은 주는 것보다 더 받아서 축적을 하는 것이다.
- 나의 결핍과 필요가 채워지려면 누군가가 희생해서 그의 것이 나에게 주어져야 한다.

3. 나는 아무것도 할 필요가 없다(I need do nothing)

♦ 인습적인 믿음:
- 내 몸을 써서 무엇인가 부지런히 해야 내 필요를 채우고 결핍감에서 벗어날 수 있다.
- 나는 세상에 온 이상 여기에서 무엇인가 이루어야 하고 그 이루는 것을 통해서 나의 구원이 가능해진다.
- 내가 구원받으려면 나의 노력과 희생으로 무엇인가를 해야만 한다.

무엇인가 하는 것은 몸을 개입시키므로 '나는 아무것도 할 필요가 없다.'는 것은 마음에서 몸의 가치를 거두는 것이다.

4. 나는 몸이 아니다(I am not a body, I am Spirit)

♦ 인습적인 믿음:
- 나는 몸으로 살기에 내 정체는 몸이고 나의 인생도 곧 몸이다.
- 내가 무엇을 하든지 몸의 편안함과 안전함과 쾌락을 위해서 하므로 나는 무엇보다도 몸이다.
- 내가 가장 두려워하는 것은 죽음인데 그것은 몸이 존재하기를 그치는 것이므로 나에게는 몸이 가장 중요한 것이다.

• 내가 가장 불편해지고 고통을 겪는 경우는 몸에 질병이 생기는 때이므로 내가 가장 원하는 것은 몸의 편안함, 건강함, 쾌적함이다.

내가 몸이라고 믿는 한은 위의 1에서 3까지의 선언은 불가능하다. 나는 가능한 한 많이 배우고 익혀서 많이 알아야 하고, 원하는 것 혹은 필요한 것을 얻기 위해서 주기보다는 더 받아야 한다. (비용보다 소득이 커야 한다는, 자본주의와 상업주의의 효율에 관한 신념.) 나는 내 몸을 써서 구원과 행복과 기쁨과 평화를 위해서 해야 할 일이 많다. 내가 몸이 아니라면 몸을 써서 이루어야 하는 목적들에서 해방될 수 있다.

기적수업에서 가르치는 것들을 간결하게 말하자면 이렇다.
기적수업은 영에게서 떨어져 나온 우리의 마음이 *자신은 몸이라고*
***믿고 있는 상태에서 벗어나서* '다시 영에게로 회복'(restoration to**
Spirit)되는 방법을 가르친다

우리 자신이 영이라는 진실을 기억나게 하고, 여건에 따라서 변하지 않는 완벽한 사랑이 무엇인지, 또 우리 자신이 왜 그런 사랑인지를 가르쳐 주는 것이 기적수업의 가장 중요한 목표라고 할 수 있다. 수업은 이 목표를 이루기 위해서 우리가 몸이라는 믿음을 전제로 가지고서 붙들고 사는 여러 가지 개념과 아이디어들을 익히고 들여다본 후 문제점들을 보게 하고 창조적으로 비평할 수 있도록 가르친다.

이런 배움의 진행을 통해서 우리는 원래는 우리가 영이었음과, 분리를 믿기 전에는 하느님과 그리고 다른 피조물들과 하나였음과, 하나였을 때는 지금처럼 제한적인 삶의 조건들과 한계들에서 자유로웠음을 이해하고 받아들이도록 초청받는다.

'영'은 '마음'을 자기표현의 수단으로 사용하는데(워크북 96, 97), 그 마음이 극히 짧은 순간 믿었던 단 하나의 잘못인 '우리는 신과 형제로부터 분리되었다.'는 생각으로 인해서 죄책감과 두려움 속에서, (마음이 영에서 떨어지면 올바로 생각할 수 없기에 행복하고 기쁠 수 없다. 완벽하게 행복하지 않다면 죄책감 때문이다.) '영'에서 떨어져 나왔다.

이렇게 영에서 떨어진 마음은 '몸'을 만들었고, 그 '몸'을 우리 자신의 정체로 '잘못' 믿었던 우리 '마음'의 생각(올바로 생각할 수 없는 마음은 에고인데, 자신을 몸 안에 있다고, 즉 몸이라고 혼돈을 일으킨다.)이 현재 우리의 모든 곤경의 출발이었음을 배우게 되는 것이다.

기적수업은 이런 잘못(죄와 달리 '잘못' 혹은 '실수', error로 묘사된다. 제대로 작동하지 않는 소프트웨어의 문제를 죄라고 부르지 않고 에러라 부르듯이.)이 일어난 과정을 거꾸로 계단을 밟고 올라가서 **'마음'이 '영'에게로 회복되게 하는 방법을 알려 준다.** 우리가 그 방법을 배워서 변화하려는 용의를 내고 다시 선택함으로써 우리의 참된 정체는 몸이 아니고 '영'이자 '사랑'임을, 마음이 다시 확인하고 변함없는 행복(그리고 기쁨과 평화)을 누릴 수 있도록 이끄는 것이다.

그 방법은 가장 간략하게 말하자면, 우리가 항상 변함없는 **'사랑'(혹은 신) 의 현존을 알아차리지 못하게 만들고 있는 '장애물들'(환상들)을 마음이 훈련**

을 통해 제거(기적수업의 표현으로는 '용서')해서 사랑이 늘 그렇듯 지금 여기에서도 우리와 함께하고 있음을 다시 확인하는 것이다.

> 워크북 352:1 이곳에서 용서에 반영되어 있는 사랑은, 당신의 평화
> 를 되찾을 길을 당신이 제게 주셨음을 일깨워 줍니다.

제1권에서 다룬 것은 사고의 역전과 기적수업의 신학과 수업의 주요 내용들에 대한 이해였다. 이제 제2권에서는 그것들을 실생활에 적용하는 것에 대해서 다룬다. 그러기 위해서 제1권의 이론에서 다루었던 *환상, 세상, 죄책감, 기적, 용서, 속죄, 치유, 사랑, 성령*(마음이 진리를 알지 못하도록 가리는 온갖 장막들과 해결책) 이외에 제2권에서는 **몸, 판단, 시간, 분리의 믿음, 특별함, 질병과 치유, 속임, 용의, 머뭇거리는 환상들, 받아들이기, 행복의 총체성** 등을 다룬다. 달리 표현해서 마음이 영에게로 회복되어 진리를 다시 알게 돕도록 제1권의 배움을 **삶의 구체적 상황들에 적용하기**에 대해서 들여다본다.

기적수업의 신학과 사고역전이 일상의 삶에 적용되는 상황의 전체적인 모습은 다음과 같다

우리는 몸을 가지고 세상의 시간 안에서 시간을 믿고 판단을 하면서 산다. 우리는 가족과 사회와 동료들의 기대와 격려와 교육 속에서 얻은 단서들을 사용해서 자아이미지를 만들고 보다 성공적이고 행복한 자기의 삶을 설계하고 희망하지만 기본적으로 자신이 몸이라는 믿음과 전제에서 벗어나지 못하고 그 영향들과 결과들에 취약할 수밖에 없다. 그래서 시간의 경과에 따라 몸의 쇠약해짐과 질병을 피하지 못한다. 우리는 세상에서 몸을 사용해서 결핍된 것

들을 확보해야 하고, 갈망하는 것들을 구해야 하며, 구원을 얻어야 한다.

그러나 아무리 버둥거려도 에고가 만들어 놓은 갖은 환상들에 속아 넘어간다. 완전히 전복된 사고만이 제공할 수 있는 새로운 선택의 용의를 내지 않고서는 구원이 불가능하다. 남아서 미적거리고 있는 환상들조차 없애야만 진리를 완전하게 받아들일 수 있다. 요컨대 우리를 위한 속죄를 받아들여야 한다.

우리 스스로 쓴 시나리오 – 몸을 가지고 세상에서 살아가도록 스스로를 속인 이야기

a. *분리*를 믿음

그 이전에 아버지가 들어주기를 원했던 **특별함/특별한 대접의 요청**이 거절당하자 아들의 '평화'가 깨어짐. (텍스트 12:20, 특별히 총애해 달라고 청하기 전까지 너는 평화로웠다. You were at peace until you asked for special favor.) 분리의 믿음 이후에 **지각** 그리고 그에 따라 **판단**이 탄생함. (텍스트 3:38, 등급과 양상, 간격이 분리로 인해 생기기 전에는 지각이 존재하지 않았다. Perception did not exist until the separation had introduced degrees, aspects, and intervals.)

b. *죄책감*

아버지와의 관계에서 느끼는 죄책감.
죄책감은 곧 두려움.

두려움과 그에 따른 투사 - 투사이기에 근본적으로 꿈이고 환영.

모든 꿈은 두려움에서 시작 - 깊은 잠에 빠진 아담(창세기)이 깨어났다는 언급은 성서 어디에도 없음.

죄책감과 두려움을 숨기기 위한 무대장치들로 스스로 지어낸 환상들.

그러므로 환상들의 완전한 용서가 있어야 깊이 숨겨져 있는 죄책감의 치유가 가능하다.

c. 죄책감이 *세상과 몸을 위시한 모든 환상을* 만듦

몸은 자기가 그 안에 있다고 믿어서, 자기가 만들었기에, 매일 보고 사용해서, 바깥에 있고 보이기에, 지각이 그 존재를 알려 주니까 의지하고 신뢰하고 사랑한다. (예수의 sarcasm - 네 이웃을 *네 몸과 같이* 사랑하라. 우리는 우리 몸이라면 무조건 자동적으로 무의식적으로 가장 집착하고 편하게 만들려 하고 사랑함을 비꼼.)

세상은 몸이 아버지의 분노(오직 꿈꾸는 아들의 상상 속에만 존재하지만)를 피해서 몸을 숨길 장소를 제공한다. 갖은 환상들은 자신을 몸이라고 믿는 마음이 자신의 주의를 집중시킴으로써 정말로 중요한 문제인 '자신은 정말로 누구인가' 그리고 '자신의 진정한 필요는 무엇인가'와 같은 질문들에 대해서 직면하기를 늦추는 핑계로 사용된다.

d. 몸의 실재성을 믿어지게 하는, 에고의 최종병기인 *질병과 치유, 치료*

e. *속죄, 기적, 치유*

속은 줄을 알고서 원위치를 회복하기 위해서, 귀향을 위해서, 천국과 아버지의 기억을 되찾기 위해서, *사랑을 다시 믿기 위해서*, 시간 안에 있지만 *시간의 영향에서 벗어나기 위해서*, 꿈에서 깨어나기 위해서, 환상들을 용서하기 위해서 분리의 믿음을 포기하는 것 혹은 용서하는 것이 속죄를 받아들이는 것이고 이것이 곧 *기적, 치유*이다.

f. 우리에게는 깨어나려는 **용의**가 필요하다

단 작은 용의면 충분하다. 스스로 그 이상 즉 '충분한 용의'를 갖추려 한다면 *성령*의 개입을 막아서 실패한다. 그것은 교만이다.

g. **속임**에 넘어가지/속지 않기

지각과 판단이 일어나고 우리의 사고가 진정한 구원과 자유를 주는 앎에까지 이르지 못하는 이유는 우리의 정체가 몸이고 우리가 있는 이 세상이 실재한다고 믿도록 속았기 *때문*이다.
몰라서 속는 경우는 *기만이 일어나는 방식들*에 대해서 배우라.
배워도 여전히 속는 경우는 스스로에게 속고 있지 않은지 살펴보라.

h. *머뭇거리는 환상*들(lingering illusions)

배우고 나서도 여전히 속고 있는 경우는 *머뭇거리는/지체시키는 환상*들을 알아보는 것이 중요하다.

마음속에 가장 잘 숨겨 놓았던 우상/환상과 마음을 가장 교묘하게 가리고 있던 그림자/장막까지도 찾아내어 빛과 진리 앞에서 사라지게 하는 작업이 끝날 때 우리 마음은 자신에 대해서 그리고 아버지와 천국에 대해서 기억을 회복하고 다시 영에게로 회복될 수 있다.

i. *받아들이기*의 중요성

속죄를 받아들이는 것은 아들이 상상했던 '분리'가 사실은 일어난 적도 없음을 받아들이는 것이다. 그것은 우리가 아버지가 우리를 창조하실 때 주셨던 '거룩함'과 아버지에게서 처음부터 부여받은 '권능'과 '영광'을 인정하는 것이다.

그것은 또한 우리가 지금 환상들 속에 갇혀서 신음하는 꿈을 꾸고 있을 뿐임을 받아들이는 것이다.

질병의 영원한 치유인 '치료'도 속죄를 받아들여야 가능해진다.

기적수업의 교사가 되기 위해서 해야 할 유일한 일은 자신을 위해서 속죄를 받아들이는 것뿐이다.

받아들이는 것은 선물로서 받는 것을 의미한다. 대가를 치르고 희생을 감수하고 교환하는 것이 아니다. 속죄를 받아들이는 것도 가격이 붙어 있거나 흥정의 대상이 아닌, 원래의 자기 것을 인정하고 받아들이는 것을 의미한다.

이상에 나타나듯이 제1권과 제2권에서 다루어지는 주요한 개념들, 키워드들은 모두 다 서로 연결되어 있다. 마치 연달아 쓰러지는 도미노의 패처럼 하나의 완전한 이해는 다른 것들의 이해로 이어지는 이유이다.

Ⅲ. 삶에서의 적용

판단하지 않고 더 이상 속지 않는 자, 몸에 매이지 않고 포기했던 완벽한 사랑을 받아들이는 자는 복이 있나니

워크북과 교사지침서에도 보다 간결하게 나타나 있지만 아무래도 기적수업의 가장 중심적인 가르침들의 대부분은 텍스트에 가장 상세하게 설명되고 있다. 마찬가지로 기적수업의 핵심적 개념들도 텍스트에 가장 상세하게 묘사되고 있다고 하겠다. 그 모든 방대하고도 정교한 가르침들을 가장 짧게 요약한 것이 바로 텍스트 1:1에 나오는 "기적에는 난이도가 없다."라는 한 문장이라는 점에 많은 사람들이 동의한다.

> **텍스트 1:1 *기적들 사이에는 난이도가 없다.*** 어떤 기적이 다른 기적보다 더 "어렵거나" "크지" 않다. 기적들은 모두 똑같다. 사랑의 표현은 언제나 최대치로 나타난다. (There is no order of difficulty among miracles. One is not "harder" or "bigger" than another. They are all the same. All expressions of love are maximal.)

텍스트의 첫 번째 문장인 이 내용은 기적수업의 가르침들이 실생활에 적용되어서 용서의 습관이 생기는 데까지 이르는 과정에서 우리가 이루어 내야 할 가장 중요한 과제를 암시해 준다. 그 과제는 환상들 사이에는 정도(등급)가 있어서 어떤 환상은 용서(극복)하기에 더 어려우므로 더 큰 기적을 필요로 하고, 또 다른 어떤 환상은 너무나 큰 환상이기에 그것을 용서하는 기적이 일어나는 것은 더 어려운 일이 아니라는 것을 우리가 완벽하게 배우는 것이다. 요컨대, 기적들 사이에는 난이도가 없음을 가장 먼저 그리고 정확하게 배워야 하는 것이다.

기적에 난이도가 없는 이유는 기적의 근원인 사랑의 속성과 관련이 있다. 사랑은 대상의 수준을 보고 구별을 하지 않기에 누구/무엇에 대해서도 **'항상'** 최대치로 표현되기 때문이다. 누군가가 본인에게나 자식에게는 늘 관대하지만 다른 사람에게는 자주 엄격하다면 그는 진정한 사랑을 표현하고 있지 않다. 혹은 어떤 사람은 상식적인 수준에서 친절하게 대하는 정도로 상대하지만 다른 사람은 언제 어떤 경우에나 한량없는 상냥함과 극진한 정성과 공경으로 대한다면 역시 사랑의 표현이 아니다. **'항상'** 최대치로 나타나는 표현이 아니기 때문이다. 달리 말하자면, 사랑에 있어서는 어떤 상황에서, 어떤 상대와 관련해서도 늘 최대치의 사랑만이 나타난다. 사랑의 표현은 어떤 때는 약간만 표현되고, 또 다른 때는 더 크게 표현될 수 없기에, 사랑에 원천을 둔 기적이 일어날 때도 상황의 어려움이나 대상의 까다로움과 같은 난이도와는 아무 관계가 없이 일어난다. 그리고 '환상들의 용서'인 기적들은 모든 환상들은 공히 존재하지 않는다는 (**서문, '실제가 아닌 것은 존재하지 않는다.'**) 의미에서도 똑같다. 과연, 기적들은 모두 똑같고 기적들 사이에는 난이도가 없다.

텍스트 23:21 무의 어떤 부분이 다른 부분보다 진리에 더 잘 저항할 수는 없다. (No part of nothing can be more resistant to the truth than can another.)

텍스트 첫 번째 장 첫 번째 절의 이 내용은 모든 율법과 계명의 요약이라고 예수가 묘사했던 **"너의 하나님을 온 정성으로 사랑하고 네 이웃을 네 몸과 같이 사랑하라."는 가르침을 상기시킨다(마태복음 22:34-40).** 하나님을 사랑하는 데 있어서 우리의 모든 것(마음, 목숨, 뜻: heart, soul, mind)을 쏟아서 사랑하고, 흡사 자신을(조건 없이, 언제나) 사랑하듯 이웃을 무조건적으로, 어떤 경우에라도 사랑하라는 계명은 '항상 최대치로만 표현되어야 하는 사랑'(all expressions of love are maximal)에 대해서 묘사하고 있기 때문이다.

우리의 마음과 목숨과 뜻조차 다 들여서 사랑할 대상은 실재(하나님, 진리, 실재, 브라흐만, 천국, 앎…)밖에 없다. 다른 모든 것들은 이런 사랑을 받을 자격이 없는, 용서해야 할 환상일 뿐이다. 이웃은 우리가 수준을 구분하고 정도를 결정하여 세기의 강약과 기간의 장단을 구분지어서 사랑할 대상이 아니다. 그의 형상과 모습은 모두 다 용서되어야 하고 그의 본성(신성, 불성, 본래의 모습, 진아, 진면목)은 어떤 조건도 붙임 없이, **'항상'** 완벽하게 사랑해야 한다. 과연 마음과 목숨과 뜻을 다해 사랑해야 하는 것이다.

형제가 보여 주는 모든 모습들을 용서하라. (텍스트 31:23)

네 마음을 다하고 목숨을 다하고 뜻을 다하여 주 너의 하나님(신)을 사랑하라. (마태복음 22:37-40)

실재/천국/앎/구원/하느님/사랑은 구하는 마음이 전적이어야(whole-hearted) 하고, 모든 것 그리고 가장 값진 것도 투자해서 사랑해야 한다. 즉 절대와 비타협이 기준점이다. 그러므로 신이 아닌 모든 것, 즉 실재가 아닌 모든 환상을 똑같이 무시(간과)해야 한다.

달리 말해서, 환상에는 정도가 없고(더 잘 버틸 환상은 없고; no part of nothing can be more resistant to the truth. 위 23:21). 따라서 기적에는 난이도가 없다. 환상은 하나도 예외 없이 용서해야 하는 것이다. 더 크거나 더 어려운 환상이라서 용서가 어렵다는 변명이 통하지 않는다. 진리에 맞서서 다른 환상(nothing)보다 더 잘 버틸 수 있는 환상(nothing)은 없다. 그래서 환상의 용서인 기적에 난이도는 없는 것이다.

형제/이웃 사랑도 같아서 모든 경우에, 그리고 변함없이, 또 조건 없이 사랑하는 것인 "네 몸처럼 사랑하라."는 명령이 있는 이유이다.

환상의 세계, 기적이 필요한 세계는 대소고저, 경중장단, 광협후박의 세계이고 갖은 한정어와 수식어의 세계이다. 이것은 등급들, 수준들, 간격들, 양상들로 이루어진 세계(텍스트 3:38, *degrees, aspects, and intervals.* ***등급들, 양상들, 간격들이 분리로 인해 도입되기 전에는 지각은 존재하지 않았다.***) 이다. 환상의 세계는 또 바깥에 있고 환상들로만 구성된 세계이다. (텍스트 18:49, There is ***nothing outside*** you. 너의 바깥에는 아무것도 없다.)

이 세계는 균형을 갖추기 위해서 고저와 장단, 과거와 미래, 넓음과 좁음, 미와 추, 선과 악, 명과 암이 있고 또 있어야 한다. 기억과 계획, 곧음과 비뚤

어짐, 수축과 팽창, 억압과 폭발, 희열과 절망, 후회와 야망의 세계인 이 환상 세계는 **이원성적인 지각이 지배하는 지각의 세상이다.**

이런 구분이나 차이가 전혀 필요도 없고, 실제로도 없는, 실재와 사랑의 세계인 내면으로 초점과 무대가 이전되어야 용서와 기적이 가능해진다. 그래서 이런 내면에서는 기적에 난이도가 없다. 사랑의 표현들은 모두 최대치로만 나타난다(maximal expressions, 최대치의 표현). 결국 기적의 난이도는 여전히 바깥에 미련을 두거나 바깥을 믿는다면 느껴지지 않을 도리가 없다. 기적 수업의 진지한 학생이라면 바깥을 보고 거기에서 찾기를 멈추고 안으로 주의를 돌려야 하는 이유이다.

서두에서부터 난이도 문제가 제시되는 이유는 환상에 정도들이 있음을 포기하기가 그만큼 어렵다는 것을 암시한다. 공공의 적들과 원수들에도 봐줄 놈과 도저히 못 그럴 놈이 있다는 믿음이 있고("난 개인적으로는 히틀러를 용서할 수 있지만 지옥에는 가야 한다고 믿어!"), 아무리 평등해도 선인과 악인은 종국에는 다른 열매를 거두어야 정의로운 것이고, 아무리 똑같이 한 표씩 던져 주더라도 선거 후에도 만날 인간과 투표 끝나면 곧 잊을 인간이 따로 있다는 원칙이 환상의 난이도 문제의 내용이다. 친구들에도 가족들에도 동문들에도 수준이 있고, 자식들 중에서도 특히 나를 닮아서 더 귀여운 녀석이 있으며, 목사들도 승려들도 등급이 있다는 등의 믿음들/판단들조차도 다 버리고 사고역전을 가지는 것은 결코 쉽지 않기 때문이다. 받을 때는 편하고 쉽지만, 줄 때는 긴장되고 질문이 많아지는 것처럼 교묘하고 은밀한 이원성 원칙에 의지하고 있는 뿌리 깊은 인간의 습성을 씻어 내기는 그만큼 어려워서이다.

이런 이원성의 인지를 하게 하는 것은 **지각과 판단**이라는 사실에 비추어 볼 때 결국 우리가 씨름하는 **난이도 문제의 가장 근저에는 판단**이라고 하는, 현실적인 것으로 지각되는 기능이 있다고 할 수 있을 것이다. 이제 판단을 위시하여 삶에서 만나게 되는, '무'(nothing, 아무것도 아닌 것)의 몇 종류의 모습이 어떤 역사를 가지고 있고 어떻게 진리 앞으로 가져와질 때 사라지고 마는지를 살펴보자.

지각이라는 것 자체가 정확도가 결여되어 있고 변동성이 다분하며 충분히 정교한 인식의 도구로서의 자격이 없음을 고려해 볼 때 지각이 원재료로 사용되어 만들어지는 판단도 상황과 문맥과 내리는 주체가 어떤 사람이냐에 따라 다르게 내려질 것으로 짐작할 수 있다. 이렇게 내려진 판단은 또 다양한 해석들에 열려 있을 수밖에 없음은 자명하다. 그러므로 판단은 내면적으로 또 본질적으로 부정확하고, 정밀성이 부족하며, 판단을 내리는 자의 다양한 세계관과 이해관계와 철학 그리고 판단의 상황이 만들어 내는 압력들로 인해서 명료함이 결여된 해석의 가능성에 상당히 열려 있다고 결론 내릴 수 있다.

우리가 지어낸 환상의 용서와 그 용서의 열매/결과물인 기적과 관련해서 실생활에의 적용 문제를 살펴봄에 있어서 판단을 그 출발점으로 삼을 이유이다.

1

판단

세상은 몸과 마찬가지로 죄의식으로부터 나왔다. 실재가 아닌 환상인 것이다. 그래서 세상은 판단이 아니라 그냥(판단 없이) 바라보기가 필요하다. 판단한다면 이미 세상을 실재화하는 것이다.

텍스트 18:88 그럼으로써 세상이 *죄의식으로부터 피어올라 죄의식을 감출 수 있었다. 죄의식의 그림자가 표면으로 떠올라 죄의식의 가장 외적인 징후들을 어둠 속에 붙잡아두고, 세상에게 절망과 외로움을 가져다주어 세상을 기쁨 없이 유지한다. 하지만 죄의식이 얼마나 강력한지는 두터운 덮개에 가려져 있으며, 죄의식을 감추려고 만든 것과 떨어져 있다. 몸은 이것을 볼 수 없다. 몸은 죄의식을 보호할 목적으로 이것에서 생겨났기 때문이다.*

텍스트 20:73 네가 바깥에서 보는 것은 내면에서 이미 본 것의 판단이다. 네가 스스로 너의 기능이 아닌 판단을 내린다면 맞을 수가 없다. 성령만이 판단하게 하고 너는 하지 말라.

텍스트 20:62 비전, 판단, 몸의 관계.

네가 몸을 본다면 비전이 아니라 판단을 선택한 것이다.

판단을 해야 몸을 볼 수 있고 몸이 보인다면 이미 판단을 한 것이다. 결국 죄의식은 세상과 몸을 의미하고 세상과 몸은 판단을 의미한다. 우리의 판단 은 그래서 궁극적으로 죄책감/죄의식의 산물인 것이다.

지어낸 환상을 유지하고 방어하며 강화시키는 기제인 판단

텍스트 3:51 지각하는 능력은 분리 이후에야 나타났다. 지각은 본래 적으로 판단한다. (지각하는 능력에는 판단이 내재되어 있다.)

텍스트 4:36 The ego cannot survive without judgment and is laid aside accordingly. (에고가 살아가려면 *판단이 필요하다.* 이 판단이 없으면 비교하고 지각할 수 없기 때문이다.)

우리가 내리는 판단의 원초적이고 이론적인 불가능성

교사지침서 10:3 우리의 커리큘럼은 세상의 배움과 달리, 통상적인 의미에서의 *판단은 불가능하다는* 인식을 목표로 한다. 이것은 의견 이 아니라, 사실이다. 네가 어떤 것이든 바르게 판단하려면, 지나간 일과 현재 일어나고 있는 일, 앞으로 일어날 일에 대해 상상조차 할 수 없을 정도의 넓은 범위에 걸쳐 충분히 알아차리고 있어야 할 것 이다. 너는 어떤 식으로든 관련된 모든 사람과 모든 것에 너의 판단이 미칠 그 모든 영향을 미리 인식하고 있어야 할 것이다. 그리고 지금이나 미래에나 모든 사람을 완전히 공평하게 판단하도록, 너의 지각에 어떤 왜곡도 없음을 확신해야 할 것이다. 누가 그런 판단을 내릴 위치에 있는가? 거창한 판타지에 빠져 있는 경우를 제외하고, 누가 스스로 그럴 권리를 주장하려 하겠는가?

10:4 네가 판단하는 데 필요한 모든 "사실"을 안다고 생각한 적이 얼마나 많았는지, 하지만 네가 얼마나 많이 틀렸는지 기억하라! 이러한 경험을 해 보지 않은 자가 있는가?

워크북 154:1 우리의 가치를 판단하는 것은 우리의 역할이 아니며, 우리는 어떤 역할이 자신에게 최선인지, 우리가 전체를 다 볼 수 없는 더 큰 계획에서 무엇을 할 수 있는지 알 수 없다. 우리가 약함이라고 생각하는 것이 강함일 수 있고, 우리가 자신의 강함이라고 믿는 것은 종종 오만이다.

우리의 판단으로는 흔히 겉으로 보이기에 큰 것, 강한 것, 번성하는 것, 많은 것, 예쁜 것이 예찬되고 동경된다. 반대로 외견상 약하고, 작고, 적고, 추하다고 판단되는 것들은 박멸의 대상(애완견들의 견종개량 역사나 홀로코스트와 인종청소의 역사에서 입증되듯)이 되는 것부터 최소한 은유적인 농담의 소재가 되기까지 크고 작은 양의 무시와 차별 그리고 심지어는 경멸과 혐오의 대상이 된다.

인간의 삶에 있어서도 우리에게 바깥(세상)에서의 번영과 성공이 계속되는 한은 내면(진리, 사랑)을 보다 중요하게 생각하고, 마음과 내면으로 향하는 관심과 성찰적인 시선을 가지게 될 동기는 충분치 않아 보인다. 이 사실은 그리 놀랍거나 입증하기 어려운 주장도 아니고 실제로도 이런 취지의 증언과 간증은 드물지 않게 기록되고 나누어진다.

바깥의 몰락이야말로 진정한 가치와 진리와 사랑(내면)의 발견으로 이끄는 기회임을 깨닫는 것이 흔히 노화, 심각한 질병, 역경, 실패, 불운을 겪고서야 가능해진다는 것은 삶의 아이러니이자 놀라운 반전이다. 바깥에서의 화려함이나 성공이 오히려 우리가 진정 누구인지를 탐색하고 알게 해 줄 기회를 종종 막는다는 것은 인간이 나이를 먹고 삶에 대한 보다 원숙한 시점과 지혜를 얻게 될수록 보편적으로 인정하는 명제이다. 그러므로 영원의 차원이나 진리의 관점에서 보자면 실로 "우리가 **약함(세상에서의 실패와 내면으로 물러남)이라고 생각하는 것이 강함일 수 있고, 우리가 자신의 강함(번영과 성공으로 상징되는)이라고 믿는 것은 종종 오만**"일 수 있다.

과연 현재 알려져 있는 인간의 지적인 능력의 범위 안에서는 무엇인가의 가치를 매길 때 위 워크북의 인용문이 묘사하는 수준의 ***바르게 그리고 적절하게 판단하기는 불가능함***을 인정하지 않을 수 없어 보인다. 그렇다면, 판단은 성령께 맡기라는 것이 기적수업의 권유이다.

몸은 우리가 지어낸 환상의 대표적인 상징이자 분리되었다고 믿는 마음인 에고의 꽃이다. 우리가 몸을 지니고 있는 한 판단은 무조건적이고 자동적으로 일어난다. 몸을 보호하고 유지하고 생존시키기 위해서 항상 의식적으로 또 무의식적으로 내릴 수밖에 없는 판단은 우리는 몸이라고 믿는 정체성의 확인이다. 이런 판단을 하는 한 몸은 실재로 지각되지 않을 수 없다. **그러므로 판단은 성령께 맡겨져야 한다. (워크북 347:1)**

> **워크북 347:1** *당신이 저에게 주셔서 저를 대신해 판단하게 하신 성령께 저의 모든 판단을 맡깁니다. 그는 제가 보는 것을 보지만, 진리를 압니다. … 그는 제가 꿈 때문에 알아차리지 못하는 기적들을 줍니다. 오늘 그가 판단하게 하소서.*

성령이 우리를 대신해서 판단하시도록 우리의 모든 판단을 성령께 맡겨야 한다. 성령만이 우리를 대신해서 바로 판단하신다.

> **교사지침서 19:1** 성령이 세상에 내리는 판결이 정의이다. 성령의 판단이 아니라면 정의는 불가능하니, 이 세상 그 누구도 오로지 정의로운 해석만 하고 모든 불의는 제쳐 둘 수 없기 때문이다.

> **교사지침서 28:6** 판단이 자신의 기능인 성령에게 우리의 판단을 포기하고 드린다.

> **교사지침서 29:3** 결정을 점점 더 자주 성령께 맡기는 데는 또 하나의 이점이 있는데, 이것은 아주 중요한 점이다. - 성령의 안내를 따르는 것은 너 자신이 죄책감에서 벗어나게 하는 것이다.

판단, 세상을 완전한 곳으로 만들려는 시도, 속죄를 성취하려는 노력, 결정을 혼자서 하려는 시도, 혼자서 완벽한 용의를 내려는 노력 등이 성령께 돌려

드려야 할 기능들의 예일 것이다. 바로 이것이야말로 사랑에 대한 기억이 우리에게 돌아오게 해 주는 것이다.

> **텍스트 3:65** 너는 실제로 전혀 피곤해질 능력이 없지만, 너 자신을 지치게 만드는 능력은 아주 뛰어나다. *끊임없는 판단으로 인한 긴장은 사실상 견디기 힘든 것이다. 자신을 그렇게도 쇠약하게 만드는 능력을 그렇게도 끔찍이 아끼다니, 참 이상한 일이다.*

수업을 불러 주어 기록하게 한 예수에 의하면 우리가 가장 우스꽝스러워지는 때는 판단하는 때이다. 판단의 전제는 나와 구분되는 상대를 보는 것, 차이를 보는 것이다. 보다 구체적으로 말하자면 그 구별과 차이에 선악, 미추, 호오와 같은 가치를 투사하는 것이다. 판단을 하는 한은 일체성, 동등성, 온전성/전일성 같은 실재의 개념들을 이해할 수가 없다. 예수는 심지어 우리가 일정 범위를 넘어서는 일들이나 주제들에 대해서는 전혀 이해할 능력이 없음을 언급하면서 판단의 불합리함과 불가능함을 지적한다.

> **텍스트 22:23** 그것은 너의 *이해 너머*에 있다. (It is beyond your understanding.)

> **워크북 29:3** 하느님의 거룩한 목적은 너의 *왜소한 범위 너머*에 있다. (Holy purpose stands beyond your little range.)

> **워크북 169:9** 세상의 그 누구도 이해할 수 없는 것을 더 이상 밝힐 필요는 없다. (There is no need to further clarify what no one in

the world can understand.)

분리 이래로 등급들, 양상들, 간격들(degrees, aspects, intervals)의 분별 내지 구분과 관련이 있는 *지각을 사용해서 하는 행위*는 판단(지각의 내재적인 속성인), 비교, 원망, 공격, 방어, 분노, 특별함의 추구 등이다. 이런 행위들은 *결국 심화된 판단으로 다시 이끈다*. 그래서 분리 이후의 증상들을 종합해서 요약하자면 '판단'하는 것이라고 할 수 있다. 이런 이유로 우리가 분리를 믿은 이후에 꾸고 있는 꿈은 다른 표현으로 '판단의 꿈'이라 불린다. (**텍스트 29:61, 63, 'a dream of judgment' 판단의 꿈**)

실제로 매일 경험하는 우리의 일상 삶에서 우리는 판단을 하지 않고는 아무 생각도 그리고 아무 일도 하지 않거나 할 수도 없음을 인정할 수밖에 없다. 세상의 삶에서 에고의 생존과 생명의 보존은 적절한 판단을 얼마나 신속히 내리느냐에 달려 있는 경우가 대부분이다. 사업체의 성공적인 경영도 좋은 판단을 경쟁자보다 더 많이 내릴 수 있느냐의 문제이고, 훌륭한 직업, 반려자, 파트너의 선택도 판단을 얼마나 현명하게 하느냐에 달려 있다. 굳이 일상적 삶에서의 생존이라는 절박한 주제에 관해서가 아니더라도, 어떤 생각(행동)을 하든 결국 이원성적인 분별과 그에 기반을 둔 판단을 하게 된다. 그런 후에야 그 판단에 기초해서 어떤 행동을 하게 될지 결정하게 되는 것이다. 친구나 취미의 선택, 정당의 선택, 어디에서 살지의 문제, 무엇을 할 것인지의 문제가 다 마찬가지이다.

거의 자동적으로 판단을 먼저 하고 나서 생각을 하게 되는 것인지, 아니면 생각을 하게 되면 자동적으로 판단으로 귀결되는지는 별도의 문제로 하더라도 우리의 생각과 판단은 불가분의 관계임을 부인하기는 어렵다(지각에 내재되어 있는 판단, 텍스트 3:51). 몸을 실재로 여기는 한은, 몸으로 이루어진 우리 존재의 생명 보존과 유지 전체가 식량을 구하고 위협들에 대응함에 있어서의 적절한 판단에 가장 크게 의지하고 있기에 우리는 곧 판단이다. 이런 이유로 호모사피엔스라고 불리는 우리의 가장 '우리다움'은 자동적으로 일어나는 '판단하기'에 있다고도 할 수 있다. 즉 우리 '생각'의 대부분은 판단과 관련이 있는 것이다.

그래서 만약 우리가 지금 생각하는 자기(self)의 상이나 자기정체성이 진실이 아니라 거짓이라면 우리 자신의 진아/참나를 발견하는 가장 빠른 길은 바로 우리의 정체성이라고도 할 수 있는 '판단'을 더 이상 하지 않는 것일 수도 있을 것이다. 수업에서는 이런 판단하기의 습성이 몸을 가진 한은 그리고 그 몸을 실재로 믿는 한은 멈추지 않을 것이라고도 한다. 판단하기만큼이나 몸은 우리의 현재의 정체성의 중요한 요소인 것이다. [판단 = 죄 = 몸 = lack of vision(비전의 결여): 텍스트 20:62~67 참조]

워크북 352 Judgment and love are opposites. (판단의 반대는 사랑이다.)

텍스트 2:84 Fear arises from lack of love. (두려움은 사랑의 결핍에서 생겨난다.)

두려움, 죄, 잘못의 정의는 사랑의 결핍이다. 그러므로 두려움, 죄, 잘못과 판단은 같은 것임을 알 수 있다.

텍스트 21:23 거룩한 순간과 판단, 비전의 관계.

거룩한 순간은 창조의 순간이 아닌 인식의 순간이다. *인식은 판단의 중지와 비전으로부터 온다.* 그때서야 너는 내면으로 눈을 돌려 시야에 단순히 나타나 있을 수밖에 없는 것을 아무런 추리나 판단 없이 볼 수 있다. 무효화는 너의 과제가 아니지만, 그것을 환영할 것인지 아닌지는 실로 너에게 달려 있다.

우리의 본성/참나를 알아차리는 것은 판단이 중지하고 비전이 생길 때 가능하다. 그때는 내면을 보게 되는 때이다. 추리와 판단을 조금이라도 하는 한은 외부의 환상을 보느라 내면을 볼 수 없다. 판단과 추리는 외부에 보이는 것들을 분석하고 이해하는 기능이다. 그래서 아직 추리와 판단을 한다는 것은 나의 진아 즉 하느님이 거하고 있는 내면을 가리고 환상의 세상인 외부에 집중함을 의미한다.

판단이 올바로 사용되는 유일한 경우 - 판단의 유용성(usefulness)

하나 반드시 기억해야 할 사실은 다른 모든 환상과 마찬가지로 판단도 성령의 도움이 있을 때는 우리의 집으로의 귀향을 돕는 용도로 사용될 수 있다는 것이다.

텍스트 9:86 실재는 항상 받아들여질 준비가 되어 있지만, 실재를 가지려는 용의가 있어야 실재를 받아들일 수 있다. *실재를 알기 위해서는 반드시 비실재를 있는 그대로 판단하려는 용의가 있어야 한다.* 이것이 바로 선택적 지각을 바르게 사용하는 것이다. 무를 간과

하는 것은 단지 *무를 바르게 판단하는 것이며…*.

이런 경우는 유일하게 지각을 바르게 사용하고 또한 유일하게 필요한 판단을 정확히 내리는 경우이다. 지각과 판단도 바르게 사용될 수 있다. 지각이 바르게 사용되고 판단이 정확하게 내려질 유일한 때인 그때에 비로소 우리 마음에 낀 '환상들의 구름'이 사라지고 '실재'(진리/사랑/천국/구원/앎)가 밝아 온다.

> **텍스트 9:86** 실재는 오로지 구름 없는 마음에게만 분명해질 수 있다. … 환상으로 자욱한 마음에 앎은 뚜렷이 떠오를 수 없다. 진리와 환상은 양립할 수 없기 때문이다.

환상들과 조화될 수 없는 실재는 환상들로 가득한 마음에는 밝아 올 수 없기 때문이다. 그러므로 이런 환상들을 우리의 마음에서 제거하는 데 사용되는 판단은 우리가 실재를 재발견하도록 돕는다.

> **워크북 138:9** *그림자에 가려진 것이 다시 판단 받으려면 전부 이해의 수준으로 올라와야 하는데, 이번에는 천국의 도움을 받는다. 진리는 마음이 전에 판단할 때 범한 모든 실수들을 원인이 없다고 일축하며, 그에 따라 실수는 교정 받을 수 있게 된다.*

다시 판단하기 위해서는 환상들에 대한 **이해가 필요한데 이것이 우리가 배우는 이유**이다.

텍스트 3:38 등급들, 양상들, 간격들이 분리로 인해 알려지기 전에는 지각이 존재하지 않았다.

위에 인용된 텍스트가 알려 주는 바에 의하면 '하나임' 혹은 '하나인 상태'(Oneness)와 구분되는 정도들, 국면들, 간격들(degrees, aspects, intervals)은 분리 이후에 우리에게 알려졌다. 그것들을 감지하고 분별하는 것이 우리가 '지각하는' 것이다.

그러므로 분리 이전에는 오직 '하나'인 상태 속에서 상대도 없고, 따라서 반대되는 것도 없으며, 차이를 느끼고 분별을 할 수 있게 하는 지각도 없었을 것임을 짐작할 수 있다. 지각을 가능케 하는 (다양한) 정도들, 국면들, 간격들의 감지와 분별과 구분을 통해서 우리가 하는 행위는 비교, 원망, 공격, 방어, 분노, 특별함의 추구 등이다. 거꾸로 말하자면, 상대와 반대되는 것과 차이를 분별하는 지각이 없으면 비교도 원망도 공격도 방어도 분노도 특별함의 감지와 선호도 없을 것이다. 이런 행위들은 결국 판단에서 비롯되거나 판단으로 이끌게 되기에 분리 이후의 증상들은 공통적으로 또 기본적으로 '판단'하는 것이다.

텍스트 3:51 지각은 본래적으로 판단한다.

분리 이후에 더 이상 하나임(일체성)이나 완벽한 동등성이 보이지 않고 다양한 것들(다양성)이 펼쳐져 있는 것으로 보이는 상태(즉 지각이 기능하기 시작한 상태) 혹은 다양한 복수의 선택지들(정도들, 양상들, 간격들)을 보는 상태에서 다양성을 감당하지 못하는 인간의 에고와 뇌는 일종의 '지나친 일반화(over-generalization)' 혹은 '지나친 단순화(oversimplification)'에 머무르면서 흑과 백 혹은 밝음과 어두움 같은 이원성에 정착하는 듯하다. 그 이상은 감당할 능력이나 지능이 없는 것처럼 보인다. 좋은 것과 나쁜 것으로 구분되어 보이고, 아군과 적군이 보이며, 아름다운 것과 추한 것 그리고 고귀한 것과 비열한 것으로 분리되어 보이는 것이 바로 판단이다. 이런 이원성적인 선택대상들을 보고 한쪽을 선택하는 것도 판단이다.

그러므로 지각이 있다는 것은 *이제는 이원성적인 선택을 하지 않을 수가 없다*는 뜻이다. 따라서 판단하지 않을 도리가 없는데 이원성적인 선택을 하는 것은 곧 판단이기 때문이다. 먼저 복수의 선택지들을 보는 것이 판단이고 (정도들과 양상들과 간격들을 보려면 먼저 판단을 해야 한다.) 그중에서 선택을 하는 것도 판단인 것이다.

이런 이유로 '지각은 본래적으로 판단'하고, 판단이 없다면 지각은 불가능해진다. **(텍스트 3:58 판단이 전혀 없고 단지 완벽한 동등성만 있다면 지각은 어떻게 될까? 지각은 불가능해진다.)**

이제 모든 것에 대해서 자신(혹은 자기가 좋아하는 것)과 타자(혹은 자기가 싫어하는 것)로 나누는 이원성적인 판단을 내리기에 이런 판단하기는 분노로 귀착될 수밖에 없다. 나와 다른 것에 대한 공포와 일체성에 대한 믿음의 결여가 분노를 낳는 것이다. 이런 배경을 가진 분노는 공격의 밑거름이다. 그리므로 판단은 공격이 생기는 근본 이유이다. 판단이 죄책감을 투사해서 바깥에 보이는 죄인(분리되어 있는 타자)을 처벌하기 위해서 공격하게 이끈다. 그러므로 판단은 공격으로 귀결되고 공격은 판단했다는 증거이다.

우리는 존재하기에 판단하고 판단하기에 존재한다. 우리는 살아 있기에 생각하고 생각하기에 판단한다. 몸을 가지고 살아 있다는 것은 판단한다는 것이기에, 우리는 곧 '판단'이다. 이런 속성을 가진 판단을 우리가 멈추기 위해서는 아래의 텍스트에서 알려 주듯 판단의 유일한 바른 용도를 활용할 수 있어야 한다. 우리의 *에고를 판단으로 보내어서 그 부족함을 드러내는 것*이다. 판단의 부족함을 확인할 때라야 판단의 전적인 무효화(아래 20:67)를 원하게 될 것이고 마침내 판단을 멈출 수 있을 것이기 때문이다.

> **텍스트 4:64** 너 자신의 느낌을 통해, 네가 이것을 얼마나 잘했는지 판단하라. 이것은 *판단을 유일하게 바른 용도로 사용하는 것*이다. 다른 모든 방어기제와 마찬가지로 판단은 공격하거나 보호하기 위해, 해치거나 치유하기 위해 사용될 수 있다. 너는 반드시 *에고를 너의 판단으로 보내, 그 부족함을 드러내야* 한다.

> **텍스트 20:67** 네가 판단하지 않았더라면 비전은 필요 없었을 것이다. 지금 판단의 전적인 무효화를 열망하라. 그러면 너를 위해 그렇게 된다.

기적수업이 가르쳐 주는 판단의 특징들과 의미들에 대해서 조금 더 자세히 알아보자.

(1) 분노는 판단에서 나온다(워크북 347과)

아직도 용서하지 못한 환상들과 꿈들이 있으면 판단을 그치지 못한다. 이런 판단을 하면, 실재로 보이는 얻고 싶은 것을 다 못 얻으니 분노하고, 공격하여 다 복수하지 못하니 분노할 수밖에 없다.

용서하지 못하고 있는 증거는 판단과 분노함이다. 분노는 판단에서 나오기 때문에 분노의 증거들은 동시에 우리의 판단을 증언하기도 한다.

> **텍스트 28:58** 분노와 몸의 관계.
> Sickness is anger taken out upon the body, so that it will suffer pain. (질병은 몸에게로 방향이 돌려진 분노이다.)

그러므로 우리가 얻는 병은 우리의 몸에 대한 믿음과 분노를 보여 주는 동시에 우리가 판단함을 입증한다.

> **교사지침서 20.** What is the Peace of God?
> 3. 용서와 분노가 평화에 미치는 영향.

하느님의 평화는 분노가 있는 곳에는 올 수 없다. 그러므로 하느님의 평화를 찾기 위한 필요조건은 용서이다.

죄책감으로 인한 투사가 환상을 만든다. 이 환상을 판단하는 것이 분노의 원인이다. 투사가 없이는 분노가 있을 수 없으므로 결국 투사의 열매인 환상의 용서만이 분노를 (그리고 판단도) 없애고 하느님의 평화를 가져올 수 있다. 계단을 거꾸로 올라가는 것이다.

텍스트 6:6 분노와 공격과 두려움의 관계.
Projection means anger, anger fosters assault, and assault promotes fear. (투사는 분노를 의미하고, 분노는 공격을 낳으며, 공격은 두려움을 고양시킨다.)

워크북 347. 분노와 판단의 관계: 기적과 판단/분노의 관계.
Anger must come from judgment. Judgment is The weapon I would use against myself To keep all miracles away from me. (분노는 판단에서 온다. 판단이란, 내가 기적들을 전부 몰아내려고 나 자신에게 겨누는 무기이다.)

판단은 분노를 낳고 분노는 판단을 통해 결국 기적을 막는다.

15장. 시간의 목적 66. 에고와 화의 상관성.
It is impossible for the ego to enter into any relationship without anger. (분노 없이 에고가 어떤 관계라도 맺는 것은 불가능하다.)

68. 그렇게 에고는 끝도 없고 보람도 없는 특별한 관계들의 사슬을 엮어 나가기 시작한다. 그 관계들은 분노로 날조되었으며, 바깥에다 분노를 더 많이 쏟아부을수록 네가 더 안전해진다는 단 하나의 미친 믿음에 바쳐졌다.

에고와 특별함과 분노의 관계 - 특별한 관계는 분노를 재료로 만들어 낸다.

74. 분노와 특별한 관계의 역학.
분노에 휩싸일 때마다, 너는 에고가 "축복한" 특별한 관계를 맺었음을 확신해도 좋다. 분노는 정녕 에고의 축복이기 때문이다. … 모든 분노는 단지 누군가로 하여금 죄의식을 느끼게 만들려는 시도에 불과하다. 그리고 이런 시도는 에고가 특별한 관계를 위해 받아들이는 유일한 근거다.

분노와 죄의식의 관계 - 모든 분노는 누군가에게 죄의식을 느끼게 하려는 시도이다. 에고가 특별한 관계를 위해서 받아들이는 유일한 기초가 이 시도 즉 죄의식 느끼게 만들기이다.

교사지침서 17:9 분노와 실재의 관계.
그렇다면, 하느님의 교사여, 분노는 존재하지도 않는 어떤 실재를 인식한다는 것을 기억하라. 하지만 분노는 네가 그것을 사실로 믿고 있다는 확실한 증거다.

(2) 판단과 사랑은 반대쌍이다(워크북 352과)

실재인 사랑은 모든 것을 포괄하기에 상대가 없고, 반대가 있을 수 없다. 그러므로 사랑의 반대인 판단은 실재일 수 없고 환상일 수밖에 없다. 판단하는 대신 용서하고 사랑하는 것이 지각 대신 비전을 사용하는 것이고, 또한 사고가 역전된 증거이다.

(3) 판단은 용서하지 않으려 함이다

워크북 특별주제 1. 용서란 무엇인가?
4. 판단은 용서하지 않으려 함이다. 용서하지 않으려는 자는 판단할
수밖에 없다. 그는 용서하지 않는 자신을 정당화해야 하기 때문이다.

판단의 의미는 아직 용서하지 않겠다는 의사표시이다. 판단을 통해 분노하면서 어떤 일이 일어난 적도 없다는 수준의 용서를 할 수는 없기 때문이다.

죄책감에서 비롯된 두려움을 극복하는 유일한 길은 두려움이 빚어낸 모든 환상들을 용서하는 것임을 상기할 때, 판단은 두려움에서 벗어나지 못하게 하는 환상들을 유지시키고 강화시키는 것임을 알 수 있다. 판단은 (스스로 만들어 낸) 환상들을 선택하고 하느님의 평화를 거절하는 것이다.

(4) 세상에서의 삶은 '판단의 꿈'이다(텍스트 29:61~62)

하느님이 당신 자신처럼 완벽하게 창조하신 마음 안으로 판단의 꿈

이 들어왔다. … 그것(우리의 삶이라는 꿈)은 판단의 꿈이다.

이 꿈속에서는 환상들이 실재로 보이기에 두려움과 방어와 공격과 복수를 멈출 도리가 없다. 우리 삶이 판단의 꿈이라면, 판단하지 않을 때 우리는 소위 카르마라는 것을 초월할 수 있다.

(5) 판단과 몸의 관계(텍스트 20:65, 판단을 통해서가 아니라면 몸을 볼 수 없다)

우리가 지각하는 모습이나 소리들은(sights and sounds) 실재하지 않는 이미지들, 상들, 환상들이다. 그러나 이것들을 판단하면 용서할 수 없고, 용서하지 못하면 몸, 시간, 세상, 우주, 우리의 생각, 경험하는 사건, 지각과 같은 환상들을 실재인 양 믿게 된다. 그러므로 우리가 자신과 형제의 거룩함이 아니라 몸과 몸이 행한 죄들을 본다면 우리는 판단하고 있고 용서하지 못하고 있는 것이다.

몸이 있는 한은 판단하고, 판단하고 있다면 몸을 보고 있는 것이기에 판단과 몸은 불가분의 것이다. 그러므로 판단하지 않기 위해서는 무엇보다도 먼저 해야 할 일이 있다. 그것은 자신이 정말 누구인지를, 즉 몸인지 아니면 하느님이 만드신 그대로의 '영'인지를 묻고 탐색하는 것이다.

(6) 판단은 앎을 가져오지 못한다(워크북 특별주제 4:1)

"감지(지각)하는 것은 아는 것이 아니다."(To sense is not to know.)
"그리고 진리는 다른 아무것도 아닌 앎으로만 채워질 수 있다."(And
truth can be but filled with knowledge and with nothing else.)

보이는 형상, 소리, 감촉 등을 사용해서 얻을 수 있는 것은 앎에 이르지 못
하는 판단이다. 단지 죄책감의 광기가 만들어 내어 '광란 속에서 우리에게
진리 대신 보게 만드는' 환상(텍스트 4:1, And being mad, it sees illusions
where the truth should be and where it really is.)일 뿐인 형상과 소리와 감
촉 등을 '공'한 것('무'인 것, 아무것도 아닌 것)으로 인지하여 용서하지 못하면
그들을 감지 즉 지각하게 된다.

이 지각하는 작용은 필경 판단으로 이끌기에 우리가 보이는 것, 들리는 것,
만져지는 것을 용서하지 못하면 판단할 수밖에 없고, 판단을 해서는 앎에 이
를 수 없다. 판단한다는 것은 '너무 부족한 조각 정보'들과 너무 '신뢰도 낮은
증거'들만으로 단지 짐작과 추리에 의해서 어떤 결론에 도달하려는 시도일
뿐이다. 훨씬 많은 정보들과 월등히 더 정교한 추론을 사용하더라도 진리는
커녕 어떤 상황에 대해서 바른 결론에 닿을 수 있다는 보장도 없다. 그러므로
판단으로는 진리에 이를 수 없는데, 그 이유는 진리는 단지 앎으로만 채워지
기 때문이다. 이런 맥락에서 기적수업이 가르치는 구원의 조건은 아래 교사

지침서에 설명되듯 판단을 포기하는 것이다.

> **교사매뉴얼 9:2** 세상의 훈련은 우리의 커리큘럼의 목표와 정반대되
> 는 목표를 달성하는 것을 겨냥한다. 세상은 성숙함과 힘의 척도로서
> 자신의 판단에 의지하도록 훈련시킨다. 우리의 커리큘럼은 구원의
> 필요조건으로서 판단을 포기하도록 훈련시킨다.

(7) 판단과 병, 마음, 지각, 죄책감의 관계

모든 치료가 심리치료이듯 모든 병은 마음의 병이다. 그것(병)은 신의 아들
에 대한 판단이며 판단은 마음의 활동이다. **(만약 네가 몸을 본다면, 비전이
아닌 판단을 선택한 것이다. 텍스트 20:62)**

형제의 몸을 본다면 이미 판단한 것이다. 그러나 판단은 몸에 관한 것이 아
니라 마음에 관한 것이다. 몸을 본다면 즉 판단했다면/한다면 이미 마음에서
아들의 죄를 본 것이기에 병은 피할 수 없다. 형제의 죄책을 보는 판단은 마
음의 활동이지만 병이라는 형태로 몸에 그 결과가 나타난다. 판단함으로써
병을 요청하는 것이기에 우리의 요청이 그러하듯 반드시 요청한 병을 받게
된다. 판단은 창조와 창조주에 반하여, 다시 또다시 행해지는 결정이다. 판단
은 그대가 창조하려 했던 대로 우주를 지각하려는 결정이다.

판단은 진리가 거짓말할 수 있으며 거짓일 수밖에 없다는 결정이다.

(8) 기타 판단에 대한 기적수업의 가르침들

워크북 352. Judgment and love are opposites. (판단의 반대는 사랑이다.)

텍스트 20:62 비전, 판단, 몸의 관계.
비전은 소망에 맞춰 조정된다. 왜냐하면, 시각은 항상 열망을 따르기 때문이다. 만약 네가 몸을 본다면, 비전이 아닌 판단을 선택한 것이다. 관계와 마찬가지로, 비전에도 정도가 없기 때문이다. 너는 보거나 보지 못하거나 둘 중 하나다.

몸을 본다면 비전이 아니라 판단을 선택한 것이다. 비전은 관계들처럼 등급/수준이 없다. 비전은 있거나 없을 뿐이기에 보거나 보지 못할 뿐이다. 어느 정도의 비전만 가지거나 반쯤만 볼 수는 없는 것이다. 그래서 만약 몸이 (조금이라도) 보인다면 비전을 갖지 (선택하지) 못한 것이고 판단을 선택한 것임을 알 수 있다.

텍스트 20:63 몸과 판단과 비전.
형제의 몸을 보는 자는 그에게 이미 판단을 덮어씌운 것이며, 따라서 그를 보지 못하는 것이다.

몸을 본다는 것은 그를 판단하는 것이고 그러면 비전은 불가능해서 (단지 지각만 하지) 진정으로 볼 수가 없다.

텍스트 20:64 죄를 목표로 삼지 않는 한 판단은 아무런 가치도 없다.

달리 말해서, 판단의 가치는 죄를 발견하는 것에 있다.

텍스트 20:65 몸, (그리스도의) 비전, 판단, 죄의 관계.
판단을 통해서가 아니라면 몸을 볼 수 없다. 몸을 본다는 것은 너에
게 비전이 없다는 표시이다.

죄를 볼 수 없는 비전으로는 몸을 볼 수 없다. (몸 = 죄, 비전과 몸은 양립
불가. 그러므로 비전으로는 죄를 볼 수 없다.)

20:67 판단하지 않았더라면 비전도 필요치 않을 것이다. (Vision
would not be necessary had judgment not been made.)

몸 = 죄 = 판단 = lack of 비전(비전의 결여).

교사매뉴얼 10. How Is Judgment Relinquished? (어떻게 판단을 포
기하는가?)
2. 판단을 포기할 때, 그는 단지 가진 적이 없는 것을 포기하는 것이
다. 그는 환상을 하나 포기한다. 더 정확히 말하자면, 그는 포기한다
는 환상을 하나 가졌다. 실제로 그는 단지 더 정직해졌을 뿐이다. 판
단이라는 것은 언제나 자신에게 불가능한 것이었음을 인식함으로
써, 그는 더 이상 판단하려고 시도하지 않는다.

판단은 환상이다. 이렇게 인정하는 것이 정직이다. 어차피 판단을 내리는 것은 항상 불가능한 것이었다.

3. 우리의 커리큘럼은 세상의 배움과 달리, 통상적인 의미에서의 판단은 불가능하다는 인식을 목표로 한다. 이것은 의견이 아니라, 사실이다.

기적수업 커리큘럼의 목표는 통상적인 의미의 판단이라는 것은 불가능함을 인지하게 하는 것이다.

4. 지혜는 판단이 아니라, 판단의 포기이다.

지혜를 원하면 판단을 할 것이 아니라 판단을 포기하라.

텍스트 3:51 본질적으로 판단적인 지각 능력은 분리 이후에야 도입된 것이다.

지각은 분리 이후에 나타났다. 지각은 본래적으로(태생적, 생리적으로) 판단한다.

3:61 지각과 판단의 관계.
Judgment is the process on which perception, but not cognition, rests. [판단은 우리의 인지가 아니라 지각이 의존하는(지각을 좌우하는) 과정이다.]

62. Judgment always involves rejection. (판단에는 항상 거절이 포함되어 있다.)

63. In the presence of knowledge, all judgment is automatically suspended. (앎이 있을 때 모든 판단은 자동적으로 정지된다.)

텍스트 29장. 깨어나기.

61. 하느님이 당신 자신처럼 완벽하게 창조하신 마음 안으로 판단의 꿈이 들어왔다. 그 꿈속에서 천국이 지옥으로 바뀌었고, 하느님이 당신 아들의 적이 되셨다.

62. 하느님의 아들은 꿈에서 어떻게 깨어날 수 있을까? 그것은 판단의 꿈이다. 그러니 그는 판단하지 말아야 한다. 그러면 반드시 깨어날 것이다.

68. 시간과 판단의 관계.

그리고 판단의 꿈을 치워 버렸을 때, 시간이 어디에 있단 말인가? (And where is time, when dreams of judgment have been put away?)

우리가 현재라고 믿는 것은 엄밀히 말하자면 과거의 기억일 뿐이고, 우리는 오직 과거만 본다. (워크북 7과 나는 과거만을 본다.) 그러므로 우리가 판단하는 것은 오직 과거에 대한 것이다. 판단을 그치면 과거는 의미가 없어지고 시간은 더 이상 존재하지 않게 되는 이유이다.

69. 두려움과 판단.

너의 자기 배반은 두려움을 낳을 수밖에 없다. *두려움은 곧 판단으*

로서 우상과 죽음에 대한 광적인 추구로 이끌기 때문이다.

텍스트 2:106 사람이 판단을 만들어 낸 이유는 단지 분리 때문이었
다. 하지만 분리 이후에는, 전체 계획에 내장되어야 했던 많은 학습
도구 가운데 하나로서 판단이 어떤 역할을 갖게 되었다.

지각이 그런 것처럼 분리로 인해 판단도 생겨났다. 분리가 구분과 분별을
가능케 하는 정도들, 국면들, 간격들을 소개해 주었고 이런 구분과 분별을 하
는 것인 지각을 탄생시켰다. 이런 지각이 판단을 가져오는 것이므로 결국 판
단도 분리의 산물인 것이다.

이 본문에서는 판단이 (구원의) 전체 계획안으로 통합적으로 만들어진 여
러 '학습 도구들' 중의 하나라고 알려 준다. 꿈꾸는 우리가 그 안에서 '현명한/
바른 판단'(오직 좋은 것만의 기억을 지니도록 하는 최종적 판단을 가리킴)
을 할 수 있을 때까지 '시간'이라는 환상의 도구가 주어지는 것이다. **(텍스트
2:111, 시간의 목적은 다만 "그에게 시간을 주어서" 이런 판단을 해내도록 하
는 것뿐이다.)**

텍스트 11:73 네가 밖에서 보는 모든 것은 안에서 본 것에 대한 판단
이다. 그것이 너의 판단이라면, 그것은 그를 것이다. 판단은 너의 기
능이 아니기 때문이다. 그것이 성령의 판단이라면, 그것은 옳을 것
이다. 판단은 성령의 기능이기 때문이다. 너 자신은 아무것도 판단
하지 않고 오로지 *성령이 판단하는 대로 판단함으로써,* 너는 성령의
*기능을 공유*한다.

네가 바깥에서 보는 것은 내면에서 이미 본 것의 판단이다. ***성령만이 판단하게*** 하고 너는 하지 말라. 네가 스스로 판단한다면 맞을 수가 없다. (실재가 아니라 환상인 판단을 포기하라.)

교사지침서 10:4 그렇다면 다음과 같이 판단을 한 번만 더 내려라: 성령이 너와 함께 있는데, 그의 판단은 완벽하다.

이상에서 볼 때, 우리의 판단의 바람직한 역할은 "성령만이 판단해야 한다."는 (최종적인) 판단을 내리는 것이라고 할 수 있다.

판단에 대해서 4
- "착한 척하지만 뭅니다" - 나는 몸이 아니고 영이다

"착한 척 하지만 뭅니다."
(어떤 주택가를 걷다가 보고 배꼽을 쥐었던, 어느 집 대문 위의 '개조심' 경고.)

'오만 가지 생각'이라는 말이 있다. 우리에게 꽤 익숙하게 들리는 말이지만 여러 가지 부가적인 설명이나 해설이 가능한 표현이기도 하다. 그런 설명 중의 하나는 인간이 진화를 거쳐 온 존재라는 믿음 하에 동물로서의 우리가 가진 에고의 특성에 대한 해설이라는 것이다.

진화론적으로 설명하자면, 최초의 생명 합성 이후로 약 6억 3천 500만 년 전에 동식물의 분화/동물의 탄생이 일어난 이래로 모든 식물의 기본적인 생존 양식은 동물의 그것에 비해서 비교적 단순했다. 식물은 같은 자리에 있으면서 하늘에서 떨어지는 빗물이나 주변의 강, 하천의 습기에 의존해서 사느라고 먹이 확보와 같은 생존의 조건과 관련해서 그다지 극심한 연산의 스트레스(?)에 시달릴 필요가 없었다. 온갖 생각을 하고 계산해 보았자 별 도움이 안 된 것은 다른 존재에 의해서 먹히지 않으려는 욕구나 의지와 관련해서도 마찬가지였다.

뿌리를 내린 땅 바로 그 자리에 붙박여 있는 팔자에 무슨 계산을 해서 어디로 피하고 움직일 것인가 말이다. 이것의 시사점은 식물은 동물처럼 먹고 또 먹히지 않기 위해서 끊임없이 생각을 하고, 계산을 하고, 위협적으로 소리를 지르거나 인상을 쓸 필요가 없었다는 것이다. (그래서 쓸데없이 나대지도 않고 말이 많지도 않아서 인간을 포함한 동물들은 이런 식물들에게서 보다 깊은 편안함과 기쁨을 느끼는지도 모른다.)

동물은 번영까지는 고사하고라도 단지 살아남아서 생존하기 위해서도 먹이(대부분의 경우에 이 먹이는 언제든지 움직일 수 있고 종종 뛰고 있거나 심지어 거꾸로 공격까지 할 수 있다.)와 포식자에 대한 다양한 정보를 지속적으로 수집하고 계산해 내야 한다. 먹이나 포식자와 연관된 거리, 넓이, 깊이, 움직임의 국면들, 속도, 무게, 재질, 성격, 먹이가 접촉 시 나타내는 화학적 반응, 생물학적 변화에 대한 정보의 수집, 비교, 평가, 분석이 성실히 그리고 빈틈없이 이루어져야만 그 먹이를 잡아먹고 (혹은 그 먹이나 다른 포식자에 의해 도리어 잡아먹히는 일 없이) 하루하루를 살아갈 수 있다. 이것이 가리키는 바는 다음과 같다.

동물이란 존재는 당연히 생존을 원하고, 생존은 먹기에 달려 있으며, 먹기는 연산의 수적이고 질적인 성공에 달려 있고, 계산은 공격/방어를 위한 것인가 하면 판단에 달려 있기에 계산이란 곧 공격/방어와 판단이며, 결론적으로 우리가 존재한다는 것은 항상 '공격과 판단'을 한다는 의미이다. 생각의 표면에 잘 드러나지는 않고 있더라도 훨씬 더 강렬하고 광범위한 생각 작용이 공격과 판단을 위해서 늘 (그것도 수억 년이라는 아주 오랜 기간을 거쳐 유전되어서) 일어나고 있다고 볼 수 있는 것이다.

요약하자면, 진화심리학 차원에서 우리는 공격과 판단의 생각을 '나도 모르게' '자연스럽게' '항상' 하고 있다. 세상에서 자연스런 인간이란 판단하고 공격하는 존재이다. 우리도 대부분의 경우에 활짝 웃거나 우아하게 미소 짓고 있지만 여차하면 세게 물기도 하지 않는가 말이다.

"착한 척하지만 뭅니다."

물론 때로는 교양이, 때로는 신념체계가, 또 다른 경우는 몹시 중요한 단기적 목표의 성취에 대한 욕망이 '잠시' 공격성과 판단을 누그러뜨리기도 한다. 사업가보다 한 단계 더 원하는 목표를 가진 정치인들에 의한 폭행 사건이 재벌 일가 구성원들에 의한 폭행 사건보다 드물게 일어나고 정치인들이 사업가들보다 더 자주 부드러운 표정으로 더 포용적으로 들리는 발언을 하곤 한다는 사실이 부분적으로 이를 증명한다. 그러나 이런 경우에조차 수억 년 동안 우리라는 존재를 형성해 온 깊은 마음속의 기억 정보가 다시 압도적인 힘으로 우리의 공격과 판단을 부추기는 것이 정상이다.

우리의 교양도, 심지어 종교와 같은 신념체계도, 단기적 목표성취의 욕구도 불과 수 년 혹은 수십 년간에 걸친 정보와 사건(즉 생각)일 뿐이기에 그 생각이 수억 년에 걸친 기억 정보의 질량과 압력을 이겨 낼 도리는 없다. 겉으로 혹은 의식적으로 공격과 판단을 하지 않겠다고 아무리 애를 써 보아도 우리의 의식보다 훨씬 더 크고 근본적인 무의식에서는 겉에까지 드러나 보이지는 않는 공격과 판단의 생각을 '오만 가지'나 '항상' 하고 있다.

그래서 우리는 때로는 "착한 척해도" 여지없이 "무는 존재"이다.

우리에게 가해지는 진화심리학적 압력의 또 다른 예 하나는 인간은 수억 년이나 40대 후반에는 살아 있었던 적이 별로 없어서 나이가 40대 후반에 이르게 되면 "나는 뭘 하고 있나? 산다는 건 뭐지?" 같은 존재론적 질문을 시작하기도 한다는 것이다. 우리가 잘 아는, 중년의 위기 혹은 중년 우울증이라고도 불리고 중년의 원인불명성의 히스테리라고도 알려진 경우 얘기이다. 이렇게 진화심리학의 관점이건 우리의 실용적인 삶의 관찰의 결과이건 간에 비슷한 결론으로 이끈다.

존재는 생존이고,
생존은 먹기이며,
먹기는 계산이고,
계산은 공격과 판단(실제 공격은 판단이 기본이자 근거가 된다.)의 생각이다.

즉 존재 전체가 몸이면, 존재하기는 곧 공격과 판단(공격과 판단의 생각하기)이다. 그러므로 존재가 영이라면 구원이 가능할 수도 있지만 만약 단지 몸이라면 불가능할 것이다. 이러한 공격, 판단의 생각에 대해서 기적수업의 예수의 통찰은 다음과 같이 말해 준다.

　모든 꿈은 판단의 꿈이다.
　공격생각을 포기하면 세상과 모든 환상에서 벗어날 수 있다.
　우리가 몸이라고 믿는 한은 오만 가지 공격과 판단의 생각에서 자유로울
수 없다.
　존재는, 즉 나는 몸이 아니고 영이다.

　영에는 마음이란 부분이 있어서 생각을 한다.
　그리고 그 마음에서 에고라는 부분은 두려움이란 생각으로 몸을 만들었다.

　에고 부분이 아니라, 마음의 다른 부분인 성령을 믿고 따를 때 에고 부분은
멈춘다.
　(에고는 존재를 믿어 주고 따라 주어야만 살아남는다.)

　그러므로 나는 몸이라고 믿으면 구원은 불가능하고(내 몸에 유전으로 전해
져서 담겨 있는 수억 년의 정보가 가진 에너지와 내 짧은 인생의 정보가 가진
에너지가 경쟁하기에), 내가 영임을 기억해야 가능하다.

　나는 영이기에 내 마음은, 마치 내가 단지 몸일 뿐인 것처럼 에고의 가르침
만 따를 필요가 없고, 성령을 따를 수 있는 여지도 가지고 있다.

　(기실 나는 영이기에 내 마음은 나의 일부이고, 에고는 다시 그 마음의 일
부일 뿐이다. 그러므로 그런 에고가 만든 몸이 나라고 믿는 것은 애당초 영-

마음-에고-몸이라는 에고와 몸 생성 과정의 원인-결과가 아래위로 헝클어진, 크게 우스꽝스러운 잘못된 믿음이다. 물론 이것은 몸을 가지고서 시공간 안에서 살고 있는 우리의 '시간 안'의 차원을 우리가 영이라는 진실에 비추어 일언지하에 부인하자는 것은 아니다. '시간 안'의 차원만으로는 영인 우리 존재를 다 설명할 수 없듯이 '영'의 차원에 속하는 우리이긴 하지만 지금, 여기서 '시간 안'의 차원을 무시하고서는 우리에 대한 이해가 온전할 수 없기 때문이다.)

이것을 기억하고/알고 성령을 따를 때 나는 기적, 용서, 치유, 구원을 얻게 되고 마침내 기쁨, 평화, 행복을 얻게 된다. "나는 몸이 아니고 영이다."

판단에 대해서 5
- 판단의 전제인 이원성

판단은 이원성을 전제로 한다. 좋고 나쁜 것, 밝고 어두운 것이 없다면 판단을 할 수도, 판단을 할 이유도, 그럴 필요도 없기 때문이다. 판단은 또 판단받는 대상을 판단하는 자로부터 분리시키기 때문에(워크북 311:1) 이원성을 그 전제로 삼는다. 판단은 곧 이원성이고 이원성은 판단을 의미한다고 할 수 있는 것이다.

워크북 311:1 판단은 판단받는 *대상을 분리시켜서* 그것이 마치 별개의 것인 양 떼어 놓는다. 그런 다음 판단은 그것을 네가 바라는 대로 해석한다.

모든 것이 완벽하게 동등하다면 판단의 여지는 없다. 판단은 완벽한 동등성의 부정이기에 동등성이 설 자리가 없는 한 판단은 지속된다. 그래서 천국의 특징은 동등성, 일체성, 온전성(전일성: wholeness)인가 하면 판단의 특징은 이원성, 분리, 특별성이라 하겠다. 아래에 나오는 기독교와 불교 그리고 기적수업의 아이디어들은 이원성의 종식은 바로 구원/속죄/천국/해탈을 의미함을 추리할 수 있게 한다.

(1) 지도무난 유혐간택(승찬의 '신심명') - "지극한 도를 이루기는 어렵지 않으니 오직 이것과 저것 중에서 선택하기를 미워하라"

선택한다는 것은 이원성을 전제로 둘 때 가능하다. 옳고 그름, 밝고 어두움, 예쁘고 추함이 모두 실재인 일체를 자신의 기준으로 둘로 나누어 지각할 때, 즉 이원성의 기준으로 분리시킬 때 등장한다. 이런 이원성적인 선택을 그치는 것이 바로 지극한 도를 이루는 길(해탈의 길)이라는 의미가 위의 구절에 담겨 있다.

완벽한 동등성과 비이원성은 진리/지극한 도/천국의 비결이자 내용이다. 보이고 만져지는 모든 것이 공하고 환상임을 볼 때 이원성적인 판단에 따른 선택의 대상이 아닌 본연의 실재를 볼 수 있게 된다.

(2) 이원성의 꿈인 판단의 꿈을 꾸고 있는 우리(기적수업 텍스트 29:62)

우리가 분리 이후로 꾸고 있는 꿈은 판단의 꿈이다. 그러기에 판단을 멈출 때 꿈에서 깨어난다. 그 꿈은 물론 분리와 차이와 배척과 구별과 특별함 추구의 꿈이다. 요컨대 이원성의 꿈인 것이다.

> **29:62** 하느님의 아들은 꿈에서 어떻게 깨어날 수 있을까? 그것은
> 판단의 꿈이다. 그러니 그는 *판단하지 말아야 한다. 그러면 반드시*
> *깨어날 것이다.*

우리가 분리를 믿은 것 그리고 우리가 홀로라는 생각(에고)을 가진 것 자체
가 우리의 잘못된 판단이었다. 그래서 모든 판단을 멈추게 될 때 우리는 세상
에서의 카르마에서도 해방된다.

> **워크북 305:2** 아버지, 당신은 우리가 구원되기를 뜻하시기에 우리
> 에게 그리스도의 평화를 선사하셨습니다. 오늘 우리가 당신의 선물
> 을 다만 받아들일 뿐 판단하지 않도록 도우소서. 그 선물은 우리가
> 자신에게 내린 판단에서 우리를 구하려고 왔기 때문입니다.

'우리가 자신에게 내린 판단'이란 우리의 죄로 인해서 '하느님과 분리되고
거룩하지 못한 존재'가 된 우리라고 하는, 스스로에 대한 판단이다. 스스로를
하느님과 분리하고, 거룩한 존재가 아니라 죄인으로 규정하는 구분하기를 통
해서 자신을 정의한 이 판단 자체가 우리의 잘못된 판단이었던 것이다.

(3) 성서에 나타나는 판단 - 이원성의 시작인 선악과 사건

① 성서에서 선악과를 먹는 것은 판단하게 하는 이원성적인 지각을 갖게
  되는 것이다. 선악과를 먹고 잠에 든 아담은 여전히 깨어나지 않은 채

판단의 꿈을 꾸고 있다. … 그러므로 판단의 꿈이 끝날 때 드디어 깨어나서 다시 천국을 회복할 것이라고 추측할 수 있다.

② 형제를 미련한 놈이라 하는 자는 지옥 불에 던져진다(**마태복음 9:22**).

③ 욥기의 사탄은 '지상을 두루 다니는 자'이고 하느님의 신하 내지 수행원일 뿐이지 선하거나 악한 존재가 아니다. - 성서는 이원성을 (그리고 판단을) 지지하지 않을지도 모른다.

(4) 판단에 굴복하면 자신을 몸으로 보는 것이다(워크북 136:21)

판단으로는 몸을 보고서 공격함으로써 다른 몸과 분리하게 되지만 비전으로는 몸을 보지 않기에 하나로 결합하려 한다. 판단은 곧 몸을 의미하고 몸은 분리와 이원성에 대한 믿음이다.

(5) 사랑은 상대가 없고 반대가 없다(love does not oppose anything 서문)

진정한 사랑의 관점으로 볼 때는 아무런 상대적인 대상이 없기에 판단하지 않는다. 달리 말해서, 사랑(실재, 천국, 진리)은 이원성이 없다. 그것은 판단의 종식이다.

판단에 굴복해서
공격생각을 떨쳐 내지 못하고
불확실성을 없애려고 홀로 계획할 때,
(내 몸이 나의 정체라고 다시 믿고 싶어질 때.)

당신을 기억하고
성령께 기적을 요청합니다.
(나는 몸이 아니다. 나는 하느님이 창조하신 그대로이다.
I am not a body. I am as God created me.)

내가 만든 모든 환상들….
판단까지도…
성령께 드리면

우리가 만든 환상을 다른 용도로 사용하시는 성령은
우리의 판단을 변화시키고 다른 용도로 사용하신다.

소유하기 위해서 모두에게 모든 것을 주어야 하는 것처럼….

나의 판단은 변화되어,
용도가 바뀌어….

나의 거룩함이라는 판단,

(하느님이 내게) 줄 수 있는 '모든 것'인 거룩함의 판단,

하느님께서 나에 대해 내리신 판단이 되어

나에게 돌아온다….

이것이 기적이다.

기적을 요청하면 사라지지 않을 환상은 없기에…(텍스트 30:94).

더 이상 판단을 가지고 놀지 말고 성령께 드리라.

몸

판단하는 것과 공격생각과 방어로서의 계획하기가 자신을 몸이라고 믿는 우리의 몸 정체성의 중심적인 구성요소들이다. 워크북 136과는 **판단에 굴복하고, 공격생각을 품어서 지니며, 계획하는 것**이 우리에게 스스로를 몸이라고 믿게 만든다고 지적한다. 스스로를 몸이라 믿으면 질병에 걸리게 되지만 몸 정체성을 포기하고 자신을 영이라 믿으면 우리의 마음은 공격할 수 없고 따라서 우리는 아플 수 없다고 가르친다.

자신을 몸이라 믿는 것이 우리의 모든 문제들의 요약이라는 점은 여러 차례 강조되었다. 그러므로 이렇게 자신이 몸이 아니고 영임을 받아들이는 것이 바로 구원이자 속죄의 내용이다. 완벽한 기쁨, 행복, 평화를 얻으려면 판단에 이어서 몸에 대한 가르침을 상세하게 살펴보아야 하는 이유가 여기 있다.

1) 몸(그리고 세상과 다른 모든 환상들)은 죄책감으로부터 생겼다

에고가 죄책감으로 몸을 만든 이후는 우리 마음을 속이기가 훨씬 쉽다

자신을 몸이라 믿을 때 자신과 같은 성분 요소인 물질로 이루어진 보이는 세상을 환상이라 믿기는 거의 불가능한 것이다. 마음이 스스로를 몸이라고 믿을 때처럼 이렇게 긴장하고 경직된 것, 지속적 소통이 멈춘 것, 틀 안에 *한계 지어진 것이 에고*이다.

> **텍스트 18:71** 몸은 사랑에 가해진 제한이다. *제한된 사랑에 대한 믿음이 몸의 기원이었다.* 몸은 무한한 것을 제한하기 위해 만들어졌다. 몸은 우리를 제한하기 위해 만들어졌다.

> **워크북 199:1** 몸은 *하나의 제한*이기에 자신을 몸으로 인식하는 한은 자유란 불가능하다.

> **워크북 199:3** 네가 이 수업에서 발전하기 위해서는 오늘의 아이디어를 받아들여 아주 소중히 간직하는 것이 중요하다. 에고가 오늘의 아이디어를 정신이상으로 여긴다는 점에 대해서는 걱정하지 말라. 에고는 *몸에 머물며*, 자신이 만든 집과 연합되어 살기에 몸을 소중히 여긴다. 몸은 에고 자신이 환상에 불과하다는 것을 감추려고 에고에게 은신처를 제공한 환상의 일부다.

에고는 자신이 환상인 것을 숨기려고 또 다른 환상인 몸을 만들어 내어 그 안에 머무른다. 자기가 몸을 소중히 돌보는 척하지만 결국은 비틀린 사랑이 늘 그렇듯 죽음으로 이끈다.

> **텍스트 18:78** 사랑은 몸들을 전혀 알지 못한다.

몸은 *죄의식을 보호하기 위해 죄책감으로부터* 생겨났다.

텍스트 18:88 하지만 죄의식이 얼마나 강력한지는 두터운 덮개에 가려져 있으며, 죄의식을 감추려고 만든 것과 떨어져 있다. *몸은 이것을 볼 수 없다. 몸은 죄의식을 보호할 목적으로 이것에서 생겨났기 때문이다.* 죄의식의 보호는 항상 죄의식을 보이지 않게 유지하는 데 달려 있다. 몸의 눈은 결코 죄의식을 보지 않겠지만, 죄의식이 지시하는 것은 볼 것이다.

죄책감은 또 두려움에 연결되어 있다. 분리를 믿는 마음은 아버지에게 특별한 대접(special favor)을 요청하고서 거절당한 이후 자신이 분리해 나감으로써 떠나온 아버지의 복수를 상상하면서, 두려움을 견디기 힘들기에 (헛되이) 숨으려고 한다. 이런 숨으려는 노력은 **몸이 있고 *시공간의 우주와 세상이* *있어야 효과가 있을 것이라고 믿은 에고가 이 세상과 우주와 시공간에 연결* *된 몸을 만들어 낸 이유*가** 여기 있다. 자신이 몸이라고 믿는 한은 아버지에게서 그리고 아버지에 대한 기억으로부터 잠시나마 시공간 안에서 숨을 수 있다고 생각했던 것이다.

텍스트 18:88 두려움의 원circle은 몸이 보는 수준 바로 아래에 있으며, 세상이 근거하는 전체 토대인 듯이 보인다. 여기에 그 모든 환상과 왜곡된 생각, 그 모든 정신 나간 공격과 격분, 그리고 복수와 배반이 있다. 그것들은 죄의식을 붙잡아두기 위해 만들어졌으며, 그럼으로써 세상이 죄의식으로부터 피어올라 죄의식을 감출 수 있었다.

텍스트 20:65 몸, 판단, 비전, 성령, 거룩한 관계, 죄의 상관성.

판단을 통해서가 아니라면 몸을 볼 수 없다. 몸을 본다는 것은 너에게 비전이 없으며, 성령이 그의 목적에 기여하라고 제공하는 수단을 거절했다는 표시이다. 거룩한 관계가 어떻게 죄의 수단을 통해 그 목적을 이룰 수 있겠는가?

몸 = 판단 = 비전의 결여 = 성령의 부인 = 거룩한 관계의 실패 = 죄

우리는 몸이 아니다. 우리는 영이다. *우리는 여전히 하느님이 창조하신 그 대로이며, 하느님의 거룩한 아들이다.* 이 사실을 기억하지 못하고 우리 자신을 몸이라고 믿게 된 것이 지금 우리가 겪는 모든 고통과 곤란함과 궁핍함의 시작이었다.

텍스트 18:63 너는 아직도 몸이 힘의 근원이라고 강하게 믿는다. 네가 세우는 계획 중에 어떤 식으로든 몸의 편안함이나 보호, 혹은 즐거움과 관련 없는 것이 무엇이 있는가?

우리 자신은 곧 우리 몸이라고 믿기 때문에 어떤 일을 계획하든지 몸의 편안함이나 즐거움 혹은 보호를 추구하지 않는 경우는 없다. 계획하는 것 자체가 자신이 몸이라는 믿음에서 나온다. **(워크북 135:12, 치유된 마음은 계획하지 않는다.)** 몸은 도처에서 결여를 느끼고 온통 필요를 보기 때문이다.

몸은 영에서 떨어져 나와서 분리된 마음의 일부분인 **에고의 꽃**이다. 실재가 아닌 몸은 그래서 더더욱 자기에게 모든 관심을 집중시키려 한다. 몸에 주

의집중이 되면 결핍감과 특별함의 추구는 진리가 된다. 결국 우리가 사용하는 모든 에너지의 초점을 몸에다 둔 것이 실존적 한계들과 고통이라는 문제의 시작이었다. 우리가 계획하고 추구하는 모든 것의 목표를 몸의 즐거움과 편안함을 얻는 것으로 삼았던 것이 오히려 고통의 원천이었다는 것은 꽤나 아이러니하다.

> **텍스트 18:65** 몸의 과거와 미래만이 몸을 실제적으로 보이게 만든다. 시간이 몸을 전적으로 통제하니, 죄는 결코 현재에 있지 않기 때문이다. (Only its past and future make it seem real. Time controls it entirely, for sin is never present.)

몸의 비실재성을 설명한다. 몸의 과거와 미래라고 하는 환상만이 몸을 실재인 듯 보이게 한다. 달리 표현해서, **몸은 시간에 의해서 전적으로 조절된다**고 할 수 있다. 다른 환상과 더불어 몸을 나타나게 하는 가장 깊은 차원의 원인인 죄/죄책감은 결코 현재에 존재하는 것이 아니기 때문이다.

2) 몸은 시간 안에서만 존재할 수 있기에 몸을 믿으면서 시간을 의식하지 않을 수 없다

몸이 편하게 느끼는 기억의 배열은 시간을 사용해서 펼치는 것이다. 실재에서는 단 한순간의 기억이 몸을 가진 한은 환상의 장구한 시공간에 펼쳐진다. 다시 한번 사용되는 에고의 허장성세의 습관으로 크기, 무게, 역사 등을 내세워서 '초라한 자신'을 숨기고 상대를 압도하려는 계산이다.

몸은 곧 지각이다. 지각은 너무나 당연한 인간의 조건으로 받아들여져 왔다는 의미에서 사고역전에 있어서 가장 급진적이고 실제적인 도전 과제라 할 수 있다. ("나는 몸이 아니다."라는 선언의 중요성)

> **워크북 192:5** 용서는 몸을 그 본래 모습대로 지각할 수 있게 한다. 몸은 단순한 학습 도구로써 배움이 완성되면 뉘어질 뿐, 배우는 자를 바꾸지는 못한다. 몸이 없는 마음은 실수를 범할 수 없다. 그 마음은 자신이 죽거나 무자비한 공격의 희생자가 될 것이라고 생각할 수도 없다. 그러니 분노는 불가능해진다.

배움이 완전할 때는 옆으로 치워 둘, 단순한 가르침의 도구인 몸이 그 본연의 모습으로 인식되게 하는 것이 용서이다. 몸의 본래의 모습은 하나의 단순한 가르침의 도구라는 것인데, 용서가 이렇게 몸을 제대로 인식할 수 있게 만든다. 단 용서가 완전하기 전에는 몸은 우리 마음을 항상 속일 수 있다.

* 학습 도구 'a learning aid' - 용서, 상징들 등. 용서는 우리가 사용할 학습 도구이고, 몸은 가르침의 도구(a teaching aid)이다.

3) 몸의 주된 기능은 우리가 지각을 사용하여 겉모습만 보게 하고 우리의 존재와 인식에 한계를 지우는 것이다

> **텍스트 18:71** 네가 사랑이 제한되어 있다고 보는 유일한 이유는, 몸을 의식하기 때문이다. 몸이란 정녕 사랑에 가해진 한계이기 때문이다. 제한된 사랑에 대한 믿음이 몸의 기원이었으며, 무한한 것을 제

한하기 위해 몸이 만들어졌다. 이것을 단지 비유라고 생각하지 말
라. 몸은 너를 제한하기 위해 만들어졌기 때문이다. 자신을 하나의
몸 안에서 보는 네가 과연 자신이 하나의 아이디어라고 알 수 있겠
는가? 너는 네가 인식하는 모든 것을 겉모습, 즉 그 자체의 밖에 있
는 어떤 것과 동일시한다.

그러므로 지각의 반대는 그리스도의 비전이다. 지각은 몸의 눈으로 보
고 몸의 귀로 듣는 것이기에 알아차림에 있어서 제한을 가질 수밖에 없다
('blocks to the awareness' 텍스트 서문 2). 그러므로 우리가 영원한 것, 신성,
진리, 사랑, 은혜와 같은 것들을 알아차리는 것은 지각을 사용한 결과가 아니
라 우리의 어떤 다른 차원(공적영지지심, 신성, 참된 정체, 불성, 아트만 등)
의 발현(working-out, kicking-in)에 의한 것임을 알 수 있다.

4) 몸은 분리가 일어났다고 믿는 마음의 부분인 에고의 꽃이다

에고는 마음이 긴장한 것이다. 마음이 긴장해서 절정을 이룬 상태에서 몸
이 나타났다고 할 수 있다.

몸은 영에서 떨어져 나와서 자기 기능(마음은 영의 자기표현의 수단이 됨,
워크북 96:5)을 망각한 마음(96:6)의 에고 부분이 만든 것(에고의 꽃인 몸)이
다. 그러므로 몸을 더 이상 자신이라 믿지 않고 속죄를 받아들이면 마음은 다
시 영으로 회복될 수 있다(워크북 330:1).

워크북 96:6 *영으로부터 떨어진 마음은 생각할 수가 없다. 자신의*

힘의 근원을 부인했고 자신을 아무 도움도 받지 못하고, 한계지어지고 약하다고 본다. 이제 자기의 기능에서 떨어져 나와서 마음은 자신이 혼자이고 분리되었으며 자신에 대항해서 몰려든 군대들에게 공격받아서 몸이 제공하는 허약한 지지 속에 숨어 있다고 생각한다.

몸은 마음이 분리를 믿고서 만들어 내었기에 분리의 결과이지만 이제는 오히려 분리의 증거와 도구로 사용된다.

5) 몸은 환상이기에 항상 기억되거나 기대될 뿐 결코 바로 지금 경험되지 않는다

몸은 기본적으로 환상이다. 몸은 'What was falsely added'(가짜로 더해진 것 혹은 거짓으로 보태진 것, 워크북 151:14)이다. 몸은 기억 속에 있거나 기대 안에 있을 뿐 지금 실재하지 않는다.

> **텍스트 18:65** 시간이 몸을 전적으로 통제하니, 죄는 결코 현재에 있지 않기 때문이다.

마음이 만들어 낸 상상물인 몸은 마음의 한 작용이다. 그러므로 몸은 마음이 몸과 관련해서 과거에 어떠했음을 기억하고 있거나 미래에 어떠할 것으로 기대할 수 있을 뿐이지 현재에 실재할 수는 없다. 기억이나 기대는 실재가 아니라 변화하는 마음의 상태일 뿐이다. 그리고 여기서 말하는 우리 마음의 작용은 '의식'이라고 불리기도 하는 것으로 에고의 영역이며(텍스트 3:40에 의하면 의식은 에고의 영역인 것으로 정확하게 정체가 확인된다.) '공'한 것이다

《반야심경》, 〈공중무색… 무안계 내지 무의식계〉).

6) 우리가 돈, 옷, 집, 건강, 약, 음식 등에 집착하는 것은 모두가 몸의 편리함, 즐거움, 그리고 보존에 관한 것이다 - '몸' 정체성의 결과

워크북 50:1 너는 가장 하찮으면서도 제정신이 아닌 상징들을 믿는다. 그것들은 알약, 돈, "보호해 주는" 옷, "영향력", "명망", "인기", "적절한" 사람들을 아는 것, 그리고 네가 마법적인 힘을 부여하는 무의 형식들을 모아 놓은 끝없는 목록이다. 너는 이 모든 것으로 하느님의 사랑을 대체한다. 너는 몸과의 동일시를 보장하려고 이 모든 것을 소중히 여긴다.

우리의 집착이 주로 몸에 관한 것이라는 사실의 시사점은 우리가 몸을 우리의 정체성으로 믿는다는 사실이다. 달리 말해서, 우리는 무엇을 하든지 몸을 위해서 한다.

교사지침서 13:2 권력, 명예, 돈, 육체적 쾌락… 이 모든 것을 소유한 주인공은 누구인가? 그것들은 단지 몸에게만 어떤 의미라도 있는 것이 아닌가? 하지만 몸은 평가할 수 없다. 마음은 이러한 것들을 추구함으로써 자신을 몸과 관련짓게 되며, 결국 자신의 정체를 가려서 자신이 참으로 무엇인지 잊게 된다.

우리 마음이 권력, 명성, 돈, 육체적 쾌락을 추구하는 것은 자신을 몸과 동일시하기 때문이다. 자신이 몸이라고 믿으면 몸의 보존, 편안함, 안락함, 즐거움, 다른 몸에의 영향력 행사 그리고 자기 몸의 특별함의 과시를 위해서 자연스레 돈, 육체적 쾌락, 권력, 명성을 추구하게 된다. 곧 스러지고 말 몸인데 있을 때 왜 건강하게 즐기지 않을 것인가? Seize the Day!

7) 보다 많이 일하는 것이 미덕인 우리 사회의 문화에 나타나는 '몸'이라는 자기정체성의 흔적

몸은 우리가 지어낸 모든 환상들 중에서 우리가 스스로와 가장 동일시하는 것이다. 우리는 우리의 정체성과 관련해서 스스로를 다른 무엇보다도 더 몸이라고 믿는다. 그렇다면 몸을 가지고 세상에서 실행하는 일(직업, 생업)이란 것에 대한 우리 사회의 정서와 '일 문화'에 담긴 아이디어를 좀 더 잘 이해할 수 있다.

자유경제와 발전된 산업사회의 보기인 우리 사회에서 모범으로 인정받고 찬양받는 사람은 자신의 일에 모든 에너지를 다 써서 재화나 서비스를 최대로 생산해 내는 사람이라고 할 수 있다. 그 증거는 자기 일의 생산성(매출액)이 클수록 경제적으로 많은 보상을 받으면서 보다 사치스런 생활을 누리며 사는 우리 사회의 구성원들(이를테면 사업가, 은행가, 인기 연예인, 높은 연봉의 프로스포츠 선수 등)의 예에서 명확히 드러난다.

그래서 대부분의 사람들은 기회만 있다면 열심히 일하고(혹은 일하고 싶어 하고), 그런 자신을 몸이라고 믿고, 몸이 애쓰는 무대인 세상을 실재라고 믿고, 또 그러하기를 원한다. 일에다가 몸의 시간과 정력을 다 바치고 애쓰는 것은 실은 아무것도 아닌 몸의 가치를 일의 진행과 성취를 보면서 무엇인가 가치 있는 것으로 믿고 싶어 하고 또 그 가치를 영구화하고 싶은 에고의 시도이다. 동시에 자신이 몸이라고 믿는 우리 마음이 자기정체성을 끊임없이 확인하려는 노력이기도 하다.

믿는 자들의 사회에서의 역할과 직업의 고귀함을 강조했던 캘빈주의(Calvinism)의 일 윤리(work-ethic)와 사도바울이 말했던 "일하기 싫으면 먹지도 말라."(데살로니가후서 3:10)와 같은 가르침들에 기초를 두고 서구사회에서는 일찍이 물질, 명예, 권력과 같은 보상이 따른다는 이유로 일(work)을 인생에서 가장 중요한 요소들 중의 하나로 여겼다. 그래서 자아실현의 도구, 사회생활의 방편, 자기능력의 계발과 가능성실현의 기회, 공동체와 국가에 보답하고 또 그것들에 의해 인정받는 방편으로서의 일에서의 열심과 일의 성과와 가치가 강조된다. 반면에 일하지 않기로 혹은 최소한만 일하기로 하고 나머지 시간은 성찰하고 사색하기를 선택하는 사람에게는 게으르고, 생산성 낮은 잉여인간(심지어는 기생충)이라는 분류표가 붙기 일쑤이다.

게다가 생산성을 강조하고 일을 찬양하는 사회경제적 문화에서 본의 아닌 퇴직이나 자연스런 은퇴로 인해서 오랫동안 하던 일을 멈추게 되면 어떤 사람들(특히 고도로 전문적인 일을 오랜 기간 하던 사람들)은 자기가 누구인지에 관해서 정체성의 혼란을 겪는 상태에 이르기도 한다. 자신의 정체는 몸이고 또 그 몸이 하는 일이기에 일을 하지 않으면 자기가 누구인지를 더 이상 알지 못하게 되는 것이다. 이런 맥락에서 일의 성과를 결정짓는 요소들 즉 노동력과 생산성이 그 사람의 본질적 가치와 혼동되고 일의 성공이나 번성 여부가 곧 가치 있는 인생의 주요 평가 잣대가 되는 과대한 의미부여가 일과 관련해서 생겨난 것은 놀랄 일이 아니다. 일을 보다 잘하기 위한 목적으로 더 많이 알려고 하고, 더 많은 지식을 습득하며, 보다 분석적인 태도로 더 많은 정보를 수집하는 것은 당연하고 필수적인 미덕으로 여겨진다.

이런 상황에 비추어 볼 때 구원도 성실과 최선의 노력으로 일해야만 얻을 수 있는 결과물이라는 믿음이 자연스레 받아들여지고 끈질기게 살아남는 것은 놀랍지 않다. 더 많이 알아야 하고 더 많이 일해야 한다는 믿음은 몸을 자신으로 보는 한 피하기 어려운 결론 중의 하나가 된다. 그러니 나는 아무것도 모르고, 아무것도 할 필요가 없다는 (기적수업의) 선언은 지극히 불온하고 전복적이고 위험한 도전으로 들릴 수 있다. 과연 우리는 죽도록 열심히 일만 하라고 태어난 것인지, 밤낮으로 일하고 성취하는 것 외에 우리 인생에 더 중요한 것은 없는지 묻는 것도 게으르거나 편히 살고자 하는 사람들의 한가한 질문일 뿐이라고 매도당할 수도 있다. 에고가 우리를 멋지게 속인 경우, 우리가 감쪽같이 속을 수 있는 경우이다.

그러므로 몸의 가치에 대한 이런 믿음 그리고 몸을 사용하는 '일하기'(doing, working)와 우리의 일(work, job, effort)의 중요성에 대한 믿음은 "I need do nothing."이라는 깨달음과 선언에서 완전히 전복된다. 이런 전복에 의해서 우리의 진정한 평화가 가능해지고 우리는 '고요함'과 '온유함'과 '죄책감이 사라진 상태'에 도달하게 됨은 기적수업에서 누누이 강조된다.

> **텍스트 18:79** 무엇이든 행하는 것은 몸과 관련된다. 네가 아무것도 할 필요가 없음을 인식한다면, 너는 *마음에서 몸의 가치를 거둬들인 것이다.* 여기에 네가 수백 년의 수고를 미끄러지듯 통과하여 시간에서 벗어날 빠른 문이 열려 있다. 이것은 지금 당장 죄가 모든 매력을

잃는 길이다. 여기에서 *시간이 부정되고*, 과거와 미래가 사라지기 때문이다. 아무것도 할 필요가 없는 자에게는 시간이 필요 없다. *아무것도 하지 않는 것은 안식하는 것이며, 몸의 활동이 주의를 요구하기를 멈추는 자리를 너의 내면에 마련하는 것이다. 성령은 이 자리로 들어와서, 그곳에 머물러 산다.*

18:80 너는 폭풍의 맹렬한 활동보다는 이와 같은 고요한 중심을 점점 더 자각하게 될 것이다. 네가 아무것도 하지 않는 이 고요한 중심은 계속 네 곁에 남아, 네가 파견된 그 모든 *바쁜 일들 가운데서도 안식을 제공할 것이다.* 너는 이 중심으로부터 몸을 어떻게 죄 없이 사용할 수 있는지 인도받을 것이다. 이 중심, 그 안에 몸이 없는 이 중심이야말로 네가 계속 몸을 *죄 없다고 인식하게 해 줄 것이다.*

8) 몸, 시간, 세상, 시공간 등 모든 환상 수준의 것들을 초월하는 것이 기적이다

텍스트 1:17 기적은 몸을 초월하는 것이다. 기적은 더 낮은 차원의 실재를 지각하는 것에서 벗어나, 불가시성으로 갑작스레 이동하는 것이다. 바로 이것이 기적이 치유하는 까닭이다.

기적은 환상 수준의 실상을 알아보고서 그것을 벗어나는 것이므로 기적을 통해서는 환상 수준의 문제들의 해결, 이를테면 **질병들의 치유**가 일어나는 것이다.

텍스트 1:17 기적들은 몸을 초월하는 것이다. (Miracles are the transcendence of the body.)

몸을 자기정체로 받아들이는 경우들은 판단에 굴복하고, 공격생각을 계속 지니고 있고, 미래에 대비한 계획을 스스로 짜는 경우 등이다. 이렇게 몸을 자신의 정체라고 믿으면 질병으로 아프게 되고, 낫더라도 다시 아프게 된다.

삶에서 추구하고 도모하는 모든 것들은 우리의 몸의 편함이나 즐거움과 관련된 것이고 우리가 스스로의 정체를 몸으로 여긴다는 증거들이다. 한 시도 몸에 집중하지 않을 수 없고 자신의 정체를 몸이라고 생각하기를 그칠 수 없는 우리이기에 반대로 몸은 전혀 실재가 아니고 기억이거나 기대일 뿐이므로 자신은 몸이 아님을 한 시도 쉬지 않고 기억하고 알아차리고 있는 것이 깨달음/구원/천국이다.

9) 그러므로 기적의 요청이란 바로 "나는 몸이 아니다"라는 진리의 알아차림을 늘 유지하도록 해 달라고 성령께 요청하는 것을 말한다

그래서 기적수업에서 특히 워크북에서 가장 반복해서 제시되는 수업의 만트라(mantra)는 "나는 몸이 아니다, 나는 하느님이 창조하신 그대로다."이다. 기적의 요청은 '나는 몸이 아님'을 받아들일 수 있게 해 달라는 요청(지각교정의 요청)이다.

"나는 몸이 아니다, 나는 자유롭다. 나는 하느님이 창조하신 그대로 이다, 나는 영이다." - 가장 중요한 기적수업의 만트라이자 *기적수*

기적수업 커리큘럼의 주요 골격을 이해하기 위해서는 먼저 몸을 가진 우리가 경험하는 것은 사실은 몸의 현상이 아니라 마음의 현상임을 알아야 한다. 달리 말하자면 우리는 몸이 아니라 영임을 이해해야 한다는 것이다.

우리가 어떤 '제한'(**워크북 199:1, 몸은 하나의 제한이다.**)을 의미하는 몸이 아니란 것은 우리가 자유롭다는 의미이다. 우리의 몸이 가진 듯이 보이는 한계에도 불구하고 우리는 하느님이 창조하신 그대로임을 아는 것은 우리가 자유롭고, 아플 수 없고, 우리 몸이 그 안에 있는 듯 보이는 세상도 없음을 아는 것이다.

그래서 세상은 없고(**워크북 132:10, 너는 하느님이 창조하신 그대로다. 네가 고통에 시달릴 수 있는 어떤 장소도 없고, 너의 영원한 상태에 변화를 일으킬 수 있는 어떤 시간도 없다. 네가 하느님이 창조하신 그대로 남아 있다면, 시공간의 세상이 어찌 존재할 수 있겠는가?**), 우리는 아플 수가 없으며(**워크북 136:22, 나는 병들 수 없다**), 또 우리가 '속죄를 받아들일 것'을 의미한다(**워크북 139:11, 나는 스스로 속죄를 받아들이겠다. 왜냐하면 나는 하느님이 창조하신 그대로 남아 있기 때문이다**). 이런 앎이 바로 우리를 '자유롭게 하는 진리에 대한 앎'이다(요한복음 8:32).

기적수업의 텍스트와 워크북 전체에서 무려 27번이나 반복되는 문장이 바로 *"나는 하느님이 창조하신 그대로다."*이다(워크북 94, 110, 162과와 201에서 220과까지의 20과 그리고 132, 136, 139과와 텍스트 31:90). 그 출현의 빈

도나 아이디어의 중요성이나 다른 아이디어들에 대한 파급효과 등을 감안할 때 "나는 하느님이 창조하신 그대로다."라는 아이디어가 수업 전체에 대한 요약이라고 해도 지나친 과장은 아닐 것이다.

> **텍스트 31:90** *나는 하느님이 창조하신 그대로다. 하느님의 아들은 어떤 고통도 겪을 수 없다. 그리고 나는 하느님의 아들이다.*

우리는 원래가 몸이 아니라 **하느님이 창조하신 그대로**의 자유로운 영이다. 분리를 믿은 마음은 스스로를 한계 짓고 경계 지어서 에고가 되고 몸을 만들었지만 "**하느님의 선물들을 기꺼이 받아들이게 된 마음은 영으로 회복되었다.**"(워크북 330:1)

하느님의 가장 중요한 선물은 속죄이므로 속죄를 받아들이려는 용의를 가지는 마음, 즉 속죄를 받아들이기로 **선택한 마음**(the mind that is made willing to accept God's gifts 330:1)은 다시 **영으로 회복**된다. 그러므로 **몸이 아님을 알게 되어서** 다시 **영으로 회복되는 비결**은 바로 속죄와 그 외의 다른 하느님의 선물들을 **받아들이기로 용의를 내는 것**이다(willingness to accept God's gifts).

우리의 지각기능 전체와 우리가 보고 인식하는 것 전체의 진실성을 부인하는 궁극의 사고역전의 선언이 **나(너, 형제)는 하느님의 거룩한 아들이라는 선언/고백**임은 이미 위에서 살펴보았다. 우리의 구원과 치유와 기적에 필요한 모든 사고역전과 지각의 전복의 비결이 이 한 문장에 담겨 있다고 할 수 있다.

게다가 이 아이디어가 *같은 의미를 가진 "나는 하느님이 창조하신 그대로다."라는 연결된 아이디어*와 더불어 파생시키는 다른 아이디어들 역시 수업의 핵심적 아이디어들이자 메시지들이다. 우리는 '하느님께서 창조하신 그대로'이기에 (거룩하기에) *세상은 없고*(워크북 132:10), 우리는 *아플 수 없으며* (워크북 136:22), 또 우리가 *속죄를 받아들이게* 된다(워크북 139:11).

이 아이디어는 또 우리로 하여금 *원수를 하느님의 거룩한 아들이라고 부르고* 더 나아가서 *그의 축복을 요청하기까지*에 이르게 하는 메시지이다(Give me your blessing, holy Son of God. 워크북 161:14). 이것은 예수가 신약성서에서 궁극의 사랑으로 제시했던 '원수를 사랑하기'에서 한 걸음 더 진전한 것이다. 이런 맥락에서 볼 때 성서에 나오는 예수의 가르침의 절정이자 기적수업 전체 가르침의 궁극이 "나는 하느님이 창조하신 그대로다/하느님의 거룩한 아들이다."라고 해도 과언이 아닐 것이다.

10) 몸은 실재가 아니라는 진리의 연장은 세상은 환상이라는 것이다

수업에서는 이렇게 우리는 몸이 아니라는 진리가 강조된다. 이 진리는 세상의 비실재성을 깨닫는 것과도 연결된다. 우리가 몸이라면 세상에서 우리가 몸을 써서 하는 일은 중요할 수밖에 없고, 따라서 세상도 그만큼 심각한 것이 되고 필요해진다. 그러므로 우리가 몸이라면 세상에서 어떤 지위를 차지하느냐와 세상의 무엇을 얼마만큼 누리느냐와 세상에 어떤 공헌을 하느냐가 다 중요하고 심각한 일이 된다. 우리가 몸이 아니라 영임을 기억해야 하는 것은 아무리 강조해도 지나치지 않다.

11) 기타 수업이 알려 주는 몸의 의미들

- 몸 정체성을 받아들이는 것은 질병을 초대하는 것이다. (**136과 병은 진리에 대항하는 방어이다.**)
- 몸은 꿈이다. (**What is the body? 5:3, The body is a dream.**)
- 몸은 환상이다. (실재가 아닌 지각으로만 인지되는 몸은 환상이다.)
- 몸은 에고의 우상이다.
- 몸은 또한 에고의 사고체계의 완성이자 꽃이다.
- 몸은 분리의 믿음 이후에 생겨난 것이다.
- 몸은 곧 죄이자 죄책감이다.
- 몸이 있는 한 그리고 그 몸을 실재한다고 지각하는 한 두려움을 느낀다.
- *성령은 몸조차 거룩한 관계라는 목적을 위해 사용할 수 있다.*
- 몸은 질병이 나타나는 곳으로 질병과 밀접한 연관을 가지는 것처럼 보이나 모든 질병은 사실은 죄책감을 떨치지 못한 마음에서 비롯된다.
- 치유는 지각의 교정인데 몸에 있는 질병의 치유는 기껏해야 치유의 한 가지 예일 뿐이다.
- 몸을 가지고 죄책감을 느끼기에 시간을 경험한다. (몸 = 죄책감 = 시간의 경험)
- 시간이 실재라고 믿기에 죄책감과 몸이 유지된다.
- 몸은 특별함의 주인공이자 특별함 추구의 주체이다.
- 비전은 몸 너머를 본다. (몸에 고정된 시각은 비전이 아니라 지각일 뿐이다.)

12) 몸(그리고 다른 환상들)의 긍정적인 의미는 있는가?

몸 자체는 지각의 세상 안의 다른 것들과 마찬가지로 중립적이다. 그것을 사용하는 목적이 에고의 목적을 위한 것(몸을 실재로 믿고 꿈속에 계속 머무르는 것)이냐 성령의 목적(몸이 환상임을 보고 용서하여서 깨어나는 것)을 위한 것이냐에 따라 다를 뿐이다. 그 목적의 선택은 물론 우리의 마음이 하는 것이다.

> 몸은 하느님의 아들이 *제정신*으로 *돌아가는 수단*이다. (The body is the means by which God's son returns to sanity. 워크북 특별주제 5. 몸이란 무엇인가? 4문단)

> **워크북 특별주제 5. 몸이란 무엇인가?**
> 3. 그러나 우리는 몸이 무엇을 위한 것인지에 대한 생각을 바꿈으로써 몸이 따를 목적을 바꿀 수 있다.

성령은 우리가 기꺼이 맡겨 드릴 때 다른 환상들(심지어 판단과 시간도 포함해서, '유일하게 바른 용도로 사용되는 판단' 텍스트 9:86, '거룩한 순간'이라고 하는, 오직 시간 안에서만 경험 가능한 성령의 방편 텍스트 15:45, '시간 안에서 유일하게 의미 있는 기능'인 용서는 오직 시간 안에서만 경험될 수 있다. 텍스트 25:47)과 마찬가지로 우리의 몸도 우리를 천국으로 이끌기 위한 방편으로 사용하신다. 거룩한 관계를 형성하는 몸들이 그 좋은 예이다. 또한 시간 안에서 몸을 가지고 있을 때만 새로운 선택을 할 수 있다는 점도 몸(그리고 시간)이 가진 긍정적인 의미로 볼 수 있다. 이 의미는 '유용성'(usefulness) 혹은 용도이다.

시간

세상, 우주, 시간, 몸과 같은 환상들의 시작과 관련해서 그것들을 만들어 낸 우리 마음의 에고 부분이 내면의 죄책감을 견디기 힘들어서 외부에 투사함으로써 환상들을 만들어 내었음은 기적수업의 이론의 가장 중요한 골격들 중의 하나이다.

죄책감은 또 두려움에 연결되어 있다. 분리를 믿는 마음은 아버지에게 특별한 대접(special favor)을 요청하고서 거절당한 이후 자신이 분리해 나감으로써 떠나온 아버지의 복수를 상상하면서, 두려움을 견디기 힘들기에 (헛되이) 숨으려고 한다. *시공간*의 우주와 세상이 만들어지면 몸을 숨길 수 있다고 믿고서 에고가 몸과 함께 *시간을 만든 이유*이다.

환상을 지어내는 마음의 부분인 에고와 환상이 의지하는 배경인 시간(과 공간)

세상을 실재라고 지각하는 한은 현실적으로 가장 우리의 의식을 많이 차지하는 것이 시간인지도 모른다. 시간은 생물체로서의 우리의 속성 중 하나인 불가피한 죽음을 상기시키고 그때를 가늠하게 해 주는 지표로서, 또 우리가 처분할 수 있는, 가장 제한되어 있고 귀한 재화로서, 또 모든 사람에게 공평하게 주어진 드문 재화로서 몹시 의식을 집중시키는 소재이자 주제이다.

시간은 몸을 가진 생명체로서의 우리에게 늘 한계체감적인 변화를 느끼게 해 주는 것인가 하면 자기조절을 유도하고 적절하고 효율적인 에너지의 배분의 당위성을 항상 상기시키는 역할도 한다. 이런 이유 등으로 시간에 대해서 우리는 다른 그 무엇에 대해서 보다 더 많은 주의를 기울이고 있다. 피할 수 없는 변화의 에이전트로서, 두려움의 전령으로서, 혹은 죄책감의 집요함의 상징으로서도 시간은 우리에게 다가오곤 한다(**텍스트 5:72, Guilt feelings are the preservers of time**). 또한 몸과 죄는 시간을 매개로 우리에게 대가를 요구하며, 죄책감은 시간을 방패로 에고의 큰 소리가 만드는 혼란을 틈타서 숨어 있다가 변화된 시간의 선상에서 엄청나게 몸집이 불어난 형태로 발견되곤 한다. 환상과 투사는 과연 시간이 만들어 낸 환각들이자 장막들이다.

이런 맥락을 고려할 때 결국 시간은 우리의 의식이 굴절되었기에 감지되는 것이다. 우리가 아무런 죄책감도 두려움도 투사도 없이 사랑하고, 사랑 그 자체로 존재한다면 시간을 감지할 이유는 없어진다. 이때는 선형적인 시간만이 만들어 내는 과거와 미래라는 아이디어도 역시 무의미해질 것이다. 실재가 아닌 시간의 본성을 파악하는 것이다. 따라서 '시간의 압력'에서 벗어나게 되는 것은 우리에게 비교할 수 없는 큰 해방감과 자유를 선사할 것임에 틀림없다. 생물체로서 세상에서 보내는 날이 흘러갈수록 더욱 더 우리를 초조하게 만드는 시간의 압박 속에서 무엇인가를 이룸으로써 우리 인생을 의미 있게 만들거나 구원하려는 노력을 더 이상 기울일 필요가 없어지기 때문이다. 워크북 135:12의 **"치유된 마음은 계획하지 않는다(A healed mind does not plan)."**는 구절은 이런 맥락에서도 진실이다.

꿈에서 깨어나지 못하는 것은 시간을 좀 더 오래 믿고 또 사용하고 싶어 하기 때문이다. 구원은 마침내 시간의 환상성을 보게 되고 더 이상 시간이 만든 구조에 예속되지 않는 것을 의미한다. 마찬가지로 용서는 시간이 환상이고 영원만 실재임을 알게 되는 것이고, 치유는 기억될 뿐인 과거도 기대될 뿐인 미래도 사실은 존재하지 않음을 마침내 이해하게 되는 것이다. 그래서 비전을 가지게 되면 시간이 아니라 영원만 보게 된다.

> **워크북 164:1** 그것은 우리의 시각이 아닌 그리스도의 눈이 보는 것이다. 그리스도는 *시간 너머를 보고는, 거기에 나타나 있는 영원을 본다.* … 그 모든 것 너머로, 그리스도는 천국의 노래와 하느님의 음성을 더 뚜렷하고 더 의미 있고 더 가깝게 듣기 때문이다.

요컨대 시간은 우리의 지각을 도와주는 도구이고 지각을 사용할 때만 우리의 의식에 포착되는 가상의 틀이거나 관념이다. 결국 시간이란 우리가 때때로 혹은 더 자주 사용하는 가상의 상상물이지 독립적으로 존재하고 있는 실재가 아닌 것이다.

가장 큰 규모의 환상인 시간과 직선적인 시간이라는 신화

> **워크북 158:3** 그때는 이미 정해졌다. 그것은 아주 임의적으로 보인

다. 하지만 *네가 걸어가는 길에서 우연히 내딛는 걸음은 없다. 너는 이미 그 모든 발걸음을 다 내디뎠다. 비록 아직 그 길에 나서지는 않 았지만 말이다. 시간은 단지 한 방향으로만 흐르는 듯이 보인다. 우 리는 단지 이미 끝난 여행을 떠난다. 하지만 그 여행에는 우리가 아 직 모르는 미래가 들어 있는 듯이 보인다.*

158:4 시간은 속임수다. 시간은 교묘한 손기술이며, 마법을 부리는 것처럼 등장인물들이 오가는 방대한 환상이다. 하지만 겉모습 뒤에 는 변하지 않는 계획이 있다. 대본은 작성되었다. 경험이 와서 너의 의심을 종식시킬 때도 이미 정해졌다. *우리는 단지 여행이 끝난 지 점에서 뒤돌아보며 그 여행을 다시 한번 한다고 상상하고, 이미 지 나간 것을 마음으로 회상한다.*

시간은 땅이나 나무처럼 만질 수도 없고 별이나 달처럼 늘 보이고 바깥에 나타나 있는 것도 아니다. 시간은 무게도 없고 형식도 없이 우리의 마음속에 서 상상으로만 존재하는 것이다. 그것은 단지 우리의 편의를 위한 도구일 뿐 이다. 시간은 단지 하나의 꿈일 뿐인 세상에서 우리가 발명해 내고 지어내서 쓰는 또 하나의 이중허구이다. 사고하고 계획하고 기억하고 예측하는 것처럼 정신적인 영역에서나 농사를 짓고 무역을 하고 각종 생산을 하고 계약을 하 는 등의 실용적인 영역에서 참으로 요긴하게 준거 틀과 방편으로 사용할 수 있기 때문이다.

이미 꿈이라는 허구/환상 속에서 살고 있는 우리가 실재에서 두 단계나 유 리된 환상 속의 환상으로서 시간을 만들어 내어서 그렇게도 믿고 아끼고 집착하며 그것 중심으로 사고하는 것은 상당한 아이러니를 보여 준다. 아무리 실재와 진리에서 동떨어진 것이라도 자기가 만든 것은 그리도 애지중지하는 우리 습관의 또 다른 보기이다.

시간은 환상이, 특히 세상이라는 환상이 만들어지고 유지되게 하는 구조물 역할을 한다. 과거는 실재세상을 가리기 위한 목적으로 만들어진 것이다.

> **워크북 289:1** 용서가 제공하는 세상을 감추기 위해서 과거가 만들어졌다. 이 세상은 단지 '지금'에만 보이는 세상이기 때문이다.

과거와 미래(우리가 시간이라고 믿는)는 환상이고 오직 지금만 실재이다. 시간은 실재의 한순간에 이미 시작되고 끝났지만 지금 우리가 되돌려보고 있는 환상이다. 그래서 시간은 우리가 인식하듯이 선형적으로 흐르는 것이 아니다. ('시간이 접히고 펼쳐지는 것'을 체험했던 사도바울.)

건설적으로 사용될 수 있는 '시간의 목적'은 무엇인가?

> **텍스트 2:111** *시간의 목적은 다만 "그에게 시간을 주어서"* 이런 판단을 해 내도록 하는 것뿐이다. 최후의 심판은 사람이 자신의 창조물들을 완벽하게 판단하는 것이다. 그가 간직하는 모든 것이 사랑스러울 때, 그에게 두려움이 남아 있을 이유가 없다. 이것이 바로 속죄에서 그가 맡은 역할이다.

자신이 만든 것들에 대해서 완벽한 판단을 하게 되는 것(그것들에서 오직 사랑스러운 것만 보게 되어서 더 이상 어떤 두려움도 갖지 않게 되는 것.)이 가능해지도록 시간을 사용하는 것이 시간의 유일한 목적이다.

> **텍스트 1:15** *시간의 목적은 사람이 시간을 건설적으로 사용하는 법을 배우게 하는 것이다. 이와 같이 시간은 가르침의 도구이자 목적을 위한 수단이다. 배움을 촉진하는 용도가 사라졌을 때, 시간은 멈출 것이다.*

> **텍스트 10:7** *확장은 아무리 부정되더라도 영원히 계속된다. 네가 확장의 실재성을 부정한다면 시간 안에서는 확장이 저지되겠지만, 영원 안에서는 그렇지 않다. (Your denial of its reality arrests it in time but not in eternity.)*

'in time but not in eternity'(*시간 안에서, 그러나 영원 안에서는 아니다.*)는 몸/환상의 차원과 영원/실재의 차원의 대비를 보여 준다. 우리는 비록 시간 안에서는 '왜소함' 안에 갇혀 있지만 영원 안에서는 장엄함과 품격과 '위대함'을 갖춘 하느님의 거룩한 아들로서 권능과 영광의 존재이다.

> **텍스트 15:39** *마음이 왜소함에서 해방되는 것은 시간이 아닌 용의에 달려 있기 때문이다. ("release from littleness depends on willingness and not on time.")*

마음이 왜소함에서 해방되는 것은 시간이 아닌 용의에 달려 있다. 시간은 환상일 뿐이기 때문이다. 시간을 믿고 지각하며 시간 안에 사는 우리 마음만 속죄가 필요하다. 영혼은 늘 하느님과 소통하기 때문이다. (텍스트 1:45 시간 vs. 영원, 시간 vs. 용의, 시간을 믿는 마음 vs. 속죄가 필요 없는 영혼)

이미 우리 것인 '거룩함'.

이미 우리 정체인 '거룩한 하느님의 아들'.

이미 우리의 정체인 '영' not '몸', 그리고 한계들에서의 자유.

이미 우리 것인 safety, healing, wholeness(안전, 치유, 온전/전일성).

> **텍스트 12:67** 사랑은 시간을 기다리는 것이 아니라 환영 인사를 기다린다. 그리고 실재세상은 단지 네가 항상 있었던 것을 맞이하겠다는 환영 인사일 뿐이다. (Love waits *on welcome, not on time,* and the real world is but your welcome of what always was.)

이미 우리 정체인 사랑이 되기 위해서는 시간이 아니라 용의와 결정(willingness and decision)과 '다시 하는 선택'(choosing once again)이 중요한 것이다.

우리의 거룩함이나 사랑은 영원/진리 안에서는 우리 것이지만 시간/환상/세상 안에서는 희미하거나, 구름에 가려져 있거나, 드러나기에 시간이 소요되거나 하는 것도 사실은 시간의 흐름에 좌우되는 것이 아니다. 시간 속에 있으나 그 안에서 우리 마음이 내리는 새로운 결정, 우리가 하는 새로운 선택이 그것을 즉시 우리 것으로 확인하고 누리는 해결책이다.

> **텍스트 15:15** 거룩함은 시간이 아닌 영원 속에 있다. (Holiness lies *not in time but in eternity.*)

시간이 우리에게 가져다주는 것이 아니라 비록 시간 속에 살고 있지만 그 안에서의 우리의 새로운 선택에 의한 '결정'이 누리게 해 주는 것이 구원/진리/천국/사랑이다.

> **텍스트 15:16** "The Atonement is *in time but not for time*." (속죄는 시간 안에 있으나 시간을 위한 것은 아니다.)

> **텍스트 15:39** 왜소함에서 해방되는 것은 *시간이 아닌 용의에* 달려 있다.

시간 안에 사는 것은 곧 왜소함이자 왜소함 속에서 그것을 믿고 동일시하며 사는 것이다. 시간이란 결국 왜소함, 몸, 죄책감, 의식에 주어진 한계와 동의어이다. 시간은 몸처럼 에고가 사용할 때 죽음과 지옥을 의미한다. 그러나 성령이 사용할 때는 매순간 새로 탄생하는 현재이고 구원의 도구이자 거룩한 순간을 위해 필요한 방편이다.

시간 안에서 중요한 것은 용의이다. 시간의 축적이 아닌 순간의 용의, 용의의 순간이다. 물론 이 용의는 완벽한 용의가 아니라 작은 용의이다. 즉 순수하지 않은 생각이 전혀 없는 상태가 아니라 그런 생각 중에서 지키고 싶어 하는 것이 단 하나도 없는 상태이다(텍스트 15:43). 시간이 실재하지 않는 환상이므로 우리가 시간이라는 배경 속에 살고 있더라도 중요한 것은 순간의 용의이다. 용의를 내는 순간만이 시간 속에서 유일하게 의미 있고 가치 있는 것이다.

텍스트 15:12 이 순간을 성령께 드리려는 *용의를 내는 방법*을 가르치는 데 드는 시간이 이 작은 순간을 사용해서 너에게 천국 전체를 안겨 주는 데 걸리는 시간보다 훨씬 더 길다.

텍스트 15:22 네가 얻으려고 분투하거나 지키겠다고 선택할 수 있는 대안은 왜소함(세상, 두려움, 시간)과 영광(*장엄함, 사랑, 용의를 내는 순간*)뿐이다. 너는 항상 하나를 포기하는 대가로 다른 하나를 선택할 것이다.

텍스트 15:13 기적은 네가 제공하고 네가 받을 해방의 순간이다. 기적은 네가 해방되고자 하기에 성령께 시간을 드려 사용하게 하려는 *용의가 있음*을 입증한다.

텍스트 15:36 왜소함을 놓아 버리려는 *용의가 너의 연습*을 결정한다. 위대함이 너에게 분명해질 그 순간은 단지 너의 열망만큼 다가올 것이다. (열망은 용의를 나타낸다.)

시간의 탄생 - 몸이 만들어질 때 함께 탄생한 시간

텍스트 20:52 관계에는 정도(order)가 없다. 관계는 있거나 없을 뿐이다. 거룩하지 않은 관계는 관계가 아니다. 그것은 일종의 고립된 상태로서, 다만 그렇지 않게 보일 뿐이다. 그 이상 아무것도 아니다. 너희가 하느님과 맺은 관계를 거룩하지 않게 만든다는 미친 아이디어가 가능하다고 생각한 순간, 너희의 모든 관계는 무의미하게 되었다. 그 거룩하지 않은 순간에 시간이 태어났고, 몸이 만들어져서 그 미친 아이디어의 집이 되어 실재라는 환상을 부여했다.

거룩하지 않은 관계는 전혀 관계가 아님에도 불구하고 **하느님과의 관계를 거룩하지 않게 만들 수 있다는 관념**(텍스트 27:82, Into eternity, where all is one, there crept a tiny mad idea…. 즉 '특별한 대접'을 요구한 그 작은 미친 생각)을 우리가 가졌던 **순간에 시간이 태어나고 몸들이 만들어졌다. (텍스트 18:71, 제한된 사랑에 대한 믿음이 몸의 기원이었다.)** 그 미친 관념을 지니고 있을 무엇인가가 필요했고 그것을 가지고 도망쳐서 숨을 어디인가가 필요했기 때문이었다.

> **텍스트 18:67** 거룩한 관계는 시간을 절약하는 수단이다. 같이 보낸 한순간은 두 사람에게 모두 우주를 회복시킨다. 그대는 준비되어 있다. 이제 그대는 아무것도 할 필요가 없음만 기억하면 된다.

텍스트 27:82에서 언급되는, 하느님과 아들 사이에 있었던 에피소드였던 '특별한 관계' 시도의 원형이 거룩하지 않은 관계의 시작이었고 그로 인해서 몸과 시간이 생겨났던 것처럼 '거룩하지 않은 관계'의 **역전인 '거룩한 관계'는 우주를 회복시키고 시간을 더 이상 필요 없는 것으로 만든다.** 그래서 그것(거룩한 관계의 경험)은 우리가 시간을 절약할 수 있게 해 준다. 시간 안에서 애쓸 필요가 더 이상 없게 준비된 우리는 (구원을 위해서) 아무것도 할 필요가 없음을 기억하기만 하면 된다. 환상으로 나타나도록 투사된 죄책감은 환상의 용서(환상을 보는 지각의 역전)와 함께 진정으로 치유되는 원리는 여기 '거룩하지 않은 관계'라는 보다 근원적인 환상과 관련해서도 적용된다.

텍스트 15:45 거룩한 순간은 *성령이* 너에게 사랑의 의미를 가르치기 위해 *사용하는* 가장 유용한 학습 도구다.

텍스트 15:46 과거는 *에고의 주된 학습 도구다.* 네가 너의 필요를 정의하는 법을 배우고, 그것을 네 방식대로 채우는 방법을 습득한 것이 바로 과거이기 때문이다.

과거가 없으면 판단을 할 수 없다. 그래서 과거가 없다면 사랑만 할 수 있다. 거룩한 순간은 **에고의 *주된 학습 도구인 과거 너머를 보게* 하므로 판단을 불가능하게 하고** 사랑의 의미를 가르치는 데 가장 도움이 되는 학습 도구이다.

시간이라는 환상이 의미하는 것들 중의 하나는 우리가 이원성적인 환경에 계속 놓여 있다는 것이다. 시간이 있기 전에 우리의 상태였던 일체성(oneness)과 온전성(wholeness)은 우리에게 선택을 하도록 강요하지 않았다. 시간이 생긴 이래로 이것들을 더 이상 향유할 수 없게 됨에 따라서 우리에게는 환상들에 대해서 선택이 항상 요구되었고 따라서 판단과 스트레스를 벗어날 수 없게 되었다.

텍스트 9:106 너의 마음에서 시간이 지속되는 한 반드시 선택해야 할 것들이 있을 것이다. 시간 자체가 네가 선택한 것이었다.

비록 우리를 이런 이원성과 선택과 피곤의 상태로 이끌긴 했지만 시간은 다른 환상들과 마찬가지로 성령에게 주어질 때 시간 안에서 우리가 경험하는 모든 곤경에서 우리를 벗어나게 만드는 목적에 사용될 수 있다. 시간 안에서라야 항상 완벽하게 고요하고 평온한 것이 어떤 것인지 배울 수 있는 역설이 성립하는 것이다.

> **텍스트 15:1** 너는 신경을 쓰거나 걱정할 것이 전혀 없고, 불안해 할 것도 전혀 없으며, 항상 지극히 평온하고 고요하게 있는 것(to have no cares, no worries, no anxieties, but merely to be perfectly calm and quiet all the time)이 무슨 의미인지 상상할 수 있겠는가? 하지만 더도 말고 단지 이것을 배우는 것, 이것이 바로 시간의 목적이다.

결국 기적수업을 바로 이해하고 그 혜택을 누리기 위해서는 시간에 대한 이해가 필수이다.

> **교사지침서 2.** 하느님의 교사의 학생은 누구인가?
> 2. 구원의 교수·학습 계획을 이해하려면, 이 수업이 제시하는 *시간 개념을 이해할 필요가 있다. 속죄는 진리가 아닌 환상을 교정한다. 따라서 속죄는 결코 존재하지 않았던 것을 교정한다. 더 나아가 이런 교정 계획은 세워진 동시에 완성되었다. 하느님의 뜻은 시간과는 무관하기 때문이다. 실재 전체도 하느님께 속해 있기에, 역시 시간과 무관하다. 분리라는 아이디어가 하느님 아들의 마음에 들어온 순간, 바로 그 똑같은 순간에 하느님의 응답이 주어졌다. 시간 안에서는, 이것은 아주 오래전에 일어났다. 실재 안에서는, 그것은 전혀 일어난 적이 없다.*
> 3. *시간의 세상은 환상의 세상이다.*

기적수업은 시간의 바람직한 의미에 대해서 다음과 같이 결론짓는다. 시간은 '거룩한 목적'을 가지도록 그 목적이 변형되어서 우상들의 종말을 재촉하고 세상의 구원에 사용되어야 하는 것이다.

워크북 138:7 우리는 그 선택에 대해 숙고하면서 오늘을 시작한다. *시간은 우리가 그 선택을 내리도록 돕기 위해 만들어졌다.* 이러한 것이 *시간의 거룩한 목적*으로서, 그것은 네가 시간에 부여한 목적 (지옥이 실재하고, 희망이 절망으로 바뀌고, 삶은 결국 죽음에게 정복당할 수밖에 없음을 증명하라는 목적을 시간에 부여했다)으로부터 변형된 것이다.

텍스트 29:50 *나의 형제들이여, 시간을 절약하라. 시간이 무엇을 위한 것인지 배워라.* 그리고 우상을 봄으로써 슬프고 병든 곳이 된 세상에서 빨리 우상들의 종말을 재촉하라. 너희의 거룩한 마음들은 하느님께 바치는 제단들이다. 그리고 하느님이 계시는 곳에는, 어떤 우상도 머물러 살 수 없다.

결국 시간은 기적수업의 중심 개념인 용서와 불가분의 관계로 연결되어 있다. 시간 안에서 우리에게 유일하게 의미 있는 기능인 용서가 완성될 때 시간은 더 이상 필요가 없고 따라서 존재하지 않게 된다.

텍스트 25:47 *용서는 시간 안에서 유일하게 의미 있는 기능이다.* 용서는 성령이 특별성을 죄로부터 구원으로 전환시키기 위해 사용하는 수단이다. 용서는 모든 이를 위한 것이다. 용서가 모든 이에게 내려앉을 때 용서는 완성되며, 그와 더불어 이 세상의 모든 기능이 완성된다. *그러면 시간은 더 이상 존재하지 않는다.*

시간 안에 산다는 것은 변하는 것들에 대해 여전히 집착한다는 의미이다. 영원한 것은 변하지 않기에 시간 안에 있지 않다. 시간 안에 있는 것은 그러므로 환상이다. 시간 안에서 사는 것은 변하고 단지 일시적으로만 존재하는 것에 대한 애정이요 집착이다. 몸과 세상이 제공한다고 믿는 물질의 풍요와 명예와 권력과 육체적 즐거움들이 아직 중요하기에, 그것들을 여전히 원하고 놓아 버리기 싫기에, 그것들이 떠나갈지 좀 더 있을지가 너무나 심각한 문제이기에 시간 안에서 살게 된다. 아이러니인 것은, 이렇게 붙들고 싶어서 시간 안에서 살지만 정작 시간은 모든 것을 결국 떠나게 만들고야 만다는 것이다.

시간에서 벗어나는 비결, 즉 환상의 세상인 시간의 세상에서 살지 않고 시간을 초월해서 영원을 기억하는 방법은 일시적인(시간에 달려 있는, 시간에 따라 변하는, 시간과 관련 있는) 것들에 대한 (과도한) 관심을 멈추고 오직 영원한 것만을 실제인 것으로 받아들이는 것이다. 이럴 때라야 영원이란 무엇인지를 이해하기 시작하고 영원을 소유할 수 있게 된다.

텍스트 9:107 영원을 기억하고 싶다면, 오로지 영원한 것만 보는 법을 배워야 한다. 자신이 일시적인 것들에 사로잡히도록 허락한다면, 너는 정녕 시간 안에서 살고 있는 것이다. 늘 그렇듯이, 너의 선택은 네가 무엇을 가치 있게 여기는지에 의해 결정된다. 시간과 영원은 서로를 부정하기에, 둘 다 실제일 수는 없다. 오로지 초시간적인 것만을 실제인 것으로 받아들인다면, 너는 영원을 이해하고 네 것으로 만들기 시작할 것이다.

결국 **시간은 단지 영원을 다시 얻기 위한 하나의 방편일 뿐 그 외에 아무것도 아님**을 인식하기까지 시간과 영원의 갈등은 그치지 않을 것이다. 다시 말해서 일어나는 모든 일은 우리가 지어내는 것이고 우리가 모든 것을 만든 것이기에 시간을 어떻게 처치할 것인가도 전적으로 우리에게 달려 있다는 사실을 배워야 한다. 이 사실을 배워서 **시간의 용도를 단지 영원을 얻기 위한 것으로만 인식할 때 비로소 시간은 사라지고 우리는 영원을 다시 누리게** 된다. 더 이상은 시간을 가지고 영원을 얻는 것 외의 용도에 써야 한다고 믿거나 핑계를 대지 않아야 하는 것이다.

> **텍스트 9:59** *시간과 영원은 둘 다 너의 마음 안에 있으며, 네가 시간을 오로지 영원을 되찾기 위한 수단으로만 지각하기 전에는 서로 대립할 것이다. 너에게 일어나는 어떤 일이라도 너 자신의 바깥에 있는 요인에 의해 야기된다고 믿는 한, 영원을 되찾기 위한 수단으로 시간을 지각할 수 없다. 시간은 오로지 너의 처분에만 달려 있으며, 이 세상 그 무엇도 너에게서 이러한 책임을 빼앗아갈 수 없다. 너는 이에 대해 배워야 한다.*

시간에 대해서 1
- 시간에 관한 기적수업의 설명

양자역학자들을 비롯해서 많은 물리학자들, 신학자들, 심리학자들 그리고 철학자들이 다양한 이론적인 설명을 시도해 왔긴 하지만 이렇게도 구체적이고 선명한 논리로 시간의 발생과 의미와 구조를 설명한 예는 다른 어디에도 없는 것 같다. 결론을 먼저 말하자면, 시간은 실재하지 않는 환상이다.

신에게서 독립(분리)을 상상하던 한순간에 시간은 이미 우리의 마음 안에서 끝났지만 여전히 그 순간의 죄책감과 공포를 극복하지 못하고 그 순간을 되살고 있는 꿈을 마음으로 꾸고 있는 것(마치 세상의 삶에서도 인상적인 경험이나 무서운 사건을 꿈속에서 되풀이해서 보게 되듯)이 우리가 인지하는 시간이라고 묘사된다.

> **텍스트 27:82** Into eternity, where all is one, there crept a tiny, mad idea, at which the Son of God remembered not to laugh. (모든 것이 하나인 영원 속으로 한 작은 미친 아이디어가 기어들어왔는데 하느님의 아들은 그것을 웃어넘기는 것을 기억하지 못했다.)

> You but relieve the single instant when the time of terror took the place of love. (너는 분리를 믿으면서 공포의 시간이 사랑의 자리를 차지했던 그 한순간을 단지 다시 살고 있다.)

> **텍스트 26:32** Time lasted but an instant in your mind. (시간은 너의 마음 안에서 단 한순간만 지속되었다.) And so is all time passed. (따라서 시간은 전부 지나가 버렸다.)

수업에 의하면 우리 마음이 분리의 생각을 했던 그 지극히 짧았던 한순간만 시간이 지속되었다고 한다. (물론 이 한순간의 마음/내면의 공포가 너무나 컸던 나머지 도저히 환상을 만들어 내지 않고는 견딜 수가 없어서 시공간의 우주를 만들어 바깥으로 투사한 것이 세상이다.) 그 이후의 모든 시간, 우리가 지금까지의 모든 시간이라고 부르는 과거의 시간도 그 한 순간의 지속 이후에 사라졌다. 이미 끝이 난 것, 과거의 일이라는 얘기이다. 미래도 환상임을 고려할 때 우리가 '미래'라고 부르는 그 시간도 물론 이미 '끝나서 사라진 시간'이다. 그렇다면 유일한 시간은 지금뿐이고 '실재를 보는 순간'만이 거룩한 순간으로써 의미 있는 유일한 시간이라고 할 수 있다.

And in that tiny instant time was gone for that was all it ever was. (그리고 그 짧은 순간에 시간은 사라졌다. 원래가 시간이란 것은 그게 다였기 때문이다.)

워크북 167:9 마음은 시간을 꿈꾸지만, 시간이란 단지 일어나는 듯한 것이 결코 일어난 적이 없으며, 일으켜진 변화는 실체가 없고, 그 모든 사건은 어디에도 없는 *간격(interval)*일 뿐이다. 마음이 깨어날 때, 마음은 늘 그랬듯이 계속 존재할 뿐이다.

텍스트 26:42 All of time is but the mad belief that what is over is still here and now. (그래서 지금 우리가 생각하는 시간이란 이미 끝난 것이 여기에 지금 여전히 있다고 믿는 *미친 믿음일 뿐이다.*)

워크북 158:4 시간은 속임수다. 우리는 단지 *여행이 끝난 지점에서 뒤돌아보며 그 여행을 다시 한번 한다고 상상하고, 이미 지나간 것을 마음으로 회상한다.* (Time is a trick…. We *but see the journey* *from the point at which it ended,* looking back on it, imagining we

make it once again; reviewing mentally what has gone by.)

이미 시간은 끝이 났지만 우리는 여정의 끝 지점에서 다시 되돌아보면서 다시 여행하고 있다고 상상하는 것이다. 이렇게 본질적 속성에 있어서 단지 상상하는 것일 뿐이기에 다시 재편될 수도 있는 것이 시간이다. 이번에는 다른 선택을 함으로써 시간은 편집될 수 있다. 죄를 믿고 선택해서 고통받던 시간은 성령께 결정권을 드림으로써 행복한 시간으로 재편집될 수 있다. 어떤 경로이든 간에 이미 끝이 나 있는 꿈속의 여정이기에 그 경로가 꿈속에 있는 우리의 다른 선택으로 행복한 꿈의 보다 짧은 여행으로 재편되게 하는 것이 (즉 시간을 절약하게 하는 것이) 배움의 취지이다. (근래에 상당수의 물리학자들이 평행우주나 다중우주 그리고 홀로그램 우주에서의 도약을 말하는 것은 과거에는 주로 작가들이 상상력으로 다루기를 시도했던 '재편집될 수 있는 시간'이라는 주제에 대해서 흥미로운 대안적 설명들을 제시하는 것이다.)

텍스트 21:17 하느님의 아들이 자신의 바깥에서 일어나는 일들에 그저 끌려다니는 것은 불가능하다. 그에게 다가오는 일들이 그의 선택이 아니었다는 것도 불가능하다. 그의 결정하는 힘이야말로 그가 우연히, 혹은 우발적으로 있는 듯한 모든 상황의 결정자다. 우발적인 일도 우연한 일도 하느님이 창조하신 대로의 우주 안에서는 가능하지 않으며, 그 바깥에는 아무것도 없다. 만약 네가 고통받는다면, 죄가 너의 목표라고 결정한 것이다. 만약 네가 행복하다면, 너를 대신해 하느님을 위한 결정을 내려야 하는 성령께 결정하는 힘을 드린 것이다.

자기가 만든 것에 대한 애정, 신뢰, 자부심, 진실이기를 바라는 희망이 세상을 환상으로 보지 못하게 또 시간을 환상으로 보지 못하게 만든다. 시간을 실재로 인식하는 것은 이렇게 세상과 그 안에서 자기에게 일어나는 일이 자기가 지어낸 것임을 인정하느냐 그러지 못하느냐와 연결되어 있다. 세상이 우리 스스로가 지어낸 가짜이고 그 안의 사건들도 실제가 아니며 그것들을 경험하는 몸도 가짜라면 시간도 가짜임에 틀림이 없기에 ***세상과 시간의 실재성 (혹은 비실재성)은 불가분의 관계로 서로 엮여 있다.*** 세상이라는 환상을 인정하면 시간도 실재임을 주장할 근거가 송두리째 사라지는 것이다. **(워크북 132:10, 네가 하느님이 창조하신 그대로 남아 있다면, 시공간의 세상이 어찌 존재할 수 있겠는가?)**

우리가 삶에서 경험하는 모든 것은 우리에게 던져진 것이 아니다. 그것은 기실 우리가 선택한 것이다. 우리의 선택과 결정이 우리의 인생 경로 전체와 우리가 겪는 모든 상황을 형성했다. 지금 우리의 선택이 달라지고 새로운 결정이 생긴다면 세상과 우리가 경험할 삶도 따라서 변한다. 새로운 시간대(a new time-line)가 생겨나는 것이다.

> **워크북 132** I loose the world from all I thought it was. (나는 세상을 나의 모든 생각으로부터 풀어 준다.)
> 5. 너의 소망과 떨어져 있는 세상이란 없으며, 바로 이 사실에 너의 궁극적인 해방이 있다. 단지 네가 보고 싶어 하는 것에 대한 마음만 바꿔라. 그러면 온 세상이 그에 맞춰 바뀔 것이다.

> **워크북 169:7** 시간이 붙잡고 있는 것을 인식하신 하느님께서는 모

든 마음들에게 그것(시간이 잡고 있는 것)을 주셔서, *계시로 마음이 시간에서 벗어나 영원에로 해방되는 때를, 시간이 끝나는 지점으로부터 각자가 결정하도록 허용하셨다.*

우리의 결정으로 우리가 선택하는 지점(시점)에서 우리는 시간을 벗어나고 영원을 누리기 시작한다는 의미이다. [169:8의 '마음이 *계시를 위한 시간을 언제로 정해 놓았는지*'(time the mind has set for revelation) 참조] 우리 외부에서 주어지는 조건들이나 이유들 때문이 아니라 우리 스스로 선택하면서 죄에 대한 믿음과 죄책감에서 벗어나지 못하고 고통을 겪다가 배움을 통하여 성령께 결정권을 드리기로 선택하게 됨으로써 행복해질 수 있는 것이다. 성령은 단지 우리를 위해서 하느님을 향한 선택만 할 수 있기 때문이다. (위 21:17 인용의 마지막 줄)

> **워크북 169:8** 우리는 여러 번에 걸쳐, 네가 *이미 끝난 여행을 하고 있을 뿐*이라고 말해 주었다. 하나인 상태는 분명 여기에 있다. 따라서 *마음이 계시를 위한 시간을 언제로 정해 놓았는지*는, 영원히 늘 있었던 상태이고 영원히 지금처럼 남아 있을 불변의 상태와는 전혀 무관하다.

이미 끝난 시간 안에서 여행한다는 것은 이미 끝난 여행을 '다시' 하는 것일 뿐이고, 여행이 끝난 시점에서 되돌아보면서 다시 여행한다고 상상하는 것이며, 이미 지나간 것을 정신적으로 리뷰(복습)하는 것이다. 이 정신적인 복습의 취지는 '이번에는 다시 선택'할 수 있기 위해서일 것이다. 이 다른 선택은 스스로 계획하는 선택이 아니라 단지 작은 용의를 내어 성령께 결정권을 드려서 나 대신 선택하게 허용하는 선택이다. 그때 성령은 하느님을 향한 선택만 우리를 위해 할 수 있기에 우리의 행복은 보장된다.

돌이켜보는 시간 안에서의 상상의 내용은 이렇게 더 짧은, 고통스럽지 않은 여정으로 편집될 수 있다. 이것이 바로 '행복한 꿈'을 꾸는 것이다. 시간이 존재하는 유일한 목적은 치유의 역할을 하기 위한 것이다. 세상이 비록 환영이지만 그 세상의 의미는 *시간 속에서 몸을 사용하여 용서를 선택해야 치유가 가능하다는* 데 있다. 그 시간, 몸, 그리고 용서의 장을 세상이 제공하고 있는 것이다.

시간과 관련하여 거룩한 순간은 실재를 보는 순간을 가리킨다. 거룩한 순간이 아닌 시간은 배움의 도구로 사용되는 것 이외에는 의미가 없고 실재가 아니다. 이렇게 실재가 아닌 시간을 끝내는 것이 신의 교사들에게 부여된 소명이다. (시간이 끝날 때는 모든 환상들이 사라지는 때이다.) 시간은 그들 손 안에 있다. 천 년의 시간이 절약될 수 있다.

신의 아들의 마음에 분리라는 아이디어가 들어간 순간 신의 응답 즉 성령이 주어졌다. (그러므로 분리 직후가 아니라 분리의 그 순간에 속죄는 바로 이루어진 것이다.) 시간 속에서는 아주 오래전에 일어난 일이나 실재 안에서는 결코 일어난 적이 없다. 모든 것 안에 들어 있는 신의 참뜻이 펼쳐지는데 시간이 걸리는 것처럼 보일 뿐이다.

속죄의 구원계획은 이렇게 이미 과거에 끝난 한 순간에 즉각적으로 완성되었다. 하느님께서는 우리가 분리를 믿게 되자마자 바로 그 순간에 성령을 보내심으로 우리에게 속죄를 제공하는 즉각적인 대응을 하셨기 때문이다.

내면을 보기가 두려워서 바깥을 본다.
하지만 바깥이란 투사가 나타나는 스크린….

지금 스크린 위의 이미지들은 투사가 반영되어 나타나는 것들로서 투사의
목적물은 이미 지나간 과거일 수밖에 없다.

극장에서 완성된 필름의 원본을 영사기에 걸고 돌리듯 투사하기 위한 재료
는 투사의 시점에는 이미 완료되어 있다….

안을 들여다보는 것을 두려워하기를 그치지 않는다면 결코 지금을 알 수도
살 수도 없다.

투사의 장소인 바깥에서 나타나는 것은, 지금 생생하게 보이는 것, 들리는
것, 생각들조차도.

이미 지나갔고 끝난 것이기에.
하늘을 보고 발견하는 별빛이 그런 것처럼….

우리에게 정말로 처음으로 일어나는 일만이 경험하게 해 줄 수 있는 흥분도,

재미도, 참신함도 그리고 지속되는 관심도, 의미도 찾을 수 없는 이유이다.

시간에 대해서 3
- 시간과 실재(지금 여기와 천국)

> **텍스트 26:72-3** 모든 교정을 다 성취하는 데는 시간이 전혀 걸리지
> 않는다. 하지만 그 성취를 받아들이는 데는 시간이 영원히 걸릴 듯
> 이 보일 수 있다.

이 텍스트 구절은 시간이 비록 환상이지만 시간 안에 몸으로 있는 우리(물론 참나가 아니라 우리가 지어낸 것)에게는 영원히 지속되는 것처럼 지각될 수('보일 수') 있음을 인정한다. (물론 '보이는 것'뿐이지 사실은 아니다.) 시간은 (그리고 세상은) 우리가 형제와의 결합을 미루고 싶은 정도를 나타내는 지표이다. 시간은 형제와의 사이에 아직은 유지하고 싶은 거리를 반영하는 공간의 다른 모습이다. 시간은 온전한 우리 의식이 두려움과 욕망으로 굴절된 것이다.

시간은 실상에서는 아무런 경계도 한계도 없는 우리 마음에 둘러쳐진 제한과 분리의 벽이다. 그래서 시간은 우리가 몸에 집중하게 한다. 한계를 발견할 수 있는 곳에서라야 시간이 대접받기 때문이다. 그렇게 시간은 우리의 죄책감으로 인해 보존된다. (**텍스트 5:72, Guilt feelings are the preservers of time. 죄책감이 시간을 보존한다.**) 죄책감이 없다면 몸도 없을 것이기 때문이다.

시간은 천국을 바로 지금 여기에서 즐길 수 없게 만드는 제한의 벽이다. 시

간은 우리를 유한하게 묶어 놓고 몸과 동일시하게 만드는 장애물이다. 시간은 사실은 있지도 않으면서 우리를 가장 절대적으로 지배하면서 움츠리게 만드는, 궁극적인 죽음의 상징이자 가장 절묘한 속임수다. 그래서 구원도 교정도 기적도 치유도 용서도 '즉각적'이지만 시간 안에서는 엄청나게 지연되는 듯 보인다. 결국 우리는, 상당한 시간이 지나고, 상당한 세월이 흐른 다음에야 천국에 가는 것이라고 믿게 되었다. 시간과 천국(실재)의 관계에 있어서 사실은 시간이 존재하지 않는 것이건만, 우린 오히려, 무한정 흐르는 동안 한없이 기다려야 하는 시간에만 집중하게 되어 마치 천국이 없는 것인 양 느끼게 되고 말았다….

그렇다면 구원(치유, 기적, 용서)은 **시간이라는 환상을 뚫고**, 기만의 장벽을 무너뜨리고, 모든 것의 **겉모습을 넘어**, 진리가 우리에게 바로 나타나 계시되는 것이다. 그것은, 시간을 뚫고 우리에게 일어나는 희열과 행복의 사건, 때로는 마치 질풍노도처럼 닥쳐오기도 하는, 천국과 실재로부터의 접촉이다.

> **워크북 136:14** … 이런 사실이 시간은 환상임을 입증해 준다. 시간은 하느님이 너에게 주신 것은 당연히 진리여야 하지만, *지금 당장 진리는 아니라고* 생각하게 만들기 때문이다. 하느님의 생각은 시간과는 전혀 무관하다. 시간이란 네가 *진리에 맞서 만든 또 하나의 무의미한 방어수단에* 불과하기 때문이다. 하지만 하느님이 뜻하시는 것은 여기에 있으며, 너는 여전히 하느님이 창조하신 대로 남아 있다.

시간은 세상이나 몸이나 질병처럼 우리가 진리를 인정하지 않고 가리려고 만들어 낸 환상이다. 또 하나의 환상인 우리 몸의 질병과 관련해서 관찰할 때도 시간은 우리가 진리(우리는 몸이 아니고 영이며, 하느님이 창조하신 그대로인 하느님의 거룩한 아들로서 아플 수 없는 존재라는 진리.)를 믿지 않으려는 목적으로 만들어 낸 하나의 방어수단임이 드러난다. 진실로는 아플 수 없는 우리가 병에 걸릴 때 우리의 참된 정체를 믿기는 어려워질 것이기에, 우리의 절대적인 정체와 별도로 시간 안에서의 우리는 아픈 몸을 경험하게 된다. 우리정체에 관한 진리가 *시간 안에서 지금 당장은* 진리가 아닌 것처럼 보이게 만드는 것이다. 이 방어수단은 아픈 몸도 그 몸을 감싸고 있는 시간도 환상임을 볼 때 무의미해진다.

시간에 대해서 4
- 시간과 죄책감, 시간과 분리, 시간과 마음이 만드는 생각들, 시간과 몸

(1) 시간과 죄책감

시간을 벗어나면 죄책감은 불가능하다. 죄책감이란 어제까지 혹은 지금/현재 이전까지의 행동이나 생각에 대한 감정이기 때문이다. 여태껏 자기가 저질렀다고 생각하는 죄에 대한 감상이기 때문이다. 시간에서 벗어나 있기에 과거가 없고 오직 '지금'만 있는 사람이 죄책감을 느낄 도리는 없다. 오직 시간을 통해서만 죄책감은 느껴진다. 그래서 텍스트에서는 "죄책감들로 인해서 시간이 보존된다."고 한다. (Guilt feelings are the preservers of time.)

(2) 시간과 분리

공간과 시간은 우리가 형제와의 결합을 연기하고 싶은 정도를 나타낸다.

그것은 곧 분리를 유지하고 싶은 정도를 보여 주는 거리와 지연이다. 형제와 하나 됨을 아직은 싫어해서 그 사건을 뒷날로 미루고 싶어서 우리는 형제와의 사이에 시간과 공간을 탄생시킨다. 그러므로 시간을 벗어나면 나와 타인의 구분이나 결합의 연기는 불가능하다. 분리를 더 이상 믿지 않고 속죄를 (그리고 일체성/하나임과 결합을) 받아들이는 것이 시간에서 벗어나는 방법인 이유가 여기에 있다.

(3) 시간과 마음이 만드는 생각들

마음이 하느님으로부터 분리되었다는 착각으로 분리의 사실성을 믿었을 때 에고가 탄생했다. 에고의 정의란 혼자라고 믿는 마음인 것이다. 이 에고의 탄생 이래 우리 마음은 늘 에고의 목소리를 듣거나 간혹 성령의 목소리를 듣다가 포기하거나 해 왔다.

현재를 과거와 지금과 미래로 분리시키는 시간은 공간과 함께 우리 마음으로 하여금 분리를 더욱 믿도록 만드는 에고의 장치이다. 이런 분리에 대한 믿음으로 우리 마음이 죄책감, 두려움, 판단, 복수, 공격, 방어, 비교, 분노와 같은 생각들을 만들어 낸 것은 잘 알려져 있다. 그러므로 시간이 생긴 이래 우리 마음이 만들어 낸 모든 생각들은 언젠가 시간의 종말과 함께 끝이 날 것이다(워크북 특별주제 2:1).

(4) 시간과 몸

에고의 꽃이라고 불리는 몸은 시간과 공간이라는 매트릭스를 무대로서 필요로 한다. 몸은 세상 안과 시간 안에서만 그것의 모든 행위를 할 수 있다. 몸은 또한 에고가 거룩한 순간을 우리가 경험하는 것을 방해하려고 사용하는 수단이다.

> **텍스트 20:62** 몸은 에고가 거룩하지 않은 관계를 실제적으로 보이게 만들려고 사용하는 수단이다. 거룩하지 않은 순간은 곧 몸의 시간이다.

시간과 관련하여 거룩한 순간이란 실재를 보는 순간을 가리킨다. 몸의 시간은 거룩하지 않은 순간이므로 몸은 우리가 거룩한 순간을 경험하지 못하게 만드는 역할을 한다고 할 수 있다.

> **텍스트 20:65** 판단을 통해서가 아니라면 몸을 볼 수 없다.

우리가 몸을 본다는 것은 또한 판단하고 있다는 의미임을 알 수 있다. 판단하지 않는다면 용서하는 것이므로 우리는 더 이상 형제의 몸을 보지 않고 형제의 참정체인 빛 그리고 그의 신성/거룩함만을 볼 것이다. 형제의 몸이 아니라 거룩함만 보는 참된 지각이 우리가 판단의 꿈에서 깨어나서 용서의 평화 속에 있는 증거라고 하겠다.

시간과 관련하여 가장 최종적이고 결정적인 사건으로 인지되는 죽음도 우리의 몸과 깊이 엮이어 있다. 몸이 없다면 시간은 물론이지만 죽음도 경험하지 않을 것이기 때문이다. 이렇게 시간은 우리의 몸을 몸과 시간이 동시에 종료되는, 가장 큰 사건인 '죽음'이라는 관념으로 확실히 얽어 놓고 지배하는 듯하다. 하지만 환상을 다른 환상으로 엮어서 보다 강력한 환상을 만들어 내려는 이 시도조차 "기적에는 난이도가 없고, 따라서 환상에는 정도가 없음."을 아는 자에게는 통하지 않는다.

마음은, 특히 에고의 목소리를 따르는 우리 마음의 부분은 시간을 벗어나서 존재하지 못한다. 그러므로 시간이 끝날 때 또는 우리가 시간을 벗어날 때 우리는 몸을 필요로 하지도 않고, 최종적으로 "나는 몸이 아니다."라는 믿음의 선언도 확증될 것이다. 여전히 몸을 가지고 있는 동안에도 시간(그리고 공간)에 묶여 있지 않는 방법은 "우리는 몸이 아니며 하느님이 창조하신 그대로이다."라는 믿음을 완전히 받아들이는 것이다. 자신이 몸이 아님을 진정으로 받아들인 사람은 더 이상 몸의 지배 아래에, 다시 말해서 시간의 영향 아래에 존재하지 않는다.

시간에 대해서 5
- 시간이나 세상 같은 환상의 반전 - 성령이 방향을 바꾸어서 사용함

시간은 (그리고 세상을 위시해서 다른 환상들도) 제대로 사용될 때 영원을 회복하는 수단이 되기도 한다.

텍스트 9:59 너를 초월하는 것이 너를 두렵게 하거나 사랑하게 만들 수 없으니, 너를 초월하는 것은 없기 때문이다. 시간과 영원은 네 마음에 있고, 네가 시간을 오직 영원을 되찾는 수단으로 지각할 때까지 그 둘은 대립할 것이다. 네게 일어나는 일이 네 바깥의 요인으로 야기된다고 믿는 한 너는 시간을 그렇게 지각할 수 없을 것이다. 시간은 오직 네 처분에 달려 있고, 세상 그 무엇도 이 책임을 대신 해 줄 수 없음을 너는 배워야 한다.

우리가 시간의 비실재성/환상성을 인식하는 것은 우리에게 일어나는 일들의 원인이 무엇인지를 믿는 데 달려 있다. 우리가 겪게 되는 일들, 우리에게 닥쳐오는 상황들의 발생이 과연 우리 바깥의 요인들에 의한 것인지 아니면 우리 스스로의 결정과 선택에 의한 것인지 무엇을 믿느냐에 따라 우리는 시간의 비실재성을 믿지 못하게 될 수도 있고, 믿게 될 수도 있다. 세상을 실재한다고 믿고, 그 안에서 내게 일어나는 일들은 나의 외부에 있는 세상의 원인들이 만들어 낸 실제라고 생각하는 한은 시간의 실재성도 부인할 수 없다는 얘기이다.

이런 믿음을 가지고 사는 한 "나는 내 운명의 주인이고 내 영혼의 지휘자다."("*I am the master of my fate; I am the captain of my soul.*" *Invictous*)라는 아름다운 선언은 아무리 비장미 넘치게 울려 퍼지더라도 단지 스스로를 격려하기 위한 몸부림이자 외침일 뿐이다.

텍스트 14:46 시간 속에서 네가 마음의 거울 안으로 받아들인 반영들은 다만 영원을 더 가까이 가져오거나 혹은 더 멀리 가져간다.

비록 시간 안에서 우리가 마음의 거울로 받아들이는 반영이지만 (성령에 의하여) 단지 영원을 더 가까이 가져오거나 혹은 더 멀리 떨어지게 만든다.

천국의 평화를 여기 세상 안에서 반영하여라. 그래서 이 세상을 천국에로 가져오라. 진리의 반영은 모두를 진리에로 끌어온다. 그리고 그들이 진리에로 들어갈 때 진리를 반영하지 않는 다른 모든 반영들은 뒤에 남겨 둔다.

비록 환상이지만 다른 모든 환상들이 성령에 의해서 우리를 깨어나게 하는 수단으로 해석되고 사용될 수 있듯이 시간도 그 안에서 우리가 어떤 반영들을 우리의 마음 안으로 받아들이느냐에 따라서 영원을 더 가까이 가져올 수 있다. 구원은 시간 안에서 하는 우리의 선택과 결정(분리의 꿈에서 깨어나기로 하는 결정과 선택 그리고 세상 안에서 오직 진리의 반영만 받아들이기로 하는 선택)에 달려 있는 것이다.

시간 안에서, 이 세상의 삶 안에서의 반영도 그 반영이 무엇이냐에 따라서 이 세상을 천국으로 이끌기도 하고 시간을 벗어나게 하기도 한다. 정반대로 세상을 천국에서 더 멀어지게 만들기도 하고 시간에서 벗어나지 못하게 (영원에서 더 멀어지게) 만들기도 한다. 비록 환상이지만 시간도 모습과 소리처럼 그리고 이 세상의 다른 어떤 것들이나 경험들처럼 성령이 우리에게 진리를 보여 주기 위해서 방향을 바꾸어 사용할 수 있는 것이다.

워크북 특별주제 3. 세상이란 무엇인가?

4. As sight was made to lead away from truth, it can be redirected. Sounds become the call of God. (모습들은 진리로부터 멀어지게 이끌도록 만들어졌지만 방향이 바꾸어질 수 있다. 소리들은 하느님의 부름이 된다.)

And all perception can be given a new purpose by the one Whom God appointed savior to the world. (그리고 모든 지각은 하느님께서 세상의 구원자가 되도록 임명하신 자에 의해서 새로운 목적이 주어질 수 있다.)

시간의 영향을 받지 않음(without time's touch upon me any longer) 의 의미. - 여전히 세상에서 몸을 지니고 살고 있긴 하지만 여기에서의 시간 속으로 뚫고 들어오는 시간 밖(영원)의 차원을 사는 것.

1. 더 이상 환상 즉 세상에 초점을 맞추고 있지 않다. - 오직 하느님과 그의 나라에만 주의를 쏟기(Being vigilant only for God and His Kingdom).

2. 비록 세상에 살지만 세상에 속하지 않는다. - 시간 밖에 존재함(in the world but not of the world 사도바울).

3. 더 이상 지각에 의지하지 않는다.

4. 더 이상 판단하지 않는다. (지각하지 않고 비전으로 보기 때문에)

5. 더 이상 꿈속에서 꿈속의 등장인물로 있지 않다. (자신이 꿈꾸는

자임을 안다.)

6. 온전한 (총체적인, 모두와 모든 것을 포함하는) 용서를 한다.

7. 더 이상 공격하지 않는다. 즉, 더 이상 방어하지 않는다.

8. (세상과 몸을 포함하는 환상에) 더 이상 속지 않는다.

9. 환상을 실재로 믿고 비교, 원망, 분노하지 않는다. - 행복을 바깥에서 찾지 않는다.

10. 하려불필(신심명) - 세상에서의 부족에 대해 염려하지 않는다.

11. 응무소주 이생기심(금강경, 마땅히 주착함이 없이 마음을 일으킨다.)의 삶을 산다.

12. 약견 제상비상 즉견여래[금강경, 만약 모든 '상'(이미지)이 보이는 대로의 상이 아님을 알면 즉시 여래를 보리라.]

13. 자신이 누구인지를 안다. - 자신이 가진 거룩함과 권능과 영광을 안다.

14. 하찮은 것들(little things)로 염려하거나 그것들에 집착하지 않는다.

15. 지각이 아니라 비전으로 본다. 즉 형상(형태, 소리, 바깥에 드러나 있는 것)이 아니라 그 너머의 실재를, 즉 영원의 차원을 본다.

16. 외부가 아니라 내면을 본다. 바깥에서가 아니라 내면에서 구원을 찾는다.

17. 웃어넘긴다.

18. '염기즉각 각지즉무'(보조국사 지눌의 '수심결,' 생각이 일어나면 즉시 알라. 그러면 일어난 생각은 즉시 사라진다.)를 실천한다.

  어떤 상황에 반응해서 '염'이 '기'하지 (생각이 일어나지) 않을 순 없다. 매일의 삶속에서 아무런 공격과 원망의 생각조차 안 든다면 위선이고, 아무런 생각도 나지 않게 (수행 등으로) 마음을 억압하는 것은 오히려 생각을 실재화하는 것이다. 워크북 68과의 "Love holds no grievances."(사랑은 원망을 쥐고 있지 않는다.) 또는 136과 21의 "harboring attack thoughts."(공격생각들을 지니고 감싸 안고 있기.)라는 묘사들에서 강조되듯이 공격이나 원망의 생각이 일어나는 것 자체는 문제가 아니다. 하지만 그 생각들을 단지 지켜보아서 사라지게 하거나 흘러보내지 않고 계속 지닌다면 공격과 원망으로 진전해서 이행된다. '염기즉각'해서(생각이 일어나면 즉시 알아서) '각지즉무'(바로 알아차려진 생각은 즉시 사라진다.)하도록 해야 하는 이유이다. 수업은 이렇게도 설명한다. **"알아차려진 환상들은 반드시 사라진다."**(Illusions recognized must disappear. 워크북 187:7)

19. 상황(전쟁터)의 위에서 내려다본다. 즉, 'above the battlefield'라는 시점을 지니고 놓치지 않는다.

20. 자신의 위대함/격조(Magnitude)를 완벽하게 알고 그 앎을 항상 놓치지 않는다. (깨달음의 정의)

To hold your magnitude in perfect awareness in a world of littleness is not a task the little can undertake. (왜소함이 지배하는 세상에서 자신의 위대함에 대한 완벽한 알아차림을 유지하는 것은 왜소한 자들이 감당해 낼 수 없는 일이다. 텍스트 15:25)

21. 세상에서의 삶의 태도: 세상에서 사용되는 상징들을 사용하는 태도는 중도적이다.

You need be neither careful nor careless. (너는 걱정을 할 필요도 무심할 필요도 없다. 텍스트 5:90)
구하지도 피하지도 않기라는 중도를 걷기.
"우로나 좌로나 치우치지 말라."(여호수아 1:7)
"저를 가난하게도 부유하게도 하지 마시고….."(잠언 30:7-9)

22. 변함없이 기쁨, 행복, 평화의 상태에 있다.

텍스트 15:1 너는 신경을 쓰거나 걱정할 것이 전혀 없고, 불안해 할 것도 전혀 없으며, 항상 지극히 평온하고 고요하게 있는 것이 무슨 의미인지 상상할 수 있겠는가? 하지만 더도 말고 단지 이것을 배우는 것, 이것이 바로 시간의 목적이다.

워크북 109:5 하느님 안에 있는 너에게는 염려할 것도 걱정할 것도 전혀 없고, 부담과 불안과 고통, 미래에 대한 두려움, 과거에 대한 후회도 전혀 없다. 너는 영원 안에서 안식하며, 그동안 시간은 너를 전혀 건드리지 않고 흘러간다.

시간에서 벗어나는 것 혹은 시간이 없는 상태에 있는 것은 곧 염려, 걱정, 어깨를 내려누르는 짐, 불안, 고통, 두려움, 후회가 없는 것이다. 시간을 벗어난다는 것은 시간과 관련한 새로운 선택과 다른 결과가 가능함을 의미한다. 우리가 시간 속에 있기로 선택한 이유는 스스로가 누구인지를 망각했었기 때문이다.

텍스트 5:72 에고는 죄의식을 통해 시간을 지속시킨다. 죄의식이 미래가 과거처럼 남아 있게 만들어서 에고는 죄의식을 통해서 지속된다.

에고의 지속성은 시간과 연관됨을 알 수 있다.

텍스트 5:71 지연은 영원 안에선 문제가 아니나 시간 안에서는 비극이다. 우리는 본래 시간에 속하지 않는다. 시간 안에 있기로 한 우리 선택은 자유로울 뿐 아니라 바뀔 수도 있다.

텍스트 5:71 하느님은 당신의 앎에 머무시기에, 기다리지 않으신다. 하지만 하느님의 왕국은 네가 기다리는 동안 상실감에 빠져 있다. 하느님의 아들들 모두가 네가 돌아오기를 기다리고 있으며, 너도 마찬가지로 그들이 돌아오기를 기다리고 있다. *지연은 영원 안에서는 문제가 아니지만, 시간 안에서는 정녕 비극적이다.* 너는 영원보다는 시간 안에 있기로 선택했고, 따라서 네가 어떤 상태에 있는지에 대한 믿음을 바꿨다. 하지만 너의 선택은 자유로울 뿐만 아니라 바뀔 수도 있다. 너는 본래 시간에 속하지 않는다.

우리가 기다리는 동안 하느님의 나라는 상실감에 빠져 있다. 그러나 앎 안에 있어서 세상과 에고를 모르며 그러기에 시간 안에 있지도 않은 하느님은 기다리시지 않는다. 그러나 하느님의 아들들은 (시간 안에서) 우리가 돌아오기를 기다린다. 우리는 시간 안에 있기로 선택하여서 시간을 경험하고 있지만 우리의 선택은 자유인 것만큼 변경이 가능하다. 우리의 진정한 처소는 영원 안이다!

5:72 죄책감/죄의식이 시간을 지속시킨다. 죄의식은 미래의 보복이나 버림받음에 대한 두려움을 유발하여 미래가 과거처럼 남아 있도록 보장한다. *이것이 바로 에고의 지속성이다.* 이것은 네가 에고에서 벗어날 수 없다는 믿음을 통해 에고에게 거짓된 안전감을 준다. … 너는 에고를 만든 자로서, 에고가 무엇을 할 수 있는지 인식한다.

에고에게 그것을 할 힘을 부여한 자는 바로 너이기 때문이다.

죄책감(죄의식)으로 인해 우리는 시간을 체험한다. 그래서 죄책감(guilt feelings)은 'the preservers of time' 시간을 지속시키는 것이라고 표현된다.

죄책감은 이렇게 작동한다. 미래에 보복을 당하거나 버림받을지 모른다는 두려움을 불러오는데 이것은 물론 과거의 경험과 기억에 의한 것이다. (우리의 마음은 과거의 것들로 가득 차있음을 기억하라.) 이리하여 과거는 미래와 연속되고 미래는 과거를 닮게 된다. 이름 하여 '에고의 연속성'이다. 그런데 이 에고의 연속성은 우리가 에고를 벗어날 수 없다는 믿음을 만들어 낸다.

그러나 진실은 우리는 에고를 벗어날 수 있다는 것이다. 이런 벗어나겠다는 선택을 할 때 신께서는 대가로 에고의 연속성 대신 '영원의 연속성'을 주신다. 이 선택과 동시에 우리의 죄책감은 기쁨으로 교환되는데 시간을 체험하게 하고 있던 죄책감이 사라지고 시간 대신 그 반대인 영원이 우리를 채우기에 죄책감 대신 그 반대인 기쁨이 생기는 것이다.

우리가 에고를 벗어나기로 할 때 우리의 과거가 혼령처럼 불러내어져서 우리의 미래를 지배하며 만들어 내던 시간의 체험 즉 죄책감은 사라지고 시간의 압력과 영향과 추적에서 해방된 우리는 기쁨으로 가득해진다! 카르마와 시간이 필히 체험하게 만들던 고통 대신 평화가, 시간의 속성인 잔인함 (시간이 잔인하다는 인식과 관련해서는 엔트로피의 법칙을 상기해 보라.) 대신 영원의 속성인 사랑이 가득해지는 것이다.

5:82 시간이 일시적이라는 사실은 말할 필요조차 없다. 우리는 거듭해서 시간은 더 이상 쓸모없을 때 *폐지될 학습 도구*라고 말했다. 시간 안에서 하느님을 대변해 말하는 성령도 시간이 의미 없음을 안다. 시간의 지나가는 매 순간마다, 성령은 너에게 이를 상기시켜 준다. 너를 영원으로 복귀시키고, 그곳에 남아 너의 창조물들을 축복하는 것이 성령의 특별한 기능이기 때문이다.

성령은 하느님을 위해 말을 하되 시간 안에서 말한다. 그래서 참된 중재자가 될 수 있다. 그대를 영원으로 복귀시켜서 거기서 그대의 창조를 축복하는 것이 성령의 특별한 기능이므로 성령은 매 순간 그대에게 **시간이 일시적임을 상기시킨다.** 시간 대신 영원을, 에고 대신 성령을 선택해야 하는 이유이다. 그리고 대가 없이 하느님께로부터 성령을 받았으니 받은 대로 성령을 주어야 한다. 형제를 아무도 제외시키지 말고. 이것은 마태복음에 나오는 'The Great Mission'의 새로운 버전의 등장이다.

4

질병의 치유와 치료

텍스트 28:47-66에 의하면 병은 다음과 같은 이유로 얻게 된다.

분리를 확신하고,

분노를 밖으로 내보내서 몸에 얹고

(28:58 sickness is anger taken out upon the body, so that it will suffer pain.),

다른 사람이 준 상처에 대한 보복으로 그를 공격하기로 약속하고,

공격당해서 잃고 있다고 보고, 한계의 느낌을 가지고,

자신들과 건강으로 보이는 것 사이의 간격을 보고,

분리되어 있으려는 다른 사람의 비밀스런 소망에 합의하고,

다른 사람의 마음과 내 마음 사이의 간격을 믿고,

자신의 온전함, 치유로의 부름, 치유하라는 부름을 부정하고,

몸의 목적이 치유를 돕는 것 즉 천국에 가는 데 도움 되는 것으로 바로 인지되지 않고,

분리를 확신하거나 선택하고,

하느님과 형제와의 일체성에 대해서 불충실할 때.

또 교사지침서 5:5에서는 **"병이란 마음이 어떤 목적을 위해서 몸을 사용하려는 결정이다."**라고 병의 이유를 몸을 개입시키는 것, 몸의 가치를 보는 것, 혹은 몸과의 동일시라고 지적한다.

질병도 판단이 그런 것처럼 몸 정체성의 확인이다. 자기가 몸이라고 믿을 때 질병은 불가피하다. 반면에 속죄를 받아들이는 것은 자신이 정말로 누구인가라는 정체성의 물음에 대해서 마침내 "나는 몸이 아니라 영이다."라는 궁극의 선언을 하는 것이기에 더 이상 질병과 고통의 여지가 없어지게 만든다. 같은 맥락에서 병으로 아픈 형제에게 **치유가 일어나는 때는** 우리가 그에게서 **오직 그의 완벽함만 볼 때**이다.

> **워크북 97:9** 나는 영이다. 하느님의 거룩한 아들로서 모든 한계들에서 자유롭고, 안전하며, 치유되었고, 온전하다. 자유로이 용서하고 자유로이 세상을 구할 수 있다. (Spirit am I, a holy Son of God, free of all limits, safe and healed and whole, free to forgive, and free to save the world.)

> **워크북 94** 나는 하느님이 창조하신 그대로이다. (I am as God created me.)

> **워크북 200:1** 나는 몸이 아니다. 나는 자유롭다. 나는 여전히 하느님이 창조하신 그대로이기 때문이다. (I am not a body. I am free. For I

am still as God created me.)

텍스트 20:74 환상이 사라지는 것이 치유이다.

아프냐? 나도 아프다….
해 아래 만물은 신음한다….

생을 살아가면서 그 누구라도 경험하지 않을 수 없는 곤란함 중의 하나가 몸이 아픈 것, 즉 병을 얻는 것이 아닐까? 우리는 누구나 유전적으로, 생활습관 때문에, 사고로 인해서, 또는 요즘의 코로나 바이러스의 경우처럼 예상할 수 없는 감염을 통해서 질병을 얻고, 몸의 고통과 제한을 느끼게 된다.

그리고 이 제한과 무력감과 절망의 느낌은 몸을 넘어서 우리 마음을 힘들게 하고 실존적인, 삶이라는 것의 한계들을 받아들이지 않을 수 없게 만들곤 한다. 실존적인 육신의 통증과 피곤함과 두려움에 시달리게 되면 몸이 자기의 정체라는 생각, 즉 "나는 몸이다."라는 생각을 의심해 보는 것은 더욱 힘들어진다. 수업의 표현을 빌리자면 몸에서 '지각된 실재성'을 보게 된다.

기적수업은 다행스럽게도 질병에 대해서 또 그것의 치유에 대해서도 꽤나 상세히 다루고 있는 것으로 보인다. 병에 관한 한 가장 중요한 것이라고 부를 수 있을 치유를 말하기 이전에 먼저 질병의 원인이나 효과, 목적 등에 대해서

수업이 가르치는 것들을 알아보자. 기적수업의 가르침들의 특징이라고 할 지각의 역전과 사고의 역전이 여기에서도, 즉 질병과 그 치유에 관한 배움에서도 요구됨은 물론이다. 요컨대 우리의 진정한 정체는 너무나 당연히 그렇다고 믿어 온 몸이 아닌 것이다.

워크북 136 "Sickness is a defense against the truth." (질병은 '내가 무엇/누구인지에 관한 진리'에 대한 방어이다.)

1. 진리란 나는 몸이 아니고 자유롭다는 사실이다.

2. 질병은 우연히 발생하지 않는다. 질병의 목적은 실재 (나의 참정체의 진리, 즉 나는 몸이 아니고 자유로운 영이라는 진리)를 감추고, 공격하고, 변화시키며, 서투른 것으로 만들고, 왜곡하고, 비틀고 또는 조립되지 않은 조각들의 조그만 무더기로 격하시키는 것이다.

모든 방어들의 목표는 진리의 온전함을 방해하는 것이다.

질병이 어떻게 '진리'를 방해하는 하나의 방어인가에 대해서 살펴보자.

우리가 방어를 한다는 것은 공격을 받았다는 것을 의미한다. (나 자신을 방어한다면 나는 공격받은 것이다. 워크북 135과) 이것은 곧 아무런 공격도 상처도 받을 수 없는 우리가 우리의 참정체를 망각하고 (즉 우리의 정체는 몸이라고 잘못 정의하고서) 실재가 아닌 공격이나 공격하는 자를 실재화한다는 의미이기도 하다. 이렇게 모든 방어는 진리가 온전하게 있지 못하게 방해하는 것이고, 허상을 실재화해서 우리가 진리("우리는 몸이 아니다." "우리는 하느님이 창조하신 그대로이다.")에서 멀어지도록 만든다.

질병도 예외가 아니어서, 그것은 '우리 자신의 참정체'에 관한 진리에 대항하여 그것을 훼방하려는 방어이다. 병에 걸려 당장 매 순간 고통에 시달리는 몸을 가지고서 "우리는 몸이 아니다."라는 생각을 계속 탐구하고 그러하다는 확신에 이르도록 관심을 유지하는 것은 어려울 것이기 때문이다.

우리가 자신이 정말로 누구인가에 대해서 진지하게 탐구하기 시작하고 진리를 발견할 가능성이 증가할 때, 그 과정을 자기존재의 말살이라는 공포로 받아들이지 않을 수 없는 우리 마음의 에고 부분은 우리 몸에 일으키는 병으로 대응한다. (너 스스로가 휘두르는 요술봉.)

3. 방어책들이란 의도를 가진 것들이고 잘 의식한 채로 만들어지는 것이다. 방어는 진리가 너의 기존 믿음(나는 몸이라고 하는 자기정체성)을 위협하는 듯 보일 때 너 스스로가 휘두르는 비밀스런 요술봉(secret magic wands)이다.

먼저 꼭 기억해야 할 것은 병이나 고통과 같은 방어는 우리 스스로가 우리에게 휘두르는 요술봉이라는 것이다. 그 요술봉은 다른 이가 우리에게 사용하는 것도 아니고 억울하게 사고로 우리에게 사용되어진 것도 아니며 바로 우리가 우리자신에게 쓰는 것['너 스스로가 휘두르는(wave) 요술봉']이다. 단순하게 말하자면, 병은 아직은 진리를 받아들이기 싫은, 아직은 완전한 용서를 하기 싫은 우리 스스로의 선택인 것이다.

우리가 진리에 가까워질 때 에고는 그것이 바로 자신의 종말을 의미하므로 몹시 당황한다. 무슨 수를 써서든 (주로 속이는 것이지만) 우리의 관심과 주의가 다시 세상, 몸, 육신의 즐거움, 몸의 고통과 한계들 등 실재가 아닌 것들에로 이끌리게 해야만 자기가 산다. 우리가 이상적인 상태 혹은 진리의 탐구라는 수준에 머무르지 못하게 하고 몸이 동반하는 유혹에 빠지기 쉽게 만드는 상황들을 간추려서 우리 선조들이 세 가지로 요약해서 전해 준 표현이 있다. 소년등과, 다음으로 중년상처, 마지막으로 노년무전이라는 것들이다.

'소년등과'의 교훈은 소년이 너무 어린 나이에 과거에 급제하면, 즉 자기 하는 일에서 너무 일찍 성공을 맛보면 쉽게 교만해지고 자기중심적인 성격이 형성되어 장차 큰일이 있을 때에 오히려 망치기 쉬움을 경계한 것이다. ('초장끗발이 X끗발'이라는 그 유명한 반전과 역전 이야기의 원조?)

'중년상처'는 젊어서는 몰라도 중년에 들어 배우자(혹은 사랑하는 사람)를 잃게 되면 남은 긴긴 세월을 홀로 영혼의 동반자 혹은 돌봐 주는 이 없이 외로이 지내는 것이 인생의 큰 고생임을 가르친 것이다. (사랑스럽기도 하지만 동시에 매우 건강하기도 한 상대를 구하라는 메시지?? 물론 우리는 이 지점에서 "건강이란 무엇인가?" 혹은 "배우자란 무엇인가?"라고 물어야 한다!)

'노년무전'의 메시지는 노년이 되어서 돈까지 없으면 몸이 필요로 하는 기본적인 것들조차 아쉬워지고 늙어서 맞는 그런 상황은 젊을 때 겪는 것보다 더 고통스러우니 그렇게 되지 않도록 재산관리에 조심해야 한다는 교훈이었다. (재테크의 중요성에 관한 이야기?)

물론 소년의 과거급제이건 배우자와 일찍 이별하는 것이건 늙은 데다 돈까지 없는 것이건 간에 진리에 깨어 있고 진리를 받아들인 사람에게는 별로 중요한 일이 아니다. 하지만 이 세 가지는 각각 에고가 얼마나 우리의 삶을 잘 이해하면서 인생의 각 시기에 우리가 간절히 원하는 것들을 동원해서 우리의 주의를 몸(비실재나 출세, 사랑하는 사람, 돈과 같은 고도의 속임수와 강력히 관련된)에 집중시키고 묶어 둘 줄을 아는지를 (우리에게 몸을 자기정체성이라고 믿도록 속일 줄 아는지를) 또 그럼으로써 진리에서 멀어지게 만들 수 있는지를 잘 보여 준다.

그리고 인생의 어느 시기에서건 병이 생겨서 당장 몸이 아프고 고통스러운 것만큼 혹은 그 고통의 두려움이나 절망감이 장기적으로 지속되는 것만큼 효과적으로 몸의 실재성을 생생하게 느끼고 믿게 할 수단은 많지 않다. 과연 몸에 생기는 병은 당장의 숨 막히는 고통이라는 강력하고도 현란한 효과 때문에 우리가 진리의 탐구 대신에 몸에 가장 먼저 주의를 쏟도록 만드는 에고(우리 마음의 에고 부분) 최강의 무기들 중의 하나인 것처럼 보인다.

8. 질병이란 하나의 결정이다. … 질병은 네가 내리는 하나의 선택이고, 진리가 너의 망상적인 마음 안에서 일어나서 너의 세상이 비틀거리고 쓰러지기 시작하는 것처럼 보이는 바로 그 순간 네가 가져오는 계획이다.

이렇게 병을 얻음으로써 나는 몸이 아니고, 내 마음은 공격할 수 없으며, 따라서 나는 아플 수가 없다는 진리는 종적을 감추고 나의 기존 믿음체계들은 더 이상 위협받지 않게 된다.

9. 병이 너를 진리로부터 보호해 줄 수 있다는 것에 대해 너는 어떻게 생각하는가? 병은 몸이 너와 분리되지 않았음을 증명하기에, 너는 분명 진리와 분리되어 있을 것이다. 몸이 고통을 받기에 네가 고통을 받으며, 이러한 고통 속에서 너는 몸과 하나가 된다.

몸이 통증을 겪을 때 우리도 통증으로 고통스럽다 혹은 최소한 그렇다고 믿는다. 이 통증이 우리를 몸과 하나가 되게 만든다. 그러므로 보다 생생하고 극심한 통증을 겪을수록 우리가 몸이 아니라고 믿기는 더 어려울 것이다.

9. 이렇게 너의 "진정한" 정체가 보존되고, 네가 이런 작은 먼지 더미를 넘어서는 어떤 것일 수도 있음을 상기시키며 너를 괴롭히는 이상한 생각은 이제 조용히 잠재워진다.

이렇게 해서 우리의 참정체는 숨겨지고 우리가 먼지 덩이 이상의 무엇일지도 모른다는, 이상하지만 우리를 늘 따라다니던 생각은 조용하게 만들어지고 고요해진다. 이렇게 질병에 시달린다면 우리에게 우리는 단순한 물질의 조합인 몸 이상의 그 무엇이라고 집요하게 암시해 주던 생각이 더 이상 영향을 미칠 수 없게 될 것은 놀랄 일이 아니다. 우리에게 '사고의 역전'이 일어나게 할 수 있었던 가능성이 무참히 파괴되는 것이다. 그러나 이런 질병의 선택이 우리 자신의 선택이자 결정이었던 것을 아는 것이 중요하다.

10. 하느님의 아들은 먼지이고, 아버지는 불완전하시며, 혼돈이 승리하여 하느님의 왕좌에 등극한다.

질병이 주장하고 보여 주려 하는 것은 아들은 먼지이고, 아버지는 불완전하며, 아버지의 왕좌에 승리하여 앉아 있는 것은 혼돈이라는 것이다. 또한 병은 자신을 몸으로 보는 것만이 아니라 형제의 정체를 몸으로 보는 것, 즉 형제에 대한 판단과도 연관이 있다. 모든 치료가 심리치료이듯 모든 병은 마음의 병이다. 그것(병)은 신의 아들에 대한 판단이며 판단은 마음의 활동이다.

텍스트 20:62 만약 몸을 본다면 너는 비전이 아니라 판단을 선택한 것이다.

형제의 몸(특히 아픈 몸)을 본다면 이미 판단한 것이다. 그러나 판단은 몸에 관한 것이 아니라 마음에 관한 것이다. 몸을 본다면 즉 판단했다면/한다면 이미 마음에서 아들의 죄를 본 것이기에 병은 피할 수 없다. 자신을 몸으로 보거나 형제를 몸으로 보거나 마찬가지이다. 형제의 죄책을 보는 판단은 **마음의 활동이지만 병이라는 형태로 몸에** 그 결과가 나타난다. 판단함으로써 그래서 분노함으로써 병을 요청하는 것이기에 우리의 요청이 늘 그러하듯 반드시 병을 받게 된다. (**텍스트 28:58, 질병은 몸에게로 방향이 돌려진 분노이다.**)

이제는 치유의 가능성을 찾아보자.

이런 상황에서 병과 몸의 고통을 극복하는 치유로 가는 방법은 아래와 같은 믿음의 선언과 선택이다.

17. Sickness is a defense against the truth.

I will accept the truth of what I am.

And let my mind be wholly healed today.

질병은 진리에 대한 방어이다.

나는 내가 누구인지에 대한 진리를 받아들일 것이다.

그리고 오늘 내 마음이 전적으로 치유되도록 허용하겠다.

치유되는 것은 마음이다. 몸은 중립이기에 마음이 변화되어 치유되면 병은 사라진다. (교사매뉴얼 6. Healing is the change of mind. … 치유는 마음의 변화이다.) 과연 치유의 첫걸음은 몸이 아니라 마음으로 주의를 돌리기 시작하는 것이다.

18. 병이 감춰서 진리의 빛을 막아 낼 수 있는 그 어떤 어두운 구석도 없을 것이다.

만약 더 이상 자신을 몸이라고 믿지 않고, 방어적이 됨으로써 공격하지 않으면 질병이 감출 수 있는 어두운 구석들은 더 이상 존재하지 않게 된다. 이때가 바로 치유의 때이다.

19. 이제 병의 근원이 열려서 치료법을 받아들였기에, *몸이 치유된다.* 연습을 잘했는지 알아볼 기준은 다음과 같다. 몸은 아무것도 느끼지 않아야 한다. 연습을 잘했다면 아프거나 건강한 느낌, 고통스럽거나 즐거운 느낌이 전혀 없을 것이다. 마음은 몸이 행하는 것에 전혀 반응하지 않을 것이다. 단지 몸의 유용성만 남는다.

질병의 원천은 나는 몸이라는 믿음(자신의 정체 잊어버리기)이다. 이 원천이 제거되어 사라진다면 몸에 스스로 준 한계들은 사라진다. 즉 치유된다. 다른 한 각도에서 보자면 질병이 일어나는 이유는 '몸을 사용해서 어떤 목적을 이루려고 하는 마음의 결정' 때문이다. 몸의 사용 자체가 몸을 믿는 것이고 몸에 대한 믿음이 병을 부른다.

교사지침서 5. 어떻게 치유가 이루어지는가?
5. *병이란 마음이 어떤 목적을 위해 몸을 사용하려는 결정이다. 이를 받아들이는 것이 치유의 기반이다.*

마음이 어떤 목적을 가지기로 결정할 때 그리고 그 목적을 위해서 (불가피하게) 몸을 사용하려고 할 때 우리 몸은 병에 걸린다. 대체로 어떤 목적을 이루려는 우리 마음의 결정은 몸이 동반되기에 이런 결정은 몸을 자기의 정체로 봄을 의미하기 때문이다. 이 맥락에서 용서와 구원 외에는 아무 목적도 중요하지 않다는 가르침이나 **나는 아무것도 할 필요가 없다.**는 가르침은 또 다른 의미를 보여 준다. 몸과 자신을 동일시하고 늘 분주히 무엇인가 하려는 **마음의 아주 오랜 중독**에 해독이 일어나는 첫걸음은 역시 '나는 아무것도 할 필요가 없다.'의 깊은 의미를 깨닫는 것인지도 모른다. 마음이 어떤 목적을 이루려고 결정하는 것은 무엇인가 해야만 한다고 믿기 때문인 것이다. 마음이 어떤 목적을 위해서 몸을 사용하려는 결정, 즉 몸을 자기정체로 보는 것이 병을 가져온다는 것을 받아들일 때 마음이 중독에서 해방되고 치유의 길이 열린다.

마음의 오랜 중독에 해독이 일어나면서 시작되는 이 치유는 단지 질병만의 치유가 아니라 용서와 기적의 결과로서의 치유, 즉 구원을 의미하기도 하므로 '몸 정체성의 제거'는 기적수업 전체의 교훈들의 요약이라고 할 수도 있다. (**"나는 몸이 아니다. 나는 영이다."** 아래 워크북 136:22와 97:9) 게다가 이런 해독은 매사에 성령이 주도하는 것을 우리 마음이 허용할 수 있게 되기 위해서도 필요하다.

> **워크북 156:6** 이것이 바로 구원이 작동하는 방식이다. *네가 뒤로 물러날 때, 네 안의 빛이 앞으로 나서 세상을 품어 안는다.*

마음이 몸을 써서 목적을 성취하려는 결정을 내리는 성향은 필경 몸 정체성을 강화하고, 자신이 **뒤로 물러서기**(네가 뒤로 물러날 때)는 그 정체성이 강할수록 어렵기 때문이다.

> **136:21** 그런데, 자신이 몸이 아닌 자유로운 하느님의 아들임을 선언하면 생기는 혜택/보호는 몇 가지 점들에서 조심스레 지켜보아야 보존된다….

(1) 마음이 공격생각을 품기(harboring)

나의 '상할 수 없음'(invulnerability)을 공격하는 생각이다. 공격과 방어 둘 다에 담겨 있는 생각으로서 적극적인 공격의 생각과 방어의 생각 둘 다에 공히 내재하는 생각이 공격생각(attack thought)이다. 이 생각은 나의 상할 수 없음의 진리에도 불구하고 우리 몸을 병들게 한다.

공격생각을 품기에서 '품는 것'(harboring)의 의미는 생각이 일어나는 정도가 아니라 그것을 지니고 (심지어 실행할 가능성들을 타진해 보고) 놓아 보낼 의사가 없이 **계속 품어** 지니고 있기를 의미한다.

(2) 마음이 다시 판단의 압력에 굴복하게 되기

'압력'의 언급은 우리가 판단을 하도록 유혹하거나 몰아가는 상황들이 우리 삶에 늘 있을 것임을 암시한다.

(3) 마음이 다가오는 불확실성들에 대하여 하느님의 손에 맡기지 않고 '스스로 계획하기'

계획이 문제되는 때는 일상적이고 상식적인 삶의 계획들을 짜는 때와는 관계가 없다. 미래로부터 다가오는 불확실성들에 대해서 '하느님의 손에 맡기는 것' 대신 스스로 계획을 만드는 것이 '허상을 실재화함으로써' 자신의 참정체를 다시 잊게 하고 몸에 질병을 일으킨다.

> 136:21 너의 마음이 공격생각을 품거나, 판단에 굴복하거나, 다가올 불확실성에 대비해 계획을 짜도록 허용한다면, 너 자신을 다시 제자리에 두지 않고 몸을 공격할 몸으로 된 정체를 만든 것이다. 그럴 때 너의 마음은 병든 것이기 때문이다.

> 워크북 135:15 계획하는 것을 방어수단이라고 인식하는 경우는 드물다. (Planning is not often recognized as a defense.)

마음이 다시 정체성을 잃어버리고 자신을 몸과 동일시하면 몸은 다시 아프다(21절)

마음이 자신이 누구인지를 잊고 다시 몸과 동일시하면 몸은 다시 공격받는다. 이 몸에 대한 공격은 잘못된 동일시를 한 마음이 아프기 때문에 일어난다. 결국, 마음이 판단, 공격생각 품기, 자신을 몸과 동일시할 때 즉 마음이 주체가 되어 아프게 될 때 몸은 다시 아파진다.

이런 일이 벌어진다면 너의 방어가 더 이상 너를 해치지 않게 함으로써 마음에게 즉각적인 치료법을 제공하라(21절)

방어적이 되는 것은 환상인 대상을 실재화하는 것이기에 또 일종의 공격생각이기에 자신을 해친다. 그렇게 되도록 두지 말고 바로 치유책을 주어야 한다.

치유되어야 하는 것이 무엇인지 혼란스러워하지 말고 자신에게 말해 주라

22. 나는 내가 정말로 누구인지를 잊어버렸다. 왜냐하면 내 자신을 몸인 것으로 잘못 보았기 때문이다. (나의 참정체를 잊고서…)

그러나 치유책은 있다. 바로 아래의 진리를 자신에게 말해 주는 것이다.

Sickness is a defense against the truth,
But I am not a body. And my mind
Cannot attack. So I can not be sick.

질병은 '나는 몸이 아니라 자유롭다는 진리'에 대한 방어이고, 나의 마음은 공격할 수가 없기에(즉 질병과 같은 방어를 차용할 수가 없기에) 결국 나는 아플 수가 없다.

이러한 질병에 대한 치유는 어떻게 일어날 수 있을까?

아래에서 자세히 살펴보겠지만 결론부터 미리 말하자면,
첫째, 병이라는 환상의 목적을 이해하고,
둘째, 병에 대해서 지각을 전환하면 치유가 일어난다.

　　교사지침서 5. 치유는 어떻게 이루어지는가?
　　1. 치유는 병이라는 환상의 목적이 무엇인지 이해해야 이루어진다. 이것 없이는 치유가 불가능하다.

(1) 병의 지각된 목적(The Perceived Purpose of Sickness)

　　교사지침서 5:2 치유는 고통 받는 자가 고통에서 더 이상 어떤 가치도 보지 않는 순간 이루어진다.

고통에서, 즉 고통을 느끼는 주체인 몸에서 어떤 가치도 더 이상 보지 않을 바로 그때 치유가 일어난다. 이 말을 더 잘 이해하기 위해서 조금 더 상세하게 예를 들어 보자. 비록 질병으로 인해서 고통 속에 우리 몸이 놓이게 되더라도, 그 고통 때문에 우리가 몸에 대해서 더 염려하며 집중하거나 혹은 몸에 일어난 이상(여기서는 통증과 같은 생생한 고통)으로 인해서 존재가 더 이상 유지되지 못할까 봐 무서워하면서 몸의 가치를 더 확신하게 되는 자연적인 반응(동시에 에고가 목표로 하는 반응)을 그칠 때 치유가 일어난다는 것이다.

병과 고통에도 불구하고 그 고통이 아무런 가치도 만들어 내지 못할 때(예를 들어, 몸을 자신이라고 다시 확인하게 되는 반응이 일어나지 않을 때), 즉 자신은 몸이 아님을 다시 기억할 때 치유가 이루어진다. 그러므로 병의 지각된 목적은 고통으로 더욱 생생하게 느껴지는 몸을 자신의 정체라고 믿게 만드는 것이라 할 수 있다.

> For sickness is an election, a decision. (왜냐하면 병은 하나의 선택, 즉 결정이기 때문이다.)

(2) 지각의 전환(The Shift in Perception)

> **5:4** 치유는 병의 무가치함이 인식되는 것과 정확히 비례하여 일어날 수밖에 없다. 단지 "이것(병과 그로 인한 고통)에 내가 얻을 것이란 전혀 없다."라고 말하기만 하면 치유된다.

"몸이나 몸이 경험하는 것은 내가 아니다. 내가 지어낸 것일 뿐이다." "나는 몸이 아니기 때문에 내가 아닌 것, 나의 몸의 경험에서 내가 얻을 것이란 전혀 없다."라고 말하기만 하면 치유가 되는 이유는 더 이상 몸에 주의를 집중시켜 보았자 아무 소용이 없음이 명백해졌기 때문에 병이 유지될 이유 자체가 없어졌기 때문이다.

(3) 치유에 있어서 하느님의 교사들의 역할은 무엇인가?

> **5:10** 하느님의 상급교사들은 그 형제에게 그는 그 자신을 만들지 않았으며, 따라서 틀림없이 하느님이 창조하신 그대로 남아 있다고 (즉 몸이 아니라고) 상기시켜 준다.

치유는 가능할 뿐 아니라 확실하다. 자신이 몸이 아니며, 하느님이 창조하신 그대로 자유로운 영으로 남아 있음을 다시 기억하게 도우면 치유는 일어난다. 자신이 몸이 아니라는 것 즉 하느님이 창조하신 그대로 자유로운 영임을 아는 것이 속죄인데, 이 속죄를 받아들여서 죄가 불가능함을 알게 되면 병과 고통도 불가능해지기 때문이다.

질병과 치유 3
- 치유 후에 재발하는 병 1

이미 앞의 글들에서 치유에 관해서 알아본 것은 다음과 같다.

질병의 원천은 나는 몸이라는 믿음(자신의 정체 잊어버리기)이다. 이 원천이 제거되어 사라진다면 몸에 스스로 준 한계들은 사라진다. 즉 치유가 일어난다. 그렇다면, 어떤 경우에 치유가 일어나고도 다시 병이 생길까?

(1) 이 주제에 대해서 살펴보기 위해서 먼저 워크북 136과 20이 전하는 내용들을 살펴보자

20. 아마도 너는 이런 연습(136:17에 나오는 "병은 진리에 맞서는 방어수단입니다. 나는 오늘 내 정체의 진리를 받아들이고, 나의 마음이 온전히 치유되도록 허용하겠습니다."라는 기도 연습을 가리킴.)을 하면서, 네가 몸에 부여한 목적으로 인해 네가 몸에 가한 한계들이 제거된다는 것을 깨닫지 못할 것이다.

우리가 자신을 몸이라고 보면 몸에 여러 가지 목적을 부여하게 되고 이런 목적들은 시공간에 매여 있는 제한된 몸에 한계들을 가하게 된다. 목적들은 몸을 혼자서 애쓰게 하고, 계획하게 하면서, 피로하게 만들 것임에 틀림없는 것이다. 시간에 따라, 날씨가 안 좋거나 피로가 쌓임에 따라, 음식과 음료의 선택에 따라서, 그 외에 다른 물리적, 생물학적, 생리학적 그리고 병리학적 이유들과 법칙들에 따라서 몸의 컨디션은 좌지우지될 수밖에 없다.

그러므로 건강의 비결은 다음과 같다고 할 수 있다.

20. (자신이 몸이라는 믿음이 제거된다면) 이런 한계들이 치워지면서, 몸의 힘은 진정으로 유용한 모든 목적을 섬기기에 항상 충분할 것이다. 몸은 시간이나, 날씨나 피로, 먹는 것과 마시는 것, 네가 전에 몸으로 섬긴 그 어떤 법칙에도 제한되지 않기에, 그 건강이 완전히 보장된다.

만약 인류의 대부분이 기적수업의 성숙한 학생이 되어서 자신을 몸으로 보지 않게 되는 날이 오면 의사, 약사, 한의사, 물리치료사 같은 소위 의료업 종사자들은 점차 취업이 불가능해질 것이다. 그리고 대부분의 제약회사들도 사라질 것인가 하면 몸에 좋다는 식품을 만들고 건강기능식품을 제조, 판매하는 산업 등도 서서히 종말을 맞이할 것이다. 또, 날씨가 흐리거나 비가 온다고 온몸이 더 아프다는 노인도 줄어들 것이고, 인기 있는 '피로회복제품'들도 별로 안 팔릴 것이다. 위 20절의 설명처럼 날씨도 피로도 음식도 건강에 영향을 미치지 못할 것이기 때문이다.

더 나아가서 생물학, 병리학, 생리학, 약학, 의학 같은 대학 전공도 사라질지도 모른다. 근력상실과 다른 노쇠현상들에서 입증되어 왔듯이 현재의 물리학, 생물학, 유전학 및 병리학의 원리같이 인간의 몸을 제한하는 법칙들도 인간의 건강 상태를 더 이상은 지배하지 못할 것이기 때문이다. 실로 새로운 문명은 이렇게 늙고 병들어 고통 속에 생을 마감하는, 극히 제한된 존재인 인간이라고 하는 현재의 삶의 모델이 대체되는 것과 관련해서 열리기 시작할지도 모른다. (친)자식들한테는 미리 경고해야 한다. 물론, 기적수업이라는 책의 내용에 대해서 이해하고 나서 소개해 주기라도 한 이후의 일이긴 하겠지만….

20. 이제 너는 몸을 건강하게 만들려고 아무것도 할 필요가 없다. 왜 나하면 병이 불가능해졌기 때문이다.

(2) 워크북 136과는 계속해서 '치유가 일어난 후에 그것이 지속되지 못하는 경우들'에 대해서 설명한다

21. 자신이 몸이 아니고 자유로운 하느님의 아들임을 선언할 때 생기는 혜택/보호는 몇 가지 점들에서 조심스레 지켜봄으로써 보존되어야 한다….

If you let your mind (만약 너의 마음이)

마음이 주체이다. 그 상태가 병의 재발에 연관된다.

① harbor attack thoughts, (공격생각들을 지니고 있거나)
② yield to judgment, or (판단에 굴복하거나)
③ make plans against uncertainties to come, (다가오는 불확실한 것들에 대비해서 계획을 짜거나 하도록 허용한다면)

you have again misplaced yourself, and made a bodily identity. (너는 다시금 자신을 잘못된 자리에 두고 몸을 자기정체로 만든 것이다.)

자신의 정체가 몸이라는 믿음을 제거해서 병의 치유가 일어난 후에도 몸이 다시 아프게 되는 이유(병이 재발하는 이유)는 마음이 ①~③의 상황을 맞아서 자신을 다시금 몸과 동일시하기 때문이다.

which will attack the body, for the mind is sick. (이때는 마음이 아프기에 다시 몸을 공격하고, 병은 재발하게 된다.)

마음이 자신이 누구인지를 잊고 다시 몸과 동일시하면 몸은 다시 공격받는다. 이 몸에 대한 공격은 잘못된 동일시를 한 마음이 아프기 때문에 일어난다. 결국, 치유가 일어난 후에도 살아가면서 마음이 다시 '판단에 굴복'하고, '공격생각'을 바로 용서하지 않고 '품고' 있으며, '미래에 대한 염려로 스스로 계획'을 하는 등으로 자신을 재차 몸과 동일시할 때 즉 마음이 주체가 되어 아프게 될 때 몸은 다시 병으로 아프게 된다.

질병과 치유 4
- 치유 후에 재발하는 병 2

일단 치유가 일어난 후에 다시 질병이 생기게 되는 경우가 꽤 있다. 기적수업에서 이런 상황들의 원인들을 가리키는 단어들 harbor, yield to, uncertainties to come의 의미들이 시사하는 중요한 점들에 대해서 상세히 살펴볼 가치가 있겠다.

이 구절(워크북 136:21)의 설명을 보다 정확하게 이해하기 위해서 harbor(품는다), yield to(~에 굴복한다), 그리고 uncertainties to come(미래의 불확실성들)이라는 단어들의 의미에 주의해야 한다.

21. 자신이 몸이 아닌 자유로운 하느님의 아들이라고 선언하면 생기는 보호는 몇 가지 국면들에서 조심스레 지켜보아야 보존된다.

(1) 마음이 방어적이 되면서 가지게 되는 공격생각과 관련해서

마음이 공격생각을 '품기'. (harboring attack thoughts.)

생각이 일어나는 정도가 아니라 그것을 계속해서 지니고 있기. [harboring 의 의미는 항구(harbor)가 배를 보호하며 품고 있는 것처럼 지니고 보호하고 있다는 것.]

용서하지 않고 지니고 있기 때문에 공격을 실현할 가능성들을 고려해 보는 것(entertaining the possibilities of executing)이 포함된다고 할 수 있다. 요약 하자면, 놓아 보낼 의사가 없이 **공격생각을 품고, 즉 계속 지니고 있는 것**을 의미한다.

(2) 마음이 압력에 '굴복하여' 다시 판단하게 되는 것(yielding to judgment)

'판단에 굴복하는 것'(yielding to judgment)이라는 표현을 볼 때 우리의 삶 에는 기적수업의 학생이 되기 전이든 후이든 판단을 사용하고 싶게 만드는 상당한 유혹과 압력의 정황들이 늘 존재할 것임을 짐작할 수 있다.

공격생각이 일어나는 것과 마찬가지로 판단이 떠오르는 것 자체는 문제가 아니다. 그 판단을 바로 용서해서 놓아 보내지 않고 ('염기즉각 각지즉무'라고 지눌 스님이 《수심결》에서 강조하듯, "생각이 일어나면 즉시 알라. 즉시 안다 면 생각은 바로 아무것도 아닌 것으로 사라진다.") 판단에 굴복해서 그 영향 을 받고 심지어 복수, 분노(워크북 347과, '분노는 판단에서 나온다.'), 공격, 방어와 같은, 환상이며 진리가 아닌 비실재의 열매를 맺기에까지 이르는 것 이 문제이다.

종교개혁의 지도자 마르틴 루터는 이런 상황에 대해서 한 비유를 들었는

데, "새가 배설물을 우리 머리 위에 떨어뜨리는 것은 어쩔 수 없지만 그 새가 머리 위에 둥지를 트고 살게 허용하는 것은 문제이다."라는 것이었다. 요컨대 공격생각이 일어나면 그런 줄 알아차려야 한다. 그러지 않으면 속는다. **알아차려진 환상들은 반드시 사라진다(워크북 187:7).**

(3) 마음이 다가오는 불확실성들(uncertainties to come)에 대(비)하여 하느님의 손에 (성령의 인도에) 맡기지 않고 '스스로 계획하기'

계획이 문제되는 때는 일상적이고 상식적인 삶의 계획들을 짜는 때가 아니다. 매일매일 당장 처리해야 살아갈 수 있는 일상의 문제들에 대해서가 아니라 미래로부터 다가오는 불확실성들에 대해서 염려하며 '하느님의 손에 맡기는 것' 대신 (두려움 속에서) 스스로 계획을 만드는 것이 '허상을 실재화함으로써' 자신의 참정체를 다시 망각하게 하고 몸에 질병을 재차 일으키는 '계획하기'이다.

한 번 치유를 경험한 후에도 우리 마음은 다시 혼란에 빠지거나 유혹에 넘어갈 수 있다. 새로운 형태를 가진 두려움의 모습에 기겁을 하고 다시 속을 수도 있다. 특히 우리 마음은 일어나는 공격생각을 바로 용서하지 못하고 마음속에 '품고/지니고' 있기 쉽고, 다시금 판단하려는 유혹이나 판단을 요구하는 압력에 굴복할 수도 있다. 또 마음은 미래라는 것이 (그리고 시간 전체가) 단지 환상임을 망각하고 미래에 대한 불확실성에 대비하느라 성령이 알려 준 것들에 따르는 것이 아니라 우리 자신의 계획들을 짜기도 쉽다.

이 모두는 허상을 다시 실재화한다. 그러므로 몸도 당연히 실재로 여겨진다. 그래서 아픈 마음은 다시 몸을 아프게 한다. 그러나 우리는 하느님이 창조하신 그대로, 몸이 아니고 영이라는 진리를 받아들이면 마음은 공격할 수 없고 따라서 아플 수 없다. 또 몸이 아닌 우리는 판단할 필요도 없고 다른 아무런 필요도 없기에 미래의 불확실한 것들에 대비해서 계획할 필요도 없다. 다시 말해서 아프지 않고 아파도 치유된다.

반복적으로 유난히 병으로 시달리는 사람은 (아마 시간 안에서 몸으로 살고 있는, 대부분의 우리에게 해당하는 말이겠지만) 마음 안에서 누르려 해도 항상 다시 득세하기 시작하는 불굴의 생명력을 가진 듯한 판단과, 사라지지 않고 은밀하게 보존되어 마음 깊은 곳 한구석에 아직 남아 있는 공격생각과, 미래에 대한 불안과 염려로 하느님께 의지하거나 성령에게 도움을 청함 없이 스스로 계획을 짜고 있는 자신의 모습을 냉철하게 볼 필요가 있겠다.

자신을 위해서 **속죄를 온전히 받아들이는 것만이 (구원을 받아들이는 것만이) 모든 병을 영원히 치료**한다. 이것이 때로는 완전하지 못할 수도 있는 치유와 치료의 차이이다.

질병과 치유 5
- 일시적일 수도 있는 치유와 완전한 근치적 치료의 차이

영어에서는 현재 고통을 초래하고 있는 질병이나 아픈 것에서 벗어나는 것, 즉 현재의 상태가 고쳐져서 병의 발생이나 아프기 이전처럼 일단 다시 회복되는 것을 치유(healing)라 한다. 가장 광의적인 의미로 치유는 질병이 초래하는 당장의 고통에서 일단 벗어나는 것이라 할 수 있다. 이런 넓은 의미를 가진 치유와 비교해서, 어떤 질병이나 그것이 초래한 고통의 원인 차원까지 근원적으로 제거해서 질병과 증상이 영구히 사라지게 하는 것을 근치적 치료(큐어, cure)라고 부른다.

그러므로 치유가 된 경우라고 하면 지금으로서는 일단은 증상과 고통이 사라졌지만 차후에 재발할 가능성은 남아 있는 것을 말한다. 반면에 큐어(근치적 치료)가 일어난 경우라면 증상도 원인도 함께 사라져서 다시는 같은 원인으로는 아프지 않을 것이라는 의미가 된다. 그래서 어떤 병에 걸렸을 때 **근치적** 치료(***curative*** treatment)를 한다고 하면 근원적인 치료 즉 큐어가 일어나게 하는 치료를 한다는 뜻이지만, 단순히 치유(healing)가 가능하다고만 하면 지금으로서는 당장의 통증이나 증상이 완화되게 하거나 멈추게 할 수 있긴 하나 증상의 근원조차 완전히 사라지게 보장할 수는 없는 것이라는 의미를 가진다. 이런 상황은 **근치적** 치료(curative treatment)에 대비해서 임시적 혹은 **완화적** 치료(palliative treatment)라고 부른다.

교사지침서에서는 언제 치유(healing)가 일어나느냐는 질문에 대해서 답하기를 "아픈 자/환자가 자기가 겪는 고통에서 어떤 가치도 보지 않을 때."라고 한다. 질병과 그로 인한 고통이 가진 혹은 제공하는 것으로 보이는 가치를 추려 보자면,

① 통증이나 장차 필연적으로 다가오는 듯 보이는 죽음에 대한 공포로 인해서 당장 모든 주의가 집중될 수밖에 없는 몸을 실재인 것으로 보게 되는 것, 혹은 몸이 자신의 참정체인 것으로 확인하게 되는 것.

몸을 자기로 보지 않으면 에고는 우리가 자신의 꽃인 몸을 중요하게 여기지 않기에 당황해서 몸을 공격한다. 자기편도 이럴 때는 소용없다. 에고는 자신의 가장 중요한 도구이자 상징인 몸이지만 여전히 몸을 공격해서 더 아프게 만든다. 물론 다시 몸(실재가 아닌 허상)에게로 모든 주의를 쏟게 하려는 계산이다.

그리고

② 자신이 겪는 고난/고통을 보고 죄책감에 빠지거나 죄라는 것의 실재성을 믿게 되는 것이라 할 수 있다.

그러므로 우리가 몸이 자신이 아니고 자신은 하느님이 창조하신 그대로 자유로우며 영(Spirit)임을 안다면 치유는 일어난다. 혹은 질병을 겪으면서도 (그런데 우리 중에 아무 질병이라도 가지지 않은 사람이 있기는 할까?) 죄라는 것을 믿지 않고 죄책감에 다시 사로잡히지 않으면 치유는 일어날 수밖에 없다.

그런데 한 가지 꼭 기억해야 할 것이 있다. 자신이 몸이 아님을 아는 것은 치유의 조건이긴 하지만 그 치유가 **영원하고도 모든 질병에 적용되려면** 죄라는 환상 자체를 믿는 보다 근원적인 믿음에서도 자유로워져야만 한다. 오직 그것만이 '근치적 치료'의 조건이기 때문이다.

> **워크북 140** 오직 구원만이 *치료한다*고 말할 수 있다. (Only salvation can be said to *cure*.)

여기서 구원은 자신을 위해서 속죄를 받아들이는 것을 의미한다. 구원이라 함은 분리와 죄가 실재가 아니고 환상임을, 진짜가 아니라 가짜임을, 사실이 아니라 교묘한 공작의 결과로 날조되어 우리 앞에 제시된 신화임을 이해하고 믿고 받아들이는 것을 의미하는 것이다.

몸을 자신이라고 믿는 것 자체가 죄와 관련한 두려움을 감당하지 못해서 투사로 만든 환상의 세상에서 일어난 일이기에, 죄가 가짜임을 안다면 (속죄를 받아들인다면) 애초에 죄책감에서 비롯되는 ① 공격생각 품고 있기, ② 판단 다시 하기, ③ 장래에 대한 염려함으로 스스로 계획하기 등의, 자신을 몸이라 믿는 일들은 다시는 일어날 수 없을 것이다. 이럴 때는 물론 치유를 넘어선 치료가 가능해지는 때이다. (워크북 136:21에서는 위 ①~③이 자신과 몸과의 동일시를 멈춘 결과로 치유가 일어난 후에 다시 '허상'을 실재화함으로써 마음이 몸을 다시 아프게 만드는 경우들로 적시된다.)

또 **워크북 185에서는 "나는 하느님의 평화를 원한다."**라는 말을 진심으로 의미하면서도 질병이 낫지 않을 수는 (치유가 일어나지 않을 수는) 없다고 하면서, 하느님의 평화를 진심으로 원하는 것은 곧 모든 꿈들을 포기하는 것, 즉 (하나도 남김없이) 환상을 용서하는 것(달리 표현하자면 속죄를 받아들이는 것)이라고 설명한다.

정리하자면, 질병에서 해방되는 비결(치유의 비결)은,

① **모든** 환상을 포기하는 것. (하나라도 남기면 그 환상이 몸을 실재화하고 한계를 가하며, 또 세상을 실재화하면서 몸을 공격해서 다시 병에 걸리

게 한다.)

② 자신의 정체가 몸이라고 믿지 않는 것. (그러나 마음이 공격생각을 지니고 있거나, 재차 판단하거나, 미래에 대한 염려함으로 스스로 계획하기를 다시 하게 되면 다시금 자신이 몸이라 믿게 되어서 재차 질병을 일으킨다.)

③ 죄를 믿지 않고, 죄책감을 실재로 오해하지 않고, 속죄(구원)를 받아들이는 것이라 하겠다.

이들 중에서도 오직 속죄만이 꿈속의 치유(healing)를 넘어서 **'확실히/확정적으로 치유'**(heals with certainty)한다. 오직 속죄를 받아들여야만 **'모든 질병'을 치료(cure)**한다.

> **워크북 140** "오직 구원만이 *치료한다*고 말할 수 있다." (Only salvation can be said to *cure*.)

> **워크북 140:4** 속죄는 '확실히' 치유하고, '모든 질병'을 치료한다. 속죄를 받아들인 자는 근본적으로 질병이란 것 자체가 꿈일 뿐이고 '무' 혹은 '아무것도 아닌 것'임을 이해하기에 그 꿈이 여러 가지 다른 형태들(질병들)을 가지고 나타난다고 해서 마음이 속지 않는다.

> **워크북 140:4** 질병은 죄책감이 가진 또 다른 형태이기에 죄책감이 없는 곳에는 나타날 수 없다.

우리 스스로가 자신의 정체를 몸이라고 여길 때 우리는 병에 걸리게 된다. 몸은 우리의 마음이 분리를 믿음으로써 겪어야 하는 죄책감을 외부로 투사한 우리의 마음이 만들어 낸 것이다. 세상과 몸은 마음안의 죄책감의 투사이므로 환상이지 실재가 아니다. 죄책감은 외부로 투사되지 않을 수가 없기에 죄책감을 가지는 한 우리는 자신이 몸이고 그 몸을 가지고 세상에 있다고 믿지 않을 도리가 없다. 자신이 몸이라고 믿는 한은 병에 걸리지 않을 수가 없고, 병에 걸린 우리의 몸은 고통을 피할 길이 없다. 몸이 죄책감의 산물이므로 결국 우리의 질병과 고통은 죄책감이라는 가장 근본적인 이유에서 비롯된다.

단지 몸이 아픈 자를 치유하는 것만으로는 치료라고 부를 수 없다. 그래서 우리가 경험하는 모든 환상들을 애초에 만들어 낸 장본인인 죄책감을 제거하는 유일한 방법인 속죄라야 병자를 치유하는 것에 그치지 않고 치료하기까지 한다.

워크북 140:4 속죄는 병을 애초에 가능하게 하는 죄책감을 없앤다. 이것이야말로 치료이다. 이제 질병은 다시 돌아갈 곳(그리고 가서 의지할 곳)이 없기 때문에 사라진다.

질병을 만든 죄를 없애야지 즉 죄책감을 제거해야지 진정한 치료이다. 이런 치료만이 질병의 원인을 없애기에 (질병이 다시 돌아갈 곳 자체를 없애기에, 다시 들러붙어서 에너지를 공급받을 대상이 없게 하기에) 질병이 사라지게 한다.

텍스트 26:48 죄책감은 처벌을 요구하고 그 요청한 것은 주어진다.

질병과 같은 환상은 죄책감을 처리하는 장치이고 죄책감을 피하려고 계속 만들어 내는 것이 공간과 시간의 우주라는 환상이다. 죄책감이 세상, 우주, 시간과 같은 환상을 지탱하고 유지시킨다. 우리가 그 실제적인 진위의 문제는 별도로 두고서, 어차피 또 하나의 꿈이긴 하지만 소위 환생이라는 것을 경험한다는 것도 완전히 제거되지 못한 이 죄책감 때문이다. 죄책감으로 처벌을 받아야 한다고 믿는 마음은 다른 시공간에서 다시 살면서까지 그 처벌을 경험하려 한다. (이런 '다시 삶'이 환생이다.)

속죄란 분리의 믿음을 멈추는 것이다. 분리를 믿음이란 자신만의 고유한 꿈들을 계속 다양한 형태로 꾸는 것이다. 그러므로 분리를 더 이상 믿지 않는 것인 속죄는 모든 꿈들을 용서하기라고 말할 수 있다. 이 경우에만 질병이 치유되었다가 다시 돌아올 곳, 즉 다시 결합할 꿈이 없기에 영구히 치료된다. 치유와 치료의 차이는 몸이 일단 치유된 후에도 마음이 다시 잘못 선택해서 자신을 다시 몸이라 믿게 되어서 질병이 돌아오게 하느냐 확실히 그리고 영구히 모든 병들을 치료하느냐의 차이이다.

이 맥락에서 아픈 자의 치유라 함은 모든 병들에 해당하지도 않는 것이고, 효과가 영구하지도 않으며, 재발이 가능한 것임을 유추할 수 있다. 반면 재발이 없는 치료는 '모든 꿈들의 포기와 용서.'(진정으로 하느님의 평화를 원할 때의 전제조건.)를 통해서, 즉 속죄를 받아들임(분리를 믿지 않음/더 이상 다양한 형태들로 꿈꾸지 않음.)을 통해서 가능해진다. 과연, 오직 구원만이 치료한다고 말할 수 있다. 그리고 속죄를 받아들이는 것은 마침내 자신이 정말로 누구인가 하는 정체성의 물음에 대해서 다음과 같이 "나는 몸이 아니라 영이다."는 궁극의 선언을 하는 것이기에 더 이상 질병과 고통의 여지가 없어지게 만든다.

워크북 97:9 나는 영이다. 하느님의 거룩한 아들로서 모든 한계들에서 자유롭고, 안전하며, 치유되었고 온전하다.

나는 하느님이 창조하신 그대로이다(워크북 94).

나는 몸이 아니다. 나는 자유롭다. 나는 여전히 하느님이 창조하신 그대로이기 때문이다(워크북 200:1).

세상이든, 나의 몸이든, 나의 질병이든 내 앞에 펼쳐지는 모든 환상은 내가 만든 것이기에 그 책임을 받아들이고 용서할 때, 그 용서가 나 자신을 용서해서 (내가 주는 용서는 나를 용서한다.) 애초에 그것을 만들게 한 나의 죄책감을 치유한다. 이때 나는 원수들, 적들, 아픈 몸, 곤란한 상황들과 어려운 숙제들로 둘러싸여 있는 결과의 자리에 있는 것이 아니라 그런 환상들을 일으킨 원인의 자리에 드디어 있게 된다. 이제 세상은 (용서하는) 나에게서 풀려난다. (**워크북 132과, I loose the world···. 나는 세상을 풀어 준다···.**)

바깥에 있는 환상을 용서함으로만 보다 **근본적인 문제였던 내면의 죄책감을 처리**할 수 있게 된다. 이 죄책감의 근본적이고도 완벽한 처리가 바로 '속죄'이다. 이렇게 속죄와 용서와 죄책감은 서로 맞물려 있다. 오직 용서함으로써 받아들인 속죄만이 죄를 없애고 가장 깊은 차원의 죄책감마저도 온전히 제거한다. 이것이 근본적인 '치료'(cure)이다.

5

속임(기만)

기적수업 텍스트의 첫 문장(1:1)이다.

> "There is no order of difficulty among miracles. One is not
> "harder" or "bigger" than another. They are all the same. All
> expressions of love are maximal."(기적들 사이에는 난이도가 없다.
> 어떤 기적이 다른 기적보다 더 "어렵거나" "크지" 않다. 기적들은 모
> 두 똑같다. 사랑의 표현들은 모두 최대치로 나타난다.)

기적의 난이도를 없애고(환상의 정도를 더 이상 부여하지 않고) 아무런 차
별도 하지 않고 최대치의 사랑을 모두에게 표현해 주는 법을 배우는 과정이
기적수업의 주된 내용이라는 것을 서두에서부터 천명하고 있다. 이 선언에
서 암시되고 있듯이 비록 수업을 공부해서 '환상'을 더 이상 믿지 않고 그것에
속지 않으려고 우리가 결심하더라도 에고는 우리를 속이는데 궁극의 고난도
기술을 사용한다. 기적들에는 난이도가 존재하고 환상들에는 정도들/등급들
이 있으며 사랑의 표현들은 대상에 따라서 차별적으로 나타나야 한다고 우리

가 믿게 함으로써 우리의 귀향여정을 가능한 길어지게 만들려는 것이다. 각종 난이도들, 정도들, 사랑의 표현의 수준들과 씨름하고 정리하느라 환상 전체가 거짓임을 기억하지 못하게 하여 우리가 주의를 부차적인 것에다 두도록 속여서 우리 귀향여정의 시간이나마 늘어나게 하는 것이다.

만든 자를 닮아서 그런 것인지 모르지만 속이는 것은 우리(에고의 꽃인 몸으로서의 우리)의 속성이자 특징이다. 창세기에 나오는 에덴동산에서의 이브가 창조주의 질문에 응답하느라 사용한 첫 속임이나, 동생 아벨을 죽이고 첫 번째 살인자로 묘사된 카인의 거짓말, 아내를 동생이라 속이던 아브라함의 거짓말, 간통녀의 남편을 전쟁터로 가서 죽게 보내던 다윗 왕의 흥분상태에서의 속임수, 유다의 확신에 찬 거짓말과 베드로의 두려움속의 거짓말은 특별히 사악하거나 지지리도 못난 사람들의 실수의 이야기가 아니라 우리 모두의 이야기이다.

왕들과 귀족들의 막무가내 거짓말, 정치인들의 끝이 열려 있어 어디까지 갈지 가늠하기 어려운 거짓말, 기업가들의 교묘하고 현학적인 속임수, 장사꾼들의 뻔하고 또 뻔뻔하기까지 한 기만술, 사기꾼들의 직업적인 거짓말, 멍청이들의 자기도 기억 못하는 거짓말 등에서 나타나듯 인간의 역사는 기만과 거짓말의 역사이다. 거짓말 때문에 인간은 성공적으로 생존해 왔고, 상당 부분 기만을 통해서 사냥하고, 수명을 연장하고, 부를 거머쥐고 영토를 넓히며, 경쟁자를 제거해 왔다. 거짓말을 지어내고 가장 잘하고 속이는 것을 가장 많이 연습하는 존재도 자연에서는 오직 인간뿐이다. 실로 인간은 늘 속여 왔고 지금도 속이고 있다. 큰 과장 없이도 거짓말이나 속임수는 곧 인간의 표식이자 지문이라고 말할 수 있다.

인류의 역사에서 일상적인 국면이기는 했지만, 속임/기만의 희생자들 중에서도 가장 안타까운 경우들을 꼽아 보자면 거의 마지막으로 의지하고 신뢰했던 소위 종교지도자들/영적지도자들과 그들이 가르친 교의들(dogmas and doctrines)조차 진정한 행복, 기쁨, 평화를 누릴 수 있도록 인도해 주지 못하는 것을 뒤늦게야 깨달은 사람들의 경우가 포함될 것이다. 그나마 가장 큰 기대를 하고 가장 진정성 담긴 신뢰를 바쳤음에도 또 하나의 속임에 당한 것이나 다름없다고 결론 내리지 않을 수 없게끔 오랜 종교생활 후에도 구원의 확신도 없고 실존적인 기쁨이나 행복감이나 평화로움도 없이 모호함과 낭패감과 불안함속에 남겨진 사람들(아마도 당신과 나 그리고 우리시대의 대부분의 종교인들.)은 가장 크게 속은 사람들의 한 예들이라고 해도 과언이 아닐 것이다.

'없는 것/가짜로 보태진 것/그림자(이것은 환상의 정의이다.)에 **속아 넘어가는 것**이 우리의 죄책감, 두려움, 고통, 슬픔, 번민, 공격, 방어, 판단, 원망, 갈등의 원인이다. 분리가 있는 듯 보이고, 갈등과 전쟁이 있어 보이며, 온갖 고통들과 한계들이 있어 보인다. 우리가 세상에서 배운 것, 우리의 직업, 집안, 친구들, 재산, 종교와 교리들, 오래 투자한 신념과 사업, 장기간 쌓은 경력, 자식 같은 것들이 우리에게 자기가 누구인지에 대한 개념을 형성하고 자아이미지를 만들어서, 자신이 정말로 누구인지를 기억하지 못하고 우리의 거룩함을 받아들이지 못하게 만든다. 게다가 교묘하게 자신을 스스로 속이는 상황까지 일어난다. 이런 것들이 우리가 행복과 기쁨과 평화를 누리지 못하게 하는 이유로 작용하는 것은 물론이다.

이런 현상들의 뿌리에 있는 공통된 원인은 우리가 속았다는 사실이다. 요컨대 '진짜가 아닌 것' 혹은 '실재가 아니라 거짓인 것'에 **속아서** 그것들이 참으로 존재하고 실재하며 진리라고 잘못 믿는 것이 우리가 행복과 기쁨과 평화를 누리지 못하고 사랑의 현존을 누리지 못하는 이유인 것이다.

그렇다면 환상이 우리를 **기만하는 것에 더 이상 당하지 않는 것**이 바로 깨어남, 깨달음, 진리의 수용, 속죄의 받아들임이라고 할 수 있을 것이다. 그러므로 구원(용서, 기적, 치유도 마찬가지이다.)은 우리의 상상, 우리가 만든 이미지, 우리가 꾸는 꿈과 그 안의 사건과 인물들에 **더 이상 속지 않는 것**이다. 이런 이유로 겉모습(appearance)에 속지 않는 것은 우리가 천국으로 되돌아가는 여정에서 매우 중요한 의미를 지닌다. 바깥에 보이는 것의 의미는 역전되어야 한다. 아래와 같은 것들이 더 이상은 **우리를 속이지 못하게 해야만** 구원을 얻을 수 있는 것이다.

- 몸, 세상
- 죄, 죄책감, 두려움, 희생, 고통, 어둠, 질병
- 시간, 지옥, 에고, 지각, 보이는 것(sight)
- 슬픔, 분리, 벌, (최후의) 심판
- 죽음, 결핍, 손실, 필요(death, lack, loss, needs)
- 바깥에 있는 것(what is outside you)
- 변하는 것, 상처받을 수 있는 것
- 만들기(making), 우리가 만든 것, 상상한 것(imaginings)
- 외견상의 특별함이나 특별한 것(큰 것, 많은 것, 성공적인 것, 풍요로운 것 등)
- 형식, 형상, 구상, 우상, 상징

- 조정[an adjustment(죄의 또 다른 정의), grandiosity(허장성세)]
- 자아(the self)
- 물질: 차, 집, 옷, 돈, 음식
- 육체적 차원의 이성
- 사랑이 아닌 생각
- 명예, 욕망, 권력, 특별함의 욕구, 지식, 지성
- '좋은' 생각, '훌륭한' 생각, '위대한' 생각, '세상을 구하는' 생각
- 의식: 'domain of the ego'(에고의 영역) '공중무색 무안계 내지 무의식
  계'(《반야심경》)
- 실재세상: 이것조차 실재는 아니다.

> **워크북 240:1** Fear is deception. (두려움은 속임이다.) Not one thing
> in this world is true. (이 세상에 있는 것 중에 단 하나도 참이 (진짜
> 가) 아니다.)

> **워크북 323:2** We are deceived no longer. (우리는 더 이상 속지 않
> 는다.)

> **워크북 특별주제 3.** 세상이란 무엇인가? 2. 두려움이 상징으로 나타
> 난 것이 세상이다.

결국 **세상은 속임**이다. 세상은 참되지도 실재하지도 않고 때로는 허울이
좋을지는 몰라도 결국은 가짜인 환상인 것이다.

워크북 240:1 가짜인, 이 세상의 어떤 것이 겉에다 두르고 나타나는 형상은 의미가 없다. 그 형상은 단지 너 자신의 고유한 환상들을 증언해 줄 뿐이다.

우리가 가진 특유의 환상들이 세상에서 그 형상들로 나타날 뿐이다. 그리고 우리는 멍청하게도 스스로가 만든 환상들, 실재도 아닌 그것들이 변장한 모습에 **속아서 두려워할 뿐**이다.

워크북 240:1 Let us not be deceived today. (*오늘은 속지 말자.*)

텍스트 21:46 *너는 여전히 에고에게 가끔 속는다. 하지만 네가 보다 제정신인 순간에는, 에고의 호통에도 공포에 떨지 않는다. … 남은 값싼 장신구 몇 개*(a few remaining trinkets)*가 여전히 반짝거리며 너의 눈을 사로잡는 듯하다. 하지만 너는 그것들을 갖기 위해 천국을 "팔지는" 않을 것이다.*

속지 않는 것이란 바깥만 보이는 상황이나 내면이 숨겨져 있는 상황을 보고 속아 넘어가지 않는 것을 의미한다. 그 누구도 몸으로 보면서 속지 말아야 하고, 그 누구라도 신성을 내면에 숨기고 있는 것에 속지 말아야 한다.

속는 것이란 자신과 타인과 모든 생명이 영임을 기억해 내지 못하고 몸이라 믿는 것이다. 자신과 남을 몸이라고 보고 속지 않으려면 판단하거나 공격하거나 계획하지 말아야 함은 수차례 강조되었다. 지각은 판단이 내재되어 있기에 본래적으로 판단한다(텍스트 3:51). 판단은 공격을 낳고 공격은 방어하기인 계획하기로 인도한다. 그러므로 속지 않는 것이란 판단, 공격생각, 계획하기를 멈추고 자신을 포함해서 그 누구도 몸으로 보지 않는 것이다.

아무도 몸으로 보지 말아야 한다. 몸이 보이고, 몸으로 한 행동이 기억나도 속지 말아야 한다. 모두를 영으로 보아야 한다. 영인 모습이 기억나지 않아도 속지 말아야 한다.

스스로를 속이기

속임에 관해서 가장 최종적인 분석을 할 때 한 가지 분명히 기억해야 할 사실은 우리가 속는 것은 오직 속는 것을 원할 때만 가능하다는 것이다. 다른 모든 환상처럼 속임이라는 환상/상황도 우리가 지어낸 것이다. 그것은 우연히 혹은 외부의 힘에 의해서 우리에게 닥쳐오거나 일어나는 것이 아니다. 우리가 여전히 마음에서 속기를 원하지 않는다면 속는 일도 일어나지 않는 것이다.

텍스트 30:54 겉모습은 속기를 원하는 *마음만 속일 수 있을 뿐이다.* (Appearances can but deceive the mind that wants to be deceived.)

"우상(환상)이 주는 것을 전혀 *원하지 않는다는 결정을 우리가 내릴 때*"(30:54) 우리는 영원히 속지 않게 된다.

텍스트 1:43 Holiness can never be really hidden in darkness, but *man can deceive himself about it.* (사람은 자신의 거룩함을 실제로

어둠 속에 감출 수 없지만, 이에 대해 *자기 자신을 속일 수는 있다*.)

텍스트 7:74 환상들은 투자다. 그것들은 네가 *가치를 보는 동안만* 지속될 것이다. (Illusions are investments. They will last *as long as you value them*.)

환상에 속는 모든 경우는 사실은 우리가 **우리 스스로를 속이는 것**이다. 마치 우리가 투자하고 있던 주식 종목이 더 이상 수익이 나지 않아서 가치를 볼 수 없을 때는 매각(손절)하고 잊어버리는 것처럼 우리가 가치를 보지 않는 환상들은 사라진다. 우리가 에너지를 공급하지 않기 때문에 지속되지 못하는 것이다.

환상들은 **우리가** 원하기 때문에 **우리가** 원하는 동안만 존재한다. 그렇기 때문에 우리가 천국/용서/치유/기적/구원을 진정으로(wholeheartedly) 원하고, 무엇보다도(above all) 원하며, 성령께 나머지 여정을 인도하시도록 위임한다면 '즉각' 천국과 구원은 우리의 것이 된다. 천국에 도달하기 위해서 시간이 아니라 용의가 필요하다는 가르침의 의미가 이것이다. (love waits on welcome, not on time.)

우리가 아직 가치를 느끼기에 환상이 존재하지만 우리는 다른 핑계를 댄다. 너무 교묘한 속임수에 당했다고 하면서 형제를 원망하는가 하면 결코 성공할 수 없는 수준의 환상제거계획만 짜고서는 미적거린다. 자신을 속이는 것에 관해서는 우리는 다 계획이 있는 듯 보인다.

진리를 찾고 구원을 모색하더라도 일단은 몸도 말을 잘 듣고 멘탈도 그럭저럭 받쳐 주는 동안에는 남들에 뒤쳐지지 않게(?) 세상 재미도 틈틈이 볼 계획.

남의 우상은 예리하게 비판하더라도 내가 몰래 만들어서 경배하는 우상들은 가능한 한 우아하게 이름 붙이고 피치 못할 것인 양 포장할 계획.

우리 힘으로 어지간한 것들은 해결해서 독립적이고 자율적이고 자유로운 존재로 스스로를 믿으면서 내세울 계획.

세상에서 이익이 되는 다른 것들에 관해서는 잘 알아듣고 눈치도 빠르면서 진리는 잘 못 알아듣는 척할 계획.

배운 진리도 자주 잊을 계획.

진리가 일상의 습관까지 만들지 않도록 연습까지 하지는 않을 계획.

가끔 병에 걸려서 몸에만 집중할 계획.

출세해서 세상의 시급한 문제들을 해결하는 중요한 역할을 하느라 바깥에 올 인(all-in)할 계획.

세상의 대의들은 하느님의 뜻이나 마찬가지라 주장하면서 세상을 뒤집어 개혁해서 천국을 만들려는 계획.

치유가 생긴 이후에도 다시 아프게 될 계획.

아주 작은 일부는, 남몰래 그리고 종종 나도 몰래, 남겨 놓지만 나머지는 다 용서할 계획.

외부 상황에는 더 이상 안 속아도 자신에게는 속게 되는 그런 계획을 짜고는 자신의 의도를 꽁꽁 숨겨 놓을 계획.

진리를 거의 다 받아들이지만 아주 깔끔하게 완전히는 받아들이지 않을 계획.

바쁘신 성령께 누가 될까 염려해서 사소한 것들은 내가 처리하려고 맡기지 않고 크고 중요한 일만 성령께 의뢰할 계획.

구원과 새로운 선택에 대한 용의가 완전해지기 전에는 내지도 않을 계획.

주변의 일들, 나라 일들, 사회의 일들의 상태가 이러저러하고 어떠해야 한다고 원망하고 고집하면서 환상을 실재로 만들 계획.

이루어지지 않는 꿈을 안타까워하고 팔자를 원망하며 꿈을 실재로 만들 계획.

스스로 계획해서 성령께 덜 짐이 되고 치유를 늦추려는 계획.

역사적으로 어리석었던 인간들에 비해서 판단을 좀 더 잘하게 되어 꿈의 내용을 보다 세련되고 내놓을 만한 것으로 만들어서 구원에 일조할 계획.

원수들에게 복수하면서 적폐를 차단한다는 명분을 내세워 나름의 사회정의를 구현하면서 사회구원을 해낼 계획.

좀 더 늙어서는 몰라도 항상 '아직은' 흥분과 재미를 평화보다는 더 쫓아다닐 계획.

세상이 허무하게 느껴질 즈음에 새롭게 가슴 뛰게 만드는 새로운 우상을 지어내어서 몰두할 계획.

자신이 지은 환상들과 우상들 앞에서 절하기 놀이와 그것 지켜보기가 조금 지겨워지면, 다시 새로운 공공의 적을 만들어 내고 또 없애느라 참자아나 전일성을 잠시 뒷방으로 물러나게 하고 가두어 둘 계획.

그렇게 해서 바깥과 안으로 주의의 초점을 끊임없이 변화시켜서 그 변화무쌍한 재미와 역동성에 흥분해서 살 계획.

기적수업 같은 것을 발견하면 진리에 대한 유려하고 절절한 설명에 너무나 감탄한 나머지 연습하는 것은 슬쩍 잊을 계획.

나를 실망시킬 줄은 정녕 몰랐던 특별한 사랑도 내가 지어내었음을 잊고서 마음의 허전함과 쓸쓸함을 씻어 내지 못한 채 내내 가슴에 안고서 살아갈 계획.

용서하는 것에 성공하더라도, 끝까지 간직해서 이생을 떠날 때 은밀하게 가지고 갈 몇 가지 용서할 수 없는 것들의 리스트를 마음 가장 깊은 곳에 숨기고 아무에게도 들키지 않고 살아갈 계획.

여기 이 세상에서는 용서가 제일 어렵고 중요하다. 그러니 특별히 무얼 하려고 애쓰지 말고 단지 용서만 하라는 얘기는 수업이 늘 하는 얘기라고 가볍게 보고 지나칠 계획.

기적수업을 공부해도 남다르게 특별히 잘해서 영원무궁토록 하늘의 별같이 빛나려는 계획.

거대한 것, 비싼 것, 특별히 예쁜 것, 오랫동안 투자한 것은 용서하기 유난히 힘들어하면서 기적의 난이도를 정립하고, 환상의 정도를 구분하며, 드물게 사랑의 최대치를 받을 자격을 갖춘 아주 희귀한 인간을 찾아 계속 헤맬 계획. (**텍스트 1:1, There is no order of difficulty among miracles. *All expressions of love are maximal.*)

등등….

결국 우리가 속는 것은 속기를 원하기 때문이다. 천국으로의 귀향을 아직은 망설이고 있기에 사실 우리는 자기 '스스로'를 속이고 있는 것이다. 얼마나 오래 속을 것인가라는 문제에 있어서 관건은 우상(우리가 스스로 지어낸 각양각색의 환상)을 여전히 원하느냐 아니냐이다.

우리의 귀향은 우리가 지어내고 그 앞에서 (남몰래 그리고 아마도 가끔은 자기 자신도 모르게) 절하고 있는 우상의 크기만큼 지체된다. 우리의 시간 안, 삶 속에서의 고통도 그 우상의 역사와 그것을 숭배하는 열심에 비례해서 지속되고 커진다. 그러므로 속임을 경계하되 과연 누가 누구를 속이는 것인지는 늘 주의 깊게 지켜보아야 한다.

> **워크북 131:5** 하느님의 아들은 헛되이 구할 수 없다. 비록 그가 억지로 지체하고, 스스로를 속이며, 자신이 구하는 것이 지옥이라고 생각할지라도 말이다. 그는 틀렸을 때 교정을 발견하고, 길을 잃고 방황할 때 자신에게 주어진 과제로 인도되어 돌아오게 된다.

> **워크북 128:2** 네가 여기서 가치를 두는 것들은 전부 너를 세상에 옭아매는 사슬에 불과하다…. *더 이상 속지 말라.* 네가 보는 세상에는 네가 원하는 것이 아무것도 없다.

에고는 세상을 만들어 내고서 사회, 경제, 정치, 문화, 교육 등 거의 모든 세상 삶의 영역에서 우리가 그 안에서 경험하는 것이 실제이고 배우는 것이 진리라고 믿도록 기만의 구조를 장악하고 속임의 콘텐츠를 완성했다. 세상이 다양한 교육과정들을 통해 전수해 주고 학습시키는 가치관들, 믿음체계들, 상징체계들, 아름다움의 위계들을 진리인 것으로 믿고 의심하지 않고 받아들이는 것이 '성공적이고 풍요로운' 삶의 기초가 되었다. (이글스가 〈호텔 캘리포니아〉의 한 구절에서 노래하듯 우리 의식은 '메르세데스 벤츠'와 '티파니'에 의해서 상당히 지배된다.)

이런 상황에서 기적수업이 비전의 조건으로 항상 강조하는 '사고의 역전'을 가진다는 것은 우리가 당연한 것으로 받아들이던 세상의 규범들과 가치들에서 어떤 특정한 방법으로 벗어나는 것을 포함한다. 그것은 또 아무런 의심도 가지지 않은 채 늘 속아 지내던 다양한 삶의 상황들에서 벗어나서 더 이상은 속지 않는 것이라고도 할 수 있다. 환상들을 용서하고 꿈에서 깨어나, 세상이 가르쳐 준 상징들(주로 돈, 권력, 명성, 환락의 상징들과 상품들을 포함하는)에 더 이상 집착하지 않고 더 이상 속지 않을 때 사랑과 진리와 천국과 신의 참모습이 드러나기 시작한다. 구원(깨달음)은 기만과 그 효과들로부터 해방되어서 더 이상 속아 살지 않는 것이다.

속임에 대해서 1
- 두려움과 관련한 속임수(워크북 240:1)

워크북 240:1 두려움은 속임이다. (Fear is deception.)

오늘의 워크북이 선언하듯 두려움이 속임수라면 우리가 현재 가진 두려움이 증명하는 것은

① 우리는 과연 지금도 속고 있다는 사실과
② 두려움의 상징인 세상을 우리는 너무나 사랑하기에 두려움에서 벗어나지 못하고 있다는 사실이다.

우리는 세상 안에서 살면서 늘 두려워한다. 바로 그 두려움의 크기만큼 우리는 세상을 사랑하고, 세상을 실재한다고 믿고 아끼는 만큼 그것이 지닌 광기로 인해 더 두려워한다. 두려워하는 만큼 환상을 만들어 내고, 환상을 사랑하는 만큼 스스로 만든 것에 속아서 또 두려워한다.

에고는 태생이 실재가 아니고 가짜이기에 살아남으려면 속여야만 한다. 약한 군대는 정상적으로는 강한 군대를 상대할 수 없는 것처럼 에고는 항상 우리를 속여야 유지된다. 수업이 세상에 있는 우리의 상태, 즉 우리의 꿈꾸는 상태를 묘사할 때 전반적으로 속고 있다고 하는 이유이다. 에고가 사실은 하느님의 아들인 우리를 망가뜨리기 위해서 쓰는 가장 광범위한 전략이 속이는 것임을 기억해야 한다.

텍스트 2:20 네가 두려워할 때마다 너는 속은 *것이다.*

텍스트 8:41 모든 *기만*을 *뒤로하고* 너를 붙잡아 놓으려는 에고의 모든 시도들을 넘어서 가라.

텍스트 10:84 너의 형제에 대해서 속지 말고 그가 가진 사랑하는 생각들만 그의 실재인 것으로 보라.

텍스트 9:54 너의 장엄함은 결코 너를 속이지 않을 것이지만 너의 환상들은 항상 *너를 속일 것이다.* 환상들은 기만들이다.

두려움은 아주 크게 성공적인 속임(기만)이다. 이 세상에 있는 어떤 것도 실재하지 않지만 우리는 세상의 그 무엇인가에 대해서 늘 두려워한다. 그러므로 두려움은 몹시 찬란한 기만이 아닐 수 없다. 우리는 두려워할 이유가 없지만 그 가짜 형상만 보고도 두려워하면서 속는 것이다.

> **워크북 240:1** Fear is deception. (두려움은 속임이다.) Let us not be deceived today. (오늘은 속지말자.)

같은 취지로 (속지 말라는 의미로) 기적수업의 서문은 수업 전체를 요약한다.

> Nothing real can be threatened.
> Nothing unreal exists.
> Herein lies the peace of God.
> 실재인 것은 위협받을 수가 없고
> (실재가 아닌 것에 늘 위협받으며 두려워하며 살지만)
> 실재가 아닌 것은 존재하지를 않는다.
> 여기에 하느님의 평화가 있다.

실재가 아닌 두려움은 그것이 아무리 다양하게 위장을 하더라도, 세상 속에서 무엇인가로 나타날 때 그 변장한 모양이 때로는 아무리 무섭더라도 사실은 존재하지조차 않는다. 그것은 단순히 가짜일 뿐이다. 그래서 수업에서 그것은 이미지, 그림자, 상상의 소산물 등이라 불린다. 우리가 스스로 두렵다고 정의하고 두렵다고 믿을 때만 유지되는 가짜일 뿐이다.

그리고 우리가 만든 '고유의 환상들'이 세상에서 모습을 지니고 나타날 때 우리 스스로가 그것에 속아서 두려워하는 것이라면, 속는 것의 진짜 원인은 에고가 기만을 시도할 수 있게끔 '우리 특유의 환상들'(우리가 너무나 원하는 것들, 사랑하는 것들, 자랑스러운 것들, 용서할 수 없는 것들, 집착을 멈출 수 없는 것들 등)이라는 원재료(**텍스트 27:18, '의미 없는 꿈의 재료인 직물들'** the fabric of a senseless dream)를 제공한 우리에게 있다고 할 수 있다.

그러므로 이제는 더 이상 속지 말자. 아니, 더 이상 **스스로를 속이지 말자.**

두려움이 존속되는 기간에 대한 기적수업의 가르침들의 시사점은 다음과 같다.

워크북 특별주제 3. 세상이란 무엇인가?
2. 두려움이 상징으로 나타난 것이 세상이다.

세상은 자신을 낳은 생각이 소중히 여겨질 때까지만 남아 있을 것이다. 세상은 두려움이 나타난 상징이므로 세상은 곧 두려움이라 할 수 있다. 이 세상/두려움의 존속기간은 우리가 그것을 **소중히 여길 때까지**이다.

텍스트 7:74 You made perception, and it must last as long as you want it. Illusions are investments. They will last as long as you value them. (지각은 네가 만들었기에 네가 그것을 원하는 동안은 반드시 유지된다. 환상들은 투자들이다. 그것들은 네가 *가치를 두는 동안은* 유지될 것이다.)

지각의 존속기간도 우리가 그것을 원하는 동안이다. 환상들(두려움, 지각, 세상, 질병 등)의 존속기간은 우리가 그것들에 **가치를 두는 동안**이다.

교사매뉴얼 5. 어떻게 치유가 일어나는가?
2. 질병으로 고통을 받는 자가 자신의 고통에서 더 이상 아무런 가치
도 보지 않는 바로 그 순간 치유가 일어난다.

질병의 존속기간도 우리가 그로 인한 **고통에서 가치를 보면서 그것을 원할 때까지**이다.

위의 인용된 가르침들이 비교적 명확하게 보여 주는 것은 바로 이것이다.

우리는 속지 말아야 한다. 그러나 우리가 속는 이유는 다른 이유가 아니라 우리 스스로가 아직은 **속아서 지내기를 원하기 때문**이다. 달리 표현하자면 우리가 아직은 우리 스스로가 만들어 낸 고유한 환상들을 완전히 포기하기는 원하지 않기 때문이고, 아직은 모든 것을 완전히 용서하고 싶지는 않기 때문이다.

이제는 "우리는 속지 말자."의 의미를 좀 더 깊이 그리고 정직하게 숙고해 볼 때이다. 결국 늘 그랬듯이, 바깥에 있는 온갖 속이는 형상들을 이제는 제쳐 두고 다시 내면으로 돌아가야 한다. 과연 우리는 정말로 더 이상은 속기 싫은 것일까?

"마음에는 원이로되 육신이 약하도다!"라며 마음은 속기를 원치 않지만 연

약한 육신으로 인해 늘 속는 것을 한탄하는 신약성서 사도바울의 지적은 과연 정확하고 적절한 것일까? '개똥밭'이지만 그래도 좀 더 세상 안에서 구르게 해 주는 '온갖 속임수들'이 사실은 우리 스스로 '탄생시킨 환상들'은 아닐까? 그래서 그 속임수들이 사실은 못내 사랑스러운 것은 아닐까? (그렇다면 '우리'에게, 사랑이란 과연 무엇일까?)

정말로 더 이상은 속기가 싫다면 바깥에서 구하는 것을 그치고 내면으로 가야 한다. '밖에서 구하기를 그치는 것'은 우선 내가 만든 세상과 내가 태어나게 한 모든 환상들을 용서하는(놓아 보내는, 포기하는) 것이라고 내면은 알려 줄 것이다. 그리고 '속죄를 받아들이는 것'에 대해서 조용히 그러나 끈질기게 속삭여 줄 것이다. 아직도 구원과 속죄를 받아들이지 않고 있다면 그것들이 시간이 오래 걸리거나 획득하기 어려워서가 아니라 **아직은 우리가 원하지 않기 때문**이라는 것을. 우리는 아직도 **꿈들과 환상들과 세상을 원하기 때문**이라는 것을….

속임에 대해서 2
- 사랑과 관련하여 속임수의 교묘함에 대하여

> 용서에 반영되어 있는 사랑만이 (거룩한) 진정한 사랑이다. (워크북
> 352:1, '이곳에서 용서에 반영되어 있는 사랑')

용서만이 형제/상대의 진정한 모습을 보게 해 준다. 용서 외에는 형제의 거룩함이나 온전함이나 완벽함을 보게 해 줄 수 없다. 그래서 용서하지 않고도 사랑할 수는 없다. 진정한 사랑은 먼저 용서하고 난 후에야 가능하다. 그런

의미에서 우리가 누군가를 사랑한다고 믿을 때 그 사랑은 성령의 도움이 없는 한은 (성령의 온전함이 우리에게 도움을 줄 때만 가능한 성령의 용서가 반영되지 않는 한은) 에고의 사랑, 즉 거룩하지 않은 사랑/특별한 사랑임에 틀림이 없다.

오직 성령만이 우리의 용서를 참되게 만든다. 우리가 이를 악물고, 참고 애쓰며 어떻게든 해 보려는 용서는 그 에너지가 보존되어 언젠가는 형식, 모습, 소리, 생각, 감정, 반응으로 떠오르고야 말기 때문이다. 이런 용서가 에고의 용서계획에 의한 용서라고 불리는 이유이다.

오직 성령의 도움으로만 우리의 에고적인 용서가 진정한 용서가 된다. 그렇다면 땅 위에서 진정한 사랑(특별한 사랑이 아닌 거룩한 사랑)은 오직 용서에만 반영되어 있다. 그러므로 진정한 사랑은 성령의 도움으로만 가능하다. 믿음과 은혜의 영역이지 우리의 애씀과 노력과 힘듦임의 영역이 아니다. 용서만이 혹은 오직 하나님의 성령만이 우리로 하여금 '모두에게' '모든 것'을 줄 수 있게 만든다. 이런 용서에 반영된 사랑만이 거룩한 관계/진정한 사랑을 보여 준다. 참으로 용서할 때만 즉 자기가 지어낸 것을 상대하는 것임을 알 때만 더 이상 속지 않을 수 있다. 우리 힘으로 애쓰고 있는 것 자체가 여전히 속고 있음을 보여 준다⋯.

노력하되 애쓰지 말라.
하려불필.
You need be neither careful nor careless. [너는 걱정할 필요도 없고 무심할 필요도 없다. (텍스트 5:90)]

How do you overcome illusions? Surely not by force or anger nor by opposing them in any way. [환상은 어떻게 극복되는가? 분명히 힘이나 분노로, 혹은 환상에 어떻게든 반대함으로써 극복되는 것이 아니다. (텍스트 22:45)]

사랑을 함에 있어서도 마찬가지이다. 누군가를 사랑하고 있는가? 여전히 그 모습, 형상, 감정, 생각, 행동, 반응에 어떻게든 반응하고 있는가?

속아서 애쓰고 상대하고 있는 한은 사랑하는 것이 아니다. 자신 안의 참모습인 사랑, 진정한 정체인 사랑을 다시 발견하고 그것을 밖으로 투사해 주는 그런 사랑으로만 누군가를 사랑할 수 있다. 자연스럽고, 무의식적으로 일어나며, 전혀 애쓰지 않고도 나누어지고 방사되는 사랑이다.

속임에 대해서 3
- 속인다는 것은 무엇인가? 1

우리가 진리를 수용하는 단계에서 더 이상 진행하지 못하도록 에고는 애쓴다. 이런 에고의 특징은 속이기이다. 에고는 실재하지 않기에 사실은 전혀 자체의 힘이 없다. 단지 우리를 속여서 우리가 부여하는 힘으로 존재하기 시작했고 지금도 지속을 유지한다. 정말로 강한 자는 속이지 않고도 싸워서 이길 수 있을 것인데 에고가 우리를 속이지 않고는 유지되지 않는다는 사실은 에고의 전적인 무력함을 입증한다. 오로지 속여야만 우리를 상대할 수 있는 것이다.

속임의 다양한 기술들(기만이 일어나는 방법들)

(1) 우리가 사소해 보이는 문제들은 혼자 힘만으로 직접 해결하려고 하는 것

성령에 맡기지 않고 우리의 힘만으로 어떤 일정한 문제들은 해결하려는 것이 속임수에 당하는 것이다.

♦ 인습적 지혜:
"좀스럽게 굴지 말고 어지간한 것은 네가 직접 해결해라."
"최소한의 양심은 있어라."
"잔칫집에 초대받아 갈 때는 조그만 선물 하나라도 들고 가라."

♦ 역전된 사고:
길거리 사람들을 데려다 잔칫상에 앉히는 왕의 비유, 선물도 축의금도 없이 결혼잔치에 와 주기만 해도 좋다는 혼주. (실제 진정한 부자들의 잔치.)

우리가 스스로의 힘만으로 일정 부분은 해결하려는 것은 환상의 정도, 기적의 난이도를 인정하는 것, 즉 환상을 실재로 만드는 것이다. 성령을 신뢰하지 않거나 아예 엮이기 싫어하는 것(한 번 엮이기 시작하면 죽같이 살아야 할까 봐 지속적인 관계와 헌신을 두려워함.)이다.

(2) 그래도 좀 더 어여쁘고 좀 더 나에게 도움 내지 이익이 되는 인간에게 떡 한 개라도 더 주려는 성향

"각자에 걸맞는 대우가 공평하다" 즉 상황에 따른 차별대우와 선호주의 (favoritism)는 정당한 것이라는 사회통념과 주류 가치관

오히려 상식과 사회적 관습에 더 가까운 것이라고 할 수 있는 차별적 대우 (각자에게 받을 자격이 있는 것을 주는 것)가 속임에로 인도한다.

◆ 인습적 지혜:
"what's wrong with it?" (뭐가 잘못이야?)

사랑의 표현들이 늘 최대치로가 아니라 계산을 해서 각 인간의 수준에 맞게 표현됨. (일체성, 동등성, 전일성 무시, 눈에는 눈, 특별한 사랑의 원리)

◆ 역전된 사고:
선한 사마리아인의 비유 "모두에게 최대치의 사랑을 주라."

(3) 지각의 사용(난이도 인식, 정도 구별, 중요성, 필요성, 심각성 결정)

판단을 위해서 지각, 특히 보이는 것들과 들리는 것들을 사용하는 것이 기만/속임으로 이끈다.

비록 기적에는 난이도, 등급이 없지만 우리의 지각은 그 진리를 못 받아들이게 만든다. 보이는 것 들리는 것 또 만져지는 것이 습관적으로 우리에게 보고하는 것은 난이도, 등급들, 간격들의 확실성과 진실성이다. 비록 황금 보기를 돌같이 하라는 진리를 받아들이고도 더 큰 돈이나 이권이 걸려 있으면 포기하기 더 어려워하고, 모두의 일체성 동등성 전일성을 믿지만 더 아름다운 미인이라면 유혹에서 뒤돌아서기 더 아쉬워한다. 용서를 믿고 삶의 원칙으로 삼았더라도 부모의 원수이거나 너무 큰 모욕감을 남긴 인간이라면 여전히 그냥 웃어넘기거나 잊기는 어렵고, 가장 예쁘고 영리한 데다 자기까지 빼닮아서 아끼는 자식은 다른 누구보다, 그 무엇보다 놓아 보내기 더 힘들어한다.

그러나 출신조차 믿을 수 없고, 결론에 이르는 과정이나 모양새도 일정하지도 않은 데다가, 스스로도 항상 속아 넘어가는 특성을 가진 지각을 믿기는 어렵다. 그리고 이런 지각을 근거로 내린 판단이 정확할 가능성은 없다.

여기서 우리는 믿음의 도약 혹은 흔들리지 않는 알아차림이 필요하다.

텍스트 1:1 기적에는(환상에는) 난이도(정도) 없음. 사랑은 늘 최대치로 표현됨.

난이도가 없기에 우리의 용서는 진실로는 어떤 경우에나 마찬가지로 쉽다. 어떤 어려워 보이는 상황이라도 기적은 항상 일어날 수 있다. 아니 이미 늘 거기에 있다.

치유도 구원도 언제나 즉각적이다. 시간이 걸리는 것이기에 기다릴 필요도 없고 여러 단계의 어려움을 하나하나 차례로 극복(이를테면 꿈에서 깨고 꿈을 꾸지 않아야 할 상황에 꿈의 주인공으로서 꿈속의 문제들을 하나라도 더 해결해서 치유와 구원을 얻겠다는 노력을 기울이기)할 필요도 없다. 그렇게 하는 것은 바로 기적의 난이도를 믿고 환상의 정도를 인정하는 것이다.

·

모든 환상은 단 하나이다. 지각이 하는 짓에 속아서 처절하게 싸우려할 필요가 없다. 어떤 환상을 보든지 단지 실재가 아님만 기억하면 된다. 환상(그리고 그것의 용서인 기적)에는 더 크거나 더 복잡한 것이 없고 기적에는 더 어렵거나 더 큰 것이 없는 것이다.

난이도의 정도 확립과 환상의 수준들의 부여 그리고 최대치로 표현하지 않는 사랑(용서를 미루게 만드는 지각의 최종 기술들)

만약 기적의 난이도, 환상의 정도를 믿으면 사소하다 여겨지는 문제들은 성령께 맡기지 않고 직접 해결을 시도하다가 어김없이 환상에 얽혀 든다. 자기 힘으로 환상을 상대하려는 것은 환상이 쓰는 가장 고난도의 기술에 이미 걸려든 증거이다. 혼자서 다 해결하려는 것은 그리 멋있지도 지혜롭지도 않다. 그리고 속은 줄도 모르고서 속는 것이다.

지각은 의지할 것(인습)을 만들어 내어서 우리를 기만한다

우리 지각이 익숙한 것을 찾는 것은 의지할 수 있어서이다. 혹은 역으로 오랜 기간 동안을 항상 의지해 왔기에 그런 의지가 없어진다는 생각은 기초가 흔들리는 것 같은 느낌을 주고 존재 위협을 느껴서이다. 오래 의지해 와서 익숙한가 하면 익숙해서 오래도록 의지해 왔다. 의지함이나 익숙함이 주는 안락함, 편리함, 예측 가능함으로 우리는 인습들을 만든다. 그것들은 어느 정도의 기간 동안 확실성을 주는 반면 진리의 발견, 진실에 직면하기는 안전하게 느끼는 경계 밖으로 나가게 만든다. 자존심 영역이나 자신의 이야기나 자신의 경계선 밖으로 나가야 하기에 불안, 불편, 고통스러움, 자존감의 파괴, 기억하기 싫은 사실들을 상기하기와 같은 불편을 감수해야 한다. 진리를 보기 원하는 한은. 계속 개똥밭에 굴러도 이승이, 지금 이런 삶이 좋은 이유다. 지각이 또 한 번 우리를 속이는 양상이다.

(4) 판단의 사용

판단이 사용되어서 사소함과 거대함(만족과 불만, 미와 추, 선과 악, 빛과 어둠, 장과 단, 대와 소)을 정의하고 결정짓는다. 이렇게 보다 중요한 일, 심각한 일, 필요한 일이라는 환상의 수준과 정도와 등급이 생긴다.

a. 판단의 이유

모든 동물은 움직여야 먹고산다. 우리도 행동하고 무엇인가 해야만 몸에 최소한의 필요를 공급하고 살 수 있다. 그러자니 판단해야 한다. 우리를 몸으로 지각하는 한은 판단은 불가피하다. 상대(먹이)의 거리, 속도, 무게, 모양새, 크기, 냄새, 움직임, 태도, 눈빛, 숫자 등을 끝없이 판단 분석 재평가하는 습관은 동물의 모습과 몸으로 세상에 온 인간의 숙명이다. 게다가 먹는 것이 다가 아니다. 마음의 갈등, 허함, 죄책감과도 싸워야 한다. 그러자니 또 무엇인가 해야만 채우고 잠재우고 씻어 낼 수 있다고 믿는다. 물론 자기 상황을 유지하거나 개선하려는 이런 계산조차도 하나의 판단이다.

보다 적극적으로 행복을 지키고 증대시키자는 판단을 하고 보니 또 무엇인가 추가로 더 해야 그것에 의지해서 행복이 좌우된다. 그것이 행복과 복지를 보장하는 듯 보인다. 할일은 끝이 없고 그 리스트를 방어하고 정당화하기도 끝이 없다.

단지 존재함을 알면 하느님의 거룩한 아들이라는 뜻의 일부인 '아무것도 할 필요 없음'을 이해할 수 있다. 먹는 것이나 희생이나 죄사함에 행복이 좌우 되는 존재가 아니니 방어가 필요 없고 특별히 무엇인가를 하지 않아도 된다.

b. 판단이 불가능한 이유

모습들과 소리들(sights and sounds), 즉 지각이 사용되어서 판단에 이른다

지각의 부정확함은 바른 판단을 저해하고 속임이 가능하게 만든다. 그러므 로 환상(속임)의 반대는 환멸이 아니라 실재(진리)이다. 진리를 만날 때 진리 앞으로 환상이 가져와질 때 '환상이 멸'(dis-illusion-ment)한다. 속이는 것과 판단은 모습과 소리에 대한 것, 즉 아무것도 아닌 것(환상)에 대한 것이다.

"소리와 분노로 가득하나 아무 의미도 없다." ("Full of sound and fury, signifying nothing.", 셰익스피어의 Macbeth에서 맥베스가 내리는 인생에 대한 평가)

c. 판단의 오류

판단이 늘 오류인 이유의 상당 부분은 뇌가 작동하는 원리와 관계가 있다. 우리의 마음과 뇌가 근사치의 어림짐작일 뿐이고 오류인 이야기를 만들어 내기는 피할 도리가 없다. 달리 말해서 속임과 연관된 우리의 판단이라는 것은 원천적으로 정확할 수가 없다.

> 제대로 판단하려면 훨씬 더 많이 알고 더 정확히 알아야 한다. 그리
> 고 전체를 알아야 한다. 그러므로 우리가 제대로 판단하는 것은 불
> 가능하다. (교사지침서 10. 판단을 어떻게 포기하는가?)

(5) 기만에 넘어가는 또 다른 이유 - 오직 부정적인 생각이나 죄만 환상이라 여김

워크북 107:1 진리가 우리 마음의 모든 잘못들을 교정한다.

우리는 죄나 공격생각이나 원망이나 분노와 같은 부정적인 것들만 사라져야 할 환상이라고 생각하는 경향이 있다. 그러나 우리 마음의 모든 실수들(all errors in our mind)이 환상이다. 왜냐하면 마음의 에러들(실수들 혹은 잘못들)이란 단지 부정적인 생각, 감정, 결과들만이 아니라 환상인줄로 알아차려지지 않은 채로, 우리가 그 진짜 정체를 인식 못한 채로 우리 마음에 남아 있는 모든 환상들이기 때문이다. 그러므로 진리의 교정 대상은 죄만이 아니라 모든 에러들(errors, 잘못들 혹은 실수들), 즉 모든 환상들이다.

그 환상들은 모든 형상들과 소리들(shapes and sounds), 생각들, 감정들, 의식의 작용들을 포함한다. 열정, 열심, 소망, 욕망, 애착, 추구, 선호처럼 전혀 부정적이지 않게 들리는 작용들이 포함되지만 그것들이 사라지지 않고 남아 있는 한 우리는 속지 않을 수 없다. 심지어 *'나쁜 생각'*이 아닌 *'좋은 생각'*

마저도 '실재 생각'(real thoughts)이 아니기 때문이다. (워크북 4:2에 나오는 'good thoughts' 'bad thoughts' 그리고 'real thoughts' 참조) 실재생각 이외에는 다른 어떤 생각도 환상으로서 우리를 속인다. 세상과 몸과 시공간 속에 더 오래 묶어 놓아서 귀향을 늦출 뿐이다.

(6) 에고와 마케팅의 속임 기법의 유사성

우리가 원하는 것이 있을 때 바로 그 마음의 소망이 어떤 상품의 가치를 인지하게 만든다. 환상이 나타나고 상황들이 펼쳐지는 것도 마찬가지로 기본적으로 우리가 원하는 것을 스스로가 지어낸 결과를 보는 것이다.

a. 상업주의(상품의 구매와 소유가 평화와 행복과 기쁨의 역할을 하리라는 믿음)와 그 기본 심리인 비교와 용서

b. 우상숭배의 패턴들

우상은 어떻게 만들어지나? 무엇으로 속이나? (상업주의, 비교, 비뚤어진 보상)

c. 마케팅/속임수의 심리학적 바탕들 - 비교, 보상

비교하기를 멈추지 못하고 자신의 결여에 대한 보상을 원하는 우리 마음의 특성이 마케팅과 속임수가 통하게 하는 심리적 바탕에 있다.

◆ 비교:

- Keeping up with the Joneses(친구들 사이에서 꿀리지 않게 살기).

- Peer pressure(동료들에게서 느끼는 압력).

- 동창회의 진실 - 사교계의 내막 - 내가 (사회경제적으로) 어디쯤 있는지 확인하기는 역시 비교하기이다.

사랑은 비교하지 않는다. (Love makes no comparisons. 워크북 195:4) 그러나

텍스트 4:32 에고는 글자 그대로 비교에 의해 살아간다. (The ego literally lives by comparisons.)

◆ 보상:

보상의 왜곡된 이미지들은 보상을 바라는 마음이 늘 동반하는 부작용을 보여 준다.

- 나의 결여를 채워 줄 자식.
- 나의 부족을 보상해 줄 남편.
- 나의 무식을 가려 줄 집과 자동차와 보석.
- 나의 허약함을 잊게 해 줄 모임과 권력.
- 나의 절망감과 무력함을 보지 않게 해 주는 쾌락과 마약.

이것들은 보상을 위해서 우상이 된 자식, 남편, 자동차, 집, 보석, 권력, 이성, 리비도, 약물이다.

d. 속이기와 관련하여 필요한 교정

속이는 에고 혹은 악마에 대한 적절한 이해가 필요하다.
공중권세 잡은 막강한 사탄 vs. 단지 속이기만 할 수 있는 허당
(지각과 우상의 신학에서 앎과 실재의 신학으로 진화할 필요가 있다.)

약한 군대가 자기보다 훨씬 강한 상대를 만나서 이길 수 있는 방법은 힘으로 부딪쳐서가 아니다. 단지 잘 속여 넘기는 경우에만 약한 군대는 이길 기회가 있을 것이다. 에고가 우리를 속인다는 사실이 보여 주는 것은 에고는 사실은 전혀 힘이 없다는 것이다. 이런 에고의 허약함의 증거는 '공격'의 습성에서도 드러난다.

> **텍스트 23:1** 나약함을 가리려고 공격이 사용하는 힘의 과시는 나약함을 감출 수 없다.

> **워크북 323:2** 우리는 더 이상 속지 않는다. (we are deceived no longer.)

종래의 기독교신학이나 그 밖의 이원론적 종교들의 신학에 따르자면 악 혹은 악마는 실재이다. 우리의 두려움이 만들어 낸 이미지, 상상물, 그림자, 투사물, 믿음일 뿐이라는 기적수업의 가르침과 달리 강력하며 하느님과 대적할 정도로 엄청난 세력을 가진 일종의 신적인 존재이다. ('공중권세 잡은 사탄') 인간과는 아예 차원이 다른, 막강한 힘을 가진 존재인 것이다.

에고는 단지 우리를 속이기만 한다는 사실이 바로 우리의 구원의 실마리이다. 진짜로 힘이 있다면 속이려고 할 것이 아니라 당당하게 싸워서 이기고 지배할 것이기 때문이다.

속임에 대해서 4
- 속인다는 것은 무엇인가? 2

(1) 에고와 마케팅의 유사성 - 진짜가 아니지만 속여 넘기기

가짜 모습, 가짜 가치 vs. 실재의 총체성

에고와 마케팅은 둘 다 겉치레에 관한 것이고 허장성세이며 자기 내면이 아니라 남에게 보여 주는, **'외부에서의'** 과시와 관련된 것이다. 그것들은 또한 진정한 행복이나 평화의 대용품 역할을 떠맡긴 '우상'이나 '상품'에 관한 것이다. 이를테면 사치품 마케팅의 진면목은 **'내면의'** 깊은 욕망의 대리충족을 시도하는 것이다. 현란한 마케팅 작업을 통해서 멋진 상품에 대한 구매와 소유가 진정한 행복이나 평화를 대신해서 채워 줄 것이라고 우리가 믿게 만드는 이 내면의 욕망은 그 뿌리가 에고의 두려움에 닿아 있다.

워크북 304과. 지각은 거울이다.

에고/마케팅은 근본적으로 환상이고, 기본적으로 부풀려진 것이다. 그래서 에고도 마케팅도 자체가 가진 진정한 힘이나 과시하고 주장하는 만큼의 매력은 없기 때문에 우리를 속여야만 제 일을 할 수 있다. 광고가 그러하듯 흔히 힘

없음의 특징인 메시지 사용의 반복으로 지각하는 자를 세뇌하기를 시도해야 할 정도로 마케팅이나 에고는 사실은 무력하다. 반면에 실재는 그것 이외의 모든 것이 가짜이고 무가치함을 드러나게 만드는 진리이다. 진리는 스스로 말하기에 아무런 표현을 할 필요도 수사를 사용할 필요도 없이 조용하다.

우리의 마음은 그것이 가진 내재적인 한계나 생리로 인해서 실재와 가짜를 동시에 사랑하기는 힘들다. 이런 맥락에서 "네 모든 것을 다 버리고 나를 따르라."라는 신약성서 예수의 가르침이 제시된다. 그리고 이 가르침은 늘 '모든 것을 버리고 예수/진리/하느님을 따르는 삶'이란 어떻게 사는 것을 가리키는가 하는 질문을 일으킨다.

비록 남들처럼 세상의 일을 하며 살지만, 여전히 "응무소주 이생기심," "하려불필"

"모든 것을 다 버리고 예수를 따르는 삶"이란, 요약하자면, 그냥 카르마가 펼쳐지는 그대로 지켜보면서, 물론 외면하지는 않은 채, 자신의 삶을 살아 내는 것이다. 이 삶은 욕망의 대상으로의 삶이 아니라 그냥 지켜보기의 관조적이고 초월적인 삶을 말한다.

그래서

'응무소주 이생기심'(아무것에도 집착함 없이 그렇게 마음을 내어라.《금강경》)
Seek Ye first the Kingdom of God. (너희는 먼저 그의 나라를 구하라. 신약성서)

Be Vigilant only for God and His Kingdom. [오직 하느님과 그의 나라에만 주의를 기울이라. (텍스트 6:85)]

Use all the little names and symbols which delineate the world of darkness. Yet accept them not as your reality. [어둠의 세상을 묘사하는 그모든 하찮은 이름들과 상징들을 사용하라. 하지만 그것들을 너의 실재로 받아들이지는 말라. (워크북 184:11)]

라는 가르침들은 모두 같은 얘기를 우리에게 전하고 있다.

Vigilance(경계하기, 주의집중)는 곧 초점을 어딘가에 두기이다. 우리 마음의 생리상 실재와 환상의 두 차원 모두에 진정으로 초점을 두기는 불가능하다. 그러므로 기적수업에서 등장하는 Vigilance(주의하기)라는 것은 오직 하느님에 대해서만 초점을 두기를 가리킨다.

이것은 세상일에 대해서는 완전히 신경을 끄거나 무시하거나 회피하라는 말과는 거리가 멀다. 겉으로 보기에는 남들과 다름없이 세상일을 하고, 또 시민으로서 남들처럼 참여도 하며, 보통 사람과 별다르지 않게 살지만 진정한 마음의 주의집중은 오직 빛/진리/영원/천국과 같은 실재차원에만 하면서 살라는 것이다. 위에 인용한 'Use all the little names and symbols of the world without accepting them as your reality.' 혹은 'Be neither careful nor careless.'(텍스트 5:90, 걱정을 하지도 무심하지도 말라.)가 바로 이것을 가르친다.

워크북 164:1 그리스도는 무의미하고 바쁜 *세상이 쏟아내는 소리를*

들기는 하지만, *아주 희미하게 듣는다*. 그 모든 것 너머로, 그리스도
는 천국의 노래와 하느님의 음성을 더 뚜렷하고 더 의미 있고 더 가
깝게 듣기 때문이다.

무의미한 세상의 소리를 듣기는 듣되 '아주 희미하게'(faintly) 듣는 것, 그
너머로 진정 의미 있는 천국(실재, 진리, 하느님)의 소리를 더 뚜렷하게 듣는
것은 금강경에서 말하는 '응무소주 이생기심'의 지경이다. 세상에서의 삶에
자연스럽게 참가하되 결코 집착하지는 않는 이런 모습은 **차분한 이마, 조용**
한 눈빛, 보다 자주 웃기'라는 특징으로 묘사되기도 한다(워크북 155과).

기다리고 기다리던 음악의 첫 소절이 황홀하게 들리기 시작할 때 더 이상
스피커의 잡음에 신경이 가지 않게 되는 것이고, 그리스도로서의 아름다움을
볼 때 그/그것의 외양이나 행동은 더 이상 아무런 의미도 가지지 않게 되는
것이다. 그것들은 '아무것도 아닌 것', nothing이다.

(2) 보다 교묘한 속임수의 보기

대체적으로 속임이 일어나는 모습들은 다음과 같이 요약할 수 있다. 환상
의 특징이라고 할 수 있는 속임의 주된 양상들이다.

① 질병, 고통, 쾌락 등으로 자신은 **몸이라는 믿음**을 (다시/더 강하게) 갖게 됨.
② 인생에서의 여러 모양의 **왜소함**에 자연스럽게 잠식되어 **동화**됨. (판단,
   두려움, 옹졸함, 복수심, 질투, 비교, 원망, 복수, 공격, 방어 등)
③ 어떤 사안에 대해서 너무나 당연히 어떠해야만 한다고 믿으면서 확신을

가지고 **판단함 그리고 공격함**.

④ 멋지고 아름답다고 여기거나 더 키울 가치가 있다고 믿어서 **투자**하게 됨.

⑤ 너무 좋아하는 것을 영구화하고 싶어지고 마침내는 **집착**하게 됨.

⑥ 대상을 여러 차원과 국면과 난이도와 수준과 정도로 **구분을 짓고 등급을 나눔**.

⑦ 단지 상징일 뿐인 것을 좋아하다 못해 급기야는 **상징(우상)을 사랑함**. (**특별한 사랑,** 사람이나 사물의 **특별함**에 매료되어서 **우상**으로 만듦.)

텍스트 30:40 우상에 대한 모든 추구 뒤에는 완성에 대한 열망이 있다. 온전성은 제한되어 있지 않기에 형상이 없다. 너 자신을 완전하게 만들기 위해 *자신에게 덧붙일 특별한 사람이나 사물을 구하는 것은 단지 네가 어떤 형상을 잃었다고 믿고 있음을 의미할 뿐이다. 너는 그것을 찾아냄으로써 네가 좋아하는 형상으로 완성을 이룰 것이다.*

⑧ 특별한 사랑의 역으로 누구인가 혹은 무엇인가를 **너무 경멸하거나 증오함**. (**특별한 증오**)

⑨ 감정의 미묘한 변화와 극적인 부침으로 열정을 쏟고 흥분하면서 자기의 감정과 생각과 믿음과 신앙고백을 **절대화함**.

이런 속임의 유형들에 더해서 '혼자의 힘만으로' 혹은 '스스로' 무엇인가를 해내려는 것이나 '나는 무엇인가 해야 할 일이 있다'고 생각하는 것도 **아주 교묘한 속임수**에 넘어가는 방식임을 이해해야 한다.

삶은 끊임없이 우리를 유혹하여 우리로 하여금 삶의 시간 선을 따라서 갖은 모습의 우상들을 그때마다 지어내어 경배하게 만든다. 또 다양한 사건들로 분노하게 하거나, 연속하여 우리를 매혹적인 상들에 집착하게 만든다. 요컨대 실재에 대한 주의를 유지하는 것 자체가 결코 쉬운 일이 아니다. 그리고 그런 존재가 자신이 아니고 자신이 지어낸 것에 불과하다는 진리를 조금만 방심해도 잊기가 쉽다. 이렇게 속임은 대체로 교묘하게, 속는 것임을 눈치채기 몹시 어렵게 일어난다.

그러나 닦을 것이 아예 없고('본래무일물' - '본래 아무것도 존재하지 않는다.' 중국 선의 6조 혜능의 선시에서), 실재는 총체적이기에 (달리 말해서 몸은 환상이며 실재 이외의 다른 어떤 것도 모두 다 환상이기에.) 오직 실재에만 Vigilance(주의)를 주어야 마땅한 것이 세상에서의 삶이다. 그렇다면 "세상에서 꼭 내가 (내 몸으로) 해야 할 일은 없다."는 명제가 성립된다(I need do nothing). 또한 내가 앞장서서 할 일은 아무것도 없고 오직 성령이 앞서게 하고 나는 따르기만 해야 한다(워크북 155). 이 아이디어는 내가 해야 할 일은 없고 성령이 앞서서 인도해야만 구원이 가능하다는 사실에 초점을 두기에 기본적으로 "나는 아무것도 할 필요가 없다."(I need do nothing.)라는 가르침의 재확인이다.

결국, 성령의 인도함 없이 내가 "스스로 또는 혼자서 무엇인가 하려는 것"이나 "나는 무엇인가 해야만 할 일이 있다."고 생각하는 것은 *아주 교묘하게 속는 것*이다. 이런 생각은 우리로 하여금 계획을 짜도록 만든다. '계획하기'가 얼마나 교묘한 속임수인지에 대해서는 워크북 136과에서 설명하고 있다.

워크북 136:15 그러나 계획하기를 방어수단이라고 인식하는 경우는 드물다.

* 나는 아무것도 할 필요가 없다(I need do nothing.)의 2개 차원의 의미.

① 하느님이 창조하신 그대로인 (거룩함을 여전히 지닌) 나는 구원을 위해서 몸을 사용해서 하는 일은 아무것도 할 필요가 없다.

② 내가 해서는 오히려 일을 그르치거나 될 일이 없기에 하느님과 성령이 앞서게 해야 한다.

6

진리 수용의 단계들

우리를 늘 '속여 넘기는' 에고는 너무나 잘 위장하고 있고, 강력하며, 때로 아주 매력적이기까지 한 생생한 환상을 사용하기에 그 모습에 당하지 않고 잠에서 깨어나는 것은 결코 쉽지가 않다. 대부분의 경우에 에고에게 더 이상 속지 않고 깨어나는 것은 **진리를 수용하기 위한 점진적인 단계들을 하나씩 하나씩 다 거치고 나서야만 가능해 보인다. 강력하고 영리한 에고의 속임에 더 이상 당하지 않고 진리를 완전히 수용하게 되기까지는 몇 단계**의 과정이 필요한 것으로 수업은 묘사하고 있다.

1) 진리 수용의 5단계

(1) 진리의 수용과정 5단계의 이해(워크북 284:1)

Such is the truth. — 진리란 그런 것이다.
① at first to be but said - 처음에는 진리에 대해서 말하기만 하다가
② and then repeated many times - 여러 번 되풀이해서 진리에 대해 말하

다가

③ and next to be accepted as but partly true with many reservations - 못
받아들이는 것도 많지만 그래도 일부는 진리인 것으로 받아들이다가

④ Then to be considered seriously more and more, - 점점 더 진지하게 진
리를 숙고하다가

⑤ and finally accepted as the truth. - 마침내 전적으로 진리를 수용하기.

우리가 진리를 추구한다고 하면서 어떤 양상을 스스로 보이고 있는지에 대
해 몇 가지 흥미로운 점들이 지적된다. 과연 우리는 진리에 대해서 '말만 하는
지' 아니면 그 말이라도 '자주 되풀이해서 하는지' 혹은 약간 더 나아가서 진리
에 대해서 '전부는 아니지만 최소한 일부는 진리로 받아들이는지' 또는 '점점
더 진리에 대해서 심각하게 사유하고 성찰하고' 있는지를 돌아보게 해 준다.

결국 우리가 진리를 최종적으로 받아들이는 것은 말만 하는 단계를 넘어
서, 자주 되풀이해서 말하는 단계도 넘고, 심지어 많은 유보조항들을 남겨 둔
채로 부분적으로만 진리를 받아들이는 정도를 지나서, 점점 더 진리에 대해
서 진지하고 심각하게 사유하고, 묵상하게 되는 (이 과정은 응당 모든 것의
시작인 자신의 내면에 대한 깊은 성찰을 동반할 것이다.) 수준마저도 초월했
을 때임을 알 수 있다. 이때는 우리가 진리를 사랑하게 되어 진리를 전적으로
그리고 최종적으로 받아들이게 되는 때이다. 이때는 우리가 다시 진리이고
사랑이 되는 때일 것이다.

그때 우리는 마침내 세상의 환상이라는 '감옥'을 떠나서 유일한 실재인 '힘'
을 우리 것으로 요구할 것이다(워크북 197:2). 이미 모든 환상(죄, 죄의식, 몸

이라는 믿음, 고통, 고난, 물질, 애증, 집착, 중력, 시공간, 판단, 공격, 복수, 비교 등으로 상징되는)의 감옥을 떠난 우리에게 구원은 더 이상 죄의식과 연관된 것일 이유가 없다. 실로 구원은 자유인 것이다.

(2) 진리 수용의 5단계의 심층 분석

Such is the truth — 진리란 그런 것이다.

a. at first to be but said - 자신의 선택으로 진리에 대해서 들어 보기/공부하기

(주로) 자기가 알던 세상이 망가지고 무너지는 경험을 통해서 어느 정도 물질세계의 한계와 허망함을 깨달은 사람은 물질차원을 초월하는 정신세계에, 더 나아가서는 종교나 특정 종교의 교리들을 초월하는 영적인 진리의 차원에 관심을 가지게 된다. 진리에 대해서 들을 첫 기회는 종종 이렇게 주어진다. 또 어떤 사람들은 유난히 '진리' 혹은 '사랑'이라는 말에서 크나큰 파동을 전달받기에 열심히 진리를 찾고 구하러 다니거나 공부하기도 한다.

b. and then repeated many times - 교사가 도움을 주는 단계(반복적인 공부와 들음)

진리에 대한 관심을 가지고서 애쓰다 보면 도반들과 교사들을 만나게 되는 일은 드물지 않게 일어난다. 비슷한 파장을 내는 사람들은 서로 알아보고 비슷한 관심사와 열정의 대상을 가진 이들은 결국 만나게 된다. 단 만나는 이들이 참된 도반들이나 교사들이 아닌 경우는 진리로 나아가는 길에 오히려 혼

란이 일어나고 여정이 지체되기도 한다.

c. and next to be accepted as but partly true with many reservations -
배운 것에 대해서 아직 전적으로는 아니지만 부분적으로 수용하기

이 단계에서는 '총체적용서'까지는 아니라도 용서와 구원의 관계를 이해하고 그 발견에 기뻐하며 자신의 삶에서 부분적으로는 용서를 진리로서 받아들인다. 그러나 여전히 많은 용서의 예외들('여전히 반짝이고 눈을 사로잡는 것 같은 남은 몇 개의 값싼 장신구들' 텍스트 21:46)을 마음속에 지니고 유지한다.

d. Then to be considered seriously more and more - 용의와 선택을 유지하면서 버티기/배운 것에 대해서 점점 더 많이 고민하고 숙고하기

이 단계를 거쳐서 부분적인 수용이 **전적인 수용으로 변화**되기 시작한다. 전적인 수용은 전적인 용서를 의미하는데 용서는 반쯤만 임신하는 경우가 불가능하듯 총체적이기에 용서하거나 하지 못하거나일 뿐임을 받아들이는 것이 전적인 용서의 첫걸음이다.

텍스트 19:100 완전히 용서하기 전에는, 여전히 용서하지 않은 것이다. (Before complete forgiveness, you still stand unforgiving.)

교사지침서 13:7 너는 천국을 부분적으로 포기할 수 없다. 너는 지옥에 조금만 있을 수 없다. 하느님의 말씀에 예외란 없다.

e. and finally accepted as the truth - 여태껏 유보해 둔 것들에 대해 믿음으로 '모두' 예외 없이 수용하기의 단계이다

일체성의 수용/하나임(oneness)의 이해, 즉 특별성의 포기가 진정으로 시작되고 일어난다. 이해는 되나 완전히 못 받아들인 진리의 가르침과 원리들이 통합되기 시작한다.

- 용서(환상 너머를 보기), 기적을 주기, 구원, 치유.
- 판단하지 않기, 다가오는 불확실성에 대해 계획하지 않기, 공격생각 지니고 있지 않기(위 워크북 136:21 인용 참조).
- 사랑하기, 하느님의 선물 기억하기.
- 하느님의 기억 되살리기.
- **일체성**(oneness) 받아들이기.

일체성은 '분리가 없다'는 의미이다. 그래서 일체성을 받아들이는 것은 자신의 거룩함을 확인할 때 오직 형제에게 주는 것(형제에게서 보는 것)만을 통해서 하는 것을 의미한다. 형제를 몸으로 보지 않고(**아무도 몸으로 보지 말라, 워크북 158:8**) 그의 거룩함만 봄으로써(그리스도의 비전으로 봄으로써) 그와 나의 동등성(equality)과 모두의 일체성을 확인하는 것이다. 주는 것만 자기 것이고 형제에게서 보는 것은 자기 안에 있기 때문이다.

일체성을 받아들이는 것은 또한 기적과 구원에 있어서 '아무도 제외시키거나 남겨 놓지 않는 것'으로 '천국의 정의, The justice of Heaven'(**텍스트 25:83, 기적은 어떤 자에게는 주고, 그보다 덜 가치 있고 더 저주받아서 치유에서 제**

외된 자에게는 주지 않는 특별한 선물이 아니다. 구원의 목적이 특별성의 종식이거늘 그 누가 구원에서 분리되어 있을 수 있겠는가?)를 드디어 받아들이는 것이다. 이것은 천국의 온전성(wholeness)의 설명이기도 한데, 이런 일체성의 수용이 있을 때 '행복, 기쁨, 평화의 **총체성**'이 가능해진다. 드디어 **어떤 환상에도** 믿음을 주지 않는 때이고 **어느 형제에게서도** 오직 그리스도의 얼굴만 보는 때이기 때문이다.

> **텍스트 31:97** *단 하나의 환상도 믿지 않고, 누구에게든 그리스도의 얼굴을 가릴 단 한 점의 어둠도 남아 있지 않습니다.*

> **워크북 107:2** *마음에 환상이 없다면 과연 어떤 상태일지 상상할 수 있겠는가?*

우리가 완전한 용의를 내기 위해서 성령이 주도하고 돕는 것이 필수적인 것과 마찬가지로 일체성을 받아들이는 단계인 마지막 5번째 단계와 관련해서도 성령/진리/내 안의 빛이 주도적이어야 한다.

> **워크북 155:10** *믿음으로 뒤로 물러나 진리로 하여금 길을 인도하게 하라. 너는 네가 어디로 가는지 모르지만, 그것을 아시는 하느님이 너와 함께 가신다.*

> **워크북 156:6** *이것이 바로 구원이 작동하는 방식이다. 네가 뒤로 물러날 때, 네 안의 빛이 앞으로 나서 세상을 품어 안는다.*

구원(속죄, 거룩한 순간, 기적, 용서, 치유)을 얻기 위해서 우리가 앞장서서 주도하거나 우리만의 힘으로 하려할 때 하느님(성령, 진리, 빛)은 우리 의지와 반대로 우리를 도울 수 없다. 하느님과 함께 걸으면서 완벽한 거룩함을 발휘하기 위해서는 **우리는 뒤로 물러나야** 한다. 그때만 성령이 앞으로 나설 수 있다. 그러지 않으면 성령은 인도하실 수 없다. 단지 **작은 용의**만 지닌 채로 뒤로 물러나서 성령의 인도를 *허용해야* 한다.

이렇게 단지 말하기에서부터 최종적으로 받아들이기까지의 5단계가 설명된다. 단지 말하는 것을 듣는 것조차 누군가가 그 말을 해야만/전해야만 가능하다. '세상을 구하는 것'이라는, 수업에서 자주 등장하는 표현은 이렇게 진리에 대해 '말하는 것'(전하는 것)이 그 출발점이라고 볼 수 있다.

> **로마서 10:13-15.**
> 13. 누구든지 주의 이름을 부르는 자는 구원을 받으리라.
> 14. 그런즉 그들이 믿지 아니하는 이를 어찌 부르리요 듣지도 못한 이를 어찌 믿으리요 전파하는 자가 없이 어찌 들으리요
> 15. 보내심을 받지 아니하였으면 어찌 전파하리요 기록된 바 아름답도다 좋은 소식을 전하는 자들의 발이여 함과 같으니라.

(3) 진리의 5단계 수용과정에서 당신의 현주소는 어디인가?

이 질문에 대한 답은 "내가 해야 할 일은 무엇인가?/나에게 필요한 것은 무엇인가?/나는 누구인가?"에 대한 자신의 답과 같다.

I need do nothing. I need nothing. I am not a body./나는 아무것도 할 필요가 없다. 나는 아무것도 필요한 것이 없다. 나는 몸이 아니다. 이것들이 당신의 답인가?

혹은 반대로,

집, 차, 생활비, 옷, 권력, 사치품, 약, 섹스, 배우자, 애인, 지식, 깨달음, 해탈…이 필요한 나.

공부, 모임, 명상, 호흡, 극기, 절제, 성실, 정직, 부지런한 추구, 절차탁마, 수련, 연습, 비우기…가 필요한 나.

진리의 학생, 영혼의 안내자, 권력가, 부자, 영적지도자, 양심의 상징, 시대의 희망, 민중의 구원자, 빈자들의 옹호자, 학대받는 자의 수호자, 의적, 목자, 양들의 인도자… 내가 되어야 할 사람.

양아치, 산적, 소매치기, 청부폭행자, 살인청부업자, 용역깡패, 꽃뱀, 돌쇠, 건달, 불한당, 양아치, 도둑, 전과자, 야심가, 변태성욕자, 기회주의자, 양들을 껍질 벗기고 약탈하는 자, 포주, 마약유통업자, 마약중독자… 내가 되어서는 안 될 사람.

이것들이 당신의 답인가?

(4) 진리의 수용과정에서 교사의 의미

아마도 진리를 추구하기(seeking)로 시작해서 진리의 완전한 인식을 하게 되는 것이 5단계의 마지막인 '최종적인 진리수용'으로 보인다.

신약성서의 로마서 10:13-15에서 "전하는 자가 없으니 어찌 듣고 듣지 못하니 어찌 구원을 얻으리요?"라며 전하는 자로부터 듣고 배우는 것(그리고 전하는 자)의 중요성을 말하듯 추구로 시작해서 클레임으로, 더 나아가서 '자유와 구원의 결합'에 대한 발견과 완전한 인식으로 발전하려면, 자유는 무엇이고 구원은 어떤 의미인지 그리고 자유와 구원의 힘 있는 결합은 어떻게 가능한지 등에 대해서 일단은 듣고 배워야 가능할 것이다. 바로 여기에 수업교사의 의미 중 하나가 있다고 할 수 있겠다.

7

용의(willingness)
– 작은 용의(the little willingness)

텍스트 9:53 거룩한 순간, 거룩함, 구원, 치유 등이 우리의 용의에 달려 있듯 '에고가 유지되고 살아남는 것도 그것의 생존을 용인하려는 우리의 용의'에만 달려 있다.

텍스트 9:86 실재는 항상 받아들여질 준비가 되어 있지만, 실재를 가지려는 *용의가 있어야* 실재를 받아들일 수 있다.

텍스트 15:12 이 순간을 성령께 드리려는 용의를 내는 방법을 가리키는 데 드는 시간이 이 작은 순간을 사용해서 너에게 천국 전체를 안겨 주는 데 걸리는 시간보다 훨씬 더 길다.

텍스트 15:22 네가 얻으려고 분투하거나 지키겠다고 선택할 수 있는 대안은 왜소함(세상, 두려움, 시간)과 영광(장엄함, 사랑, 용의의 순간)뿐이다. 너는 항상 하나를 포기하는 대가로 다른 하나를 선택할 것이다.

텍스트 15:36 왜소함을 놓아 버리려는 용의가 너의 연습을 결정한다. 위대함이 너에게 분명해질 그 순간은 단지 *너의 열망만큼* 다가올 것이다. (열망은 용의를 나타낸다. 워크북 165:5 "Ask with desire." 열망으로 요청하라.)

텍스트 15:39 마음이 왜소함에서 해방되는 것은 시간이 아니라 *용의에 달려 있다.* (depends on willingness and not on time.)

텍스트 21:23 거룩한 순간은 창조의 순간이 아닌 인식의 순간이다. 인식은 *판단의 중지와 비전*으로부터 온다. 그때서야 너는 내면으로 눈을 돌려 시야에 단순히 나타나 있을 수밖에 없는 것을 아무런 추리나 판단 없이 볼 수 있다. 무효화는 너의 과제가 아니지만, 그것을 환영할 것인지 아닌지는 실로 너에게 달려 있다.

텍스트 12:67 사랑은 시간이 아니라 *환영받기를 기다린다.*

사실을 말하자면, 우리의 구원에 관해서는 용의가 모든 것이다.

마음의 해방, 즉 구원이 시간의 경과가 아니라 용의에 달려 있고 사랑은 시간이 아니라 우리의 환영인사, 즉 환영하려는 용의를 기다린다는 것은 신약성서의 "구하라 그러면 너희에게 주실 것이다. 찾으라 그러면 너희가 찾을 것이다. 문을 두드리라 그러면 너희에게 문이 열릴 것이다."(마태복음 7:7)와 정확하게 궤를 같이하는 메시지이다. 구원과 해방을 얻으려는 용의는 그것을 얻기에 충분한 조건이자 대가이다.

우리에게 있어서 구원(마찬가지로 기적, 용서, 속죄, 치유, 사랑, 기쁨, 거룩한 순간의 경험)의 관건은 단지 우리의 용의뿐이다. 처음부터 권능과 영광의 존재로 창조된, 하느님의 거룩한 아들이라는 우리의 천부적인 지위와 결코 상실되거나 박탈될 수 없는 것이 하느님의 선물이라는 것을 고려할 때, 구원은 우리가 어떤 대가를 치를 때 우리 것이 되는 것이 아니라 원래 우리 것이다.

또한 이미 이루어진 것이기에, 즉 하느님께서 우리 마음 안에서 에고가 생겨난 것에 대한 즉각적인 대응책으로 뜻하신 것이기에 속죄/구원은 그것이 우리 것이 되기를 진정으로 원하는 우리의 용의에만 달려 있다. 그 외에 노력이나 열심 혹은 애씀은 필요가 없다. 용의가 의미하는 우리의 결정만 필요하다. 그 결정은 이제 하느님에 대한 기억, 천국의 기억을 회복하겠다는 결정이다. 그래서 **이 결정을 내리려는 용의가 관건이다.**

> **텍스트 15:43** The necessary condition for the holy instant does not require that you have no thoughts which are not pure. But it does require that *you have none that you 'would' keep.* (거룩한 순간은 우리가 순수하지 않은 생각을 하나도 갖지 않을 때 주어지는 것이 아니라 그런 생각을 단 하나도 *계속 지니고 있지 않겠다*는 용의를 낼 때 주어진다.)

순수하지 않은 생각들은 몸을 가진 우리에게 시간 안에서의 상수일 수 있지만 그런 생각들의 일부를 계속 지니고 있을지 말지는(you have none that you would keep) 우리의 *용의*에 달린 변수이다. 거룩한 순간/구원/기적을 얻는 데 있어서 유일한 변수는 우리의 *용의, 선택, 결정*이라는 얘기이다. ('would'의 의미에 주의)

"Love waits on welcome, not on time."[사랑은 시간이 아니라 환영받기를 기다린다. (텍스트 12:67)]의 의미가 바로 이것이다. 심지어 우리의 용의는 '작은 용의'이기만 하면 된다. 성령의 용의가 우리의 '작은 용의'를 돕기에 우리의 용의는 완전할 필요가 없다. 우리가 스스로의 완전한 용의에 집착함은 교만이다.

용의와 관련해서 '작은 용의'는 성령에게 귀를 기울이겠다는, 우리 용의의 시작을 의미한다. 반면 성령의 '무한한 용의'는 성령이 우리 것을 완성시키는 용의로서 다른 그 무엇보다도 더 신의 평화를 원하는, 즉 오직 신의 평화만을 (다른 것 모두는 환상이므로) 원하는 수준의 용의를 가리킨다. 그러므로 우리에게는 '작은 용의'가 기대되는 전부이고 성령이 돕지 않고서는 우리는 구체적인 마음의 변화를 완전하게 이루어 낼 수 없다. 이 말은 내가 용의를 내고 성령께 요청하는 선택을 하면 나의 할 일은 다 끝난다는 의미이다.

마음을 스스로 고치려고 하는 것은 하느님의 역할을 가로채는 것이기에 마음의 교정을 원하는 **용의**는 우리로부터 나오지만 교정은 성령에게 맡겨져야 한다. 이것과 같은 맥락으로 **텍스트 31:64의 "구원은 너에게 영을 보고 몸을 지각하지 말라고 요청하지 않는다. 구원은 단지 나에게 그러한 것이 나의 선택이어야 한다고 요청할 뿐이다."**에도 우리의 책임은 '용의'와 그 용의의 결과인 '선택'뿐이라는 점이 강조되고 있다.

용의는 받아들이려는 의지 혹은 받아들임을 의미한다. 배우는 것은 노력이고 노력은 '의지'를 의미하므로 우리가 기적수업을 공부하는 것은 결국 우리의 용의를 보여 준다. [Learning is effort, and *effort means will*. 배움은 노력이며, 노력은 뜻을 의미한다. (텍스트 7:21)]

잠시 하다가 포기하는 것이 아니고 지속적으로 수업을 공부하고 연습하는 것은 가르침에 대한 단순한(지적인) 이해하기를 넘어서 구원에 대한 뜻/용의를 가진 증거(받아들이기로 선택한 증거)라고 할 수 있다. 이런 용의가 영원 안에서는 즉각적으로 학생에게 구원과 치유 그리고 기쁨, 행복, 평화를 가져옴은 물론이다. 행복, 기쁨, 평화를 누리기에 있어서 시간 안에서의 지연은 공부를 해 나가는 과정에서 이해되고 용해된다. 학생이 시간의 속성을 꿰뚫어 보고 이해하게 되기 때문이다. 영원의 관점과 배경에서 제한적인 것인 환상은 전적으로 무의미함을 보게 되는 것이다. 성령의 인도함과 도움은 물론 있지만 학생의 입장에서는 용의만으로 충분히 가능해지는 이런 행복, 기쁨, 평화의 향유가 기적수업과 다른 가르침들의 가장 중요한 차이점들 중의 하나이자 기적수업의 독특한 실용적 가치라 하겠다.

워크북 138:5 기적수업을 공부하는 목표와 취지의 설명 - 배워서 선택/결정하는 것이 용의를 보여 준다.

(천국의) 선택은 배움에 의존한다. 그러나 진리는 배울 수 없으며, 단지 인식할 수 있을 뿐이다. 진리를 인식할 때 진리를 받아들이게 되며, 진리를 받아들임에 따라 진리를 알게 된다. 그러나 앎은 우리가 이 수업의 체계 안에서 가르치려는 목표를 넘어선다. 우리의 목표는 그 목표에 어떻게 도달할지, 그

목표는 무엇인지, 그 목표가 무엇을 제공하는지 배움으로써 달성해야 할 교육 목표다.

> **워크북 138:5** 결정이란 네가 배운 것의 결과다. 너는 *너의 정체가 이러한 것이며 너에게는 이러한 것이 필요하다고 진리로 받아들인 것*에 근거하여 결정을 내리기 때문이다. (*Decisions are the outcome of your learning*, for they rest on what you have accepted as *the truth of what you are and what your needs must be.*)

> **워크북 138:9** 천국은 의식적으로 선택된다. 대안들을 정확하게 보고 *이해*하기 전에는 이런 선택을 내릴 수 없다.

우리가 천국을 선택하는 것은 ① 우리의 정체가 무엇인지와 ② 우리의 필요들은 무엇인지에 관한 진리를 받아들인 것에 근거를 둔다. 우리의 참된 정체(하느님의 거룩한 아들이고 몸이 아니고 영이라고 하는 정체성)를 받아들이고 우리의 진정한 필요(오직 속죄를 받아들이는 것: 아무것도 필요한 것이 없다는 진리)를 받아들이려면 진리와 그것을 가리고 있는 그림자들/장막들에 대해서 배워서 선택을 해야 한다. 이런 **선택이(혹은 선택하기로 하는 결정이) 바로 용의**인 것이다.

> **텍스트 24:2** 모든 믿음에는 네가 내리는 모든 결정을 좌우할 힘이 있다. *결정이란 곧 네가 믿는 모든 것에 근거한 결론이기 때문이다.* 결정은 믿음의 결과로서, 고통이 죄의식을 따르고 자유가 죄 없음을 따르는 만큼이나 확실하게, 믿음을 따른다.

이런 맥락에서 볼 때 기적수업에서 우리가 배울 내용은 '우리의 참된 정체'와 '우리가 가진 진정한 필요'(속죄 받아들이기)로 구성되어 있을 것을 짐작할 수 있다.

텍스트 134:18 "in willingness and honesty" (용의와 정직함으로)

텍스트 11:42 For Spirit is will, and will is the "price" of the Kingdom. (영은 의지이고 의지는 왕국의 가격이다.)

이제는 진리를 더 이상 피하지 않으려는 우리의 용의/의지(willingness/will)가 천국을 위해 치러야 하는 유일한 대가이다.

정말로 '작은 용의'만으로 거룩한 순간과 구원이 가능하다면 그 용의란 구체적으로 어떤 것인가?

내가 스스로 나의 용의를 완벽하게 만들려는 것은, 그래서 '완벽한 용의'를 갖추고서 구원이라는 문제에 접근하겠다는 것은 교만함의 소산이다. 내가 변함없이 한결같은 용의(완벽한 용의)를 추구한다면 '성령께 의뢰함 없이 혼자 평화를 성취하려는 생각'이나 우리의 '훌륭한 행위를 사용해서 혹은 적선을 해서 구원을 얻겠다는 생각'처럼 교만이다.

설령 내가 그런 용의를 갖추게 된다고 해도 그것의 가치는 어차피 0점이다. 나의 능력, 나의 선행, 나의 힘으로 구원을 얻거나 구원을 이루는 과정에 도움을 보태려는 것이기에 교만이고 동시에 환상을 재료로 '의미와 가치'를 만들어 내려는 시도이기에 헛된 것이다. 달리 말하자면 내가 만들어 내려는 완벽한 용의는 가능하지도 않지만 나의 최선을 다하더라도 '아무런 의미도 없는 것'이다.

환상은 크든 작든, 아름답든 추하든, 밝든 어둡든 똑같이 '아무것도 아닌 것'(nothing)이다. 환상은 수준이 없고 정도가 없이 똑같이 **'무의미'하고 '무가 치'**하다. 마치 0에다가 1을 곱하건 1,000을 곱하건 항상 0인 것과 같다.

워크북 133 나는 가치 없는 것에 가치를 두지 않겠다. (I will not value *what is valueless*.)

워크북 135:9 가치도 없고 최소한의 방어로 보호할 필요조차 없 는 몸은 그저 너와는 아주 무관한 것이라고 지각하기만 하면 된 다. (The body, *valueless* and hardly worth the least defense need merely be perceived as quite apart from you.)

워크북 133:7 만약 네가 영원히 지속되지 않을 것을 선택한다면 가 치가 없는 것을 선택한 것이다. 일시적인 가치는 가치가 전혀 없다. (if you choose a thing that will not last forever, what you chose is *valueless*. A temporary value is without all value.)

텍스트 1:92 궁극적으로 공간은 시간만큼이나 의미가 없다. (Ultimately, space is as *meaningless* as time.)

텍스트 5:82 시간은 의미가 없다. (Time is *meaningless*.) - 텍스트 6:63 "The body is meaningless."와 비교.

환상이나 꿈속에서 아무리 예쁜 꽃을 얻은들 혹은 꿈속의 상황이 더 또는 덜 멋있어진다고 해서 우리의 참자아나 본성에 영향을 미치지는 않는다. ('몽환허화 하로파착,' '하려불필,' 4조 승찬의《신심명》)

1) '작은 용의'의 특징과 성격

(1) above all(무엇보다 더/먼저, 다른 어떤 것보다 더/먼저)

일상적인 삶에 필요한 것들 중에서도 1순위로, 가장/어떤 것보다 먼저, 모든 다른 것들보다 거룩한 순간/구원/깨달음/진리/도/치유를 우선시하는 용의로, 다른 어떤 것을 포기하더라도 구원을 선택하겠다는 용의로.

텍스트 24:2 이 수업을 배우려면 네가 붙잡고 있는 *모든 가치에 의문을 제기할 용의*가 있어야 한다.

(2) wholehearted(마음을 다하여)

선택을 해야 하는 경우라면 다른 것들을 다 포기하더라도 이것만 선택하려는 용의로. (《논어》의 〈조문도 석사가의〉, 성서의 '모든 재산을 팔아서 보화가 묻혀 있는 밭을 산 사람의 비유', 예수의 새 계명인 "네 목숨과 마음과 정성을 다해서 하느님을 사랑하라.")

두마음을 품다가 그럴 상황이 오면 포기할 수도 있는 수준의 용의가 아닌 변하지 않는 '전적인' 용의로 라는 의미.

◆ 선택의 문제:
- 크고 대단할 필요도 없는 용의
- 성령의 역할과 관련하여 성령이 기능하는 것이 가능하게 허용하는 용의
- 우리는 아무것도 할 필요가 없이 단지 undo 하는 것
- 수행 혹은 변화가 아니라 인식이나 재인식의 문제
- 돈오돈수 vs. 돈오점수

우리가 우리만의 힘으로 하려고 할 때 오히려 불가능해지는 거룩한 순간과 구원(심지어 아무리 작은 일이라도 성령에 전부 위임하지 않고 우리 스스로 하려할 때 평화는 우리를 떠난다.)

용의(willingness, little willingness)는 먼저 사전적 정의상 행동 이전까지를 가리킨다. 엄밀히 말해서 행위를 초래할 순 있지만 포함하지는 않는다. 행위는 acting out, putting into practice, execution(행동하다, 실천하다, 집행하다)의 개념이지만 willingness는 이 단계 이전의 멘탈 부분, 즉 의지의 형성까지를 가리킨다. 이런 사전적인 정의가 수업에서의 용의에도 해당하는 것은 물론이다.

수업에 의하면 구원과 거룩한 순간을 위해서는 행동은 하지 않는 것이 더 낫다. 아니 오히려 행동을 하려는 것은 자제해야 한다. 수업이 누차 지적하듯 우리는 제대로 된 판단을 하는 것이 불가능하고, "I know nothing."이 지

적하듯 '안다는 것.'이 불가능하기에 행동으로 옮기게 되면 오히려 나중에 undo(해제)를 해야 한다. 행동은 하지 않는 것이 오히려 더 나은 것이다.

행동을 하지 않는 것이 필요한 또 다른 이유는 행위는 몸을 쓰는 것이기 때문이다. 이 이유 때문에도 행위는 하지 말아야 한다. 몸을 사용하는 것은 환상인 몸을 실재로 믿는 것이기 때문이다. 그래서 정말로 이해하는 것은 연습도 즉 연습으로서의 행동도 할 필요가 없다는 것[**정말로 이해하는 것은 연습할 필요가 없다. (워크북 9:1)**]이고, 여기서 이해는 앎, 깨달음, 용의, 선택과 같은 멘탈 부분을 가리킨다.

그렇다면 구원/열반에 있어서의 관건은 노력이냐 각성(깨달음)이냐 라는 문제에 대해서도 답을 유추할 수 있다. 노력은 목적의 성취를 위해서라면 마음은 다른 곳에 있더라도 해낼 수가 있는 것이다. 마치 수사를 위해서 범죄조직에 위장해서 잠입한 undercover(위장) 경찰의 범죄가담과도 같이 진정한 범죄를 저지르겠다는 각성과 용의와 선택이 꼭 따라오지는 않으면서도 노력과 행동은 가능하다. 그러나 이런 경우의 노력은 단지 방편이기에 제한적이고 일시적일 것이고 외연의 형상에 불과할 것이다.

각성이 있는 경우라면 위 사례의 같은 범죄자가 자신이 아주 어려서 경찰관 가족에게 입양되고 경찰관의 세계관을 좋아하도록 세뇌 당한 것을 알게 된 (깨닫게 된, 이해하게 된) 이후 자신이 진정한 가족으로 인식하는 범죄자 가족과 평생을 함께하기 위해서 진정한 각성과 용의에 의해서 범죄인생을 선택하는 경우를 상상할 수 있을 것이다. 이 경우라면 그의 진정한 용의가 행위(범죄행위)를 낳는다. 행위는 자연히 동반되겠지만 그의 변화와 행위는 본질적으로는 이해, 각성, 용의, 선택이다.

구원의 진정한 관건이 용의라는 사실은 '마음은 간절한데 육신이 약해서'[Spirit is willing, but flesh is weak. (고린도전서 9:27)] 혹은 '열심히 노력해서 서서히 성화(sanctification)에 이르러 구원된다.'와 같은 성서적인 아이디어의 변명(구원의 열매인 기쁨, 행복, 평화를 지금 여기서 누리지 못하는 것에 대한)이 가치 없음을 강력히 시사한다. 천국(구원, 따라서 행복과 기쁨과 평화)을 누리는 것은 진정한 용의만으로 족하다. 구원을 누리지 못한다면 시간이 부족하거나 몸의 유혹이 너무 강해서가 아니라 '마음을 다한 용의'(wholehearted willingness)가 없어서이다.

(3) 이원성 너머의 용의이다

악을 일단 보고서 용서하겠다는 이원성적 의미의 용의(에고의 용서계획)가 아니라 악은 일어난 적도 없기에 지각(Perceive)조차 하지 않겠다는 용의(성령의 용서계획)를 말한다. 여기서 말하는 '지각'하는 것은 보고서 판단하는 것 혹은 판단을 가지고 보는 것을 의미한다.

> **워크북 198:2** 진리 안에서는 정죄가 불가능하다. 정죄의 영향이나 결과로 보이는 것은 결코 일어난 적이 없다.

> **텍스트 10:76** 네가 지닌 단 하나의 생각도 온전히 참이 아니다.

그러므로 우리의 생각으로 악을 지각하는 것조차도 하지 않겠다는 용의가 필요하다. (마치 '아무도 몸으로 보지 않았던' 그리스도의 비전이 누구에게서도 악의 지각조차 하지 않는 것과 같다.) 죄나 악을 일단 그 속성을 지닌 그대로 지각하여 판단하지만 취사선택을 해서 의식적으로 버리는 것이 아니다. 시선은 가지만 모습을 받아들이지는 않는 것이고, 육신의 눈에는 보이나 의미나 가치를 두지는, 즉 판단하지는 않는 것이다.

> **텍스트 10:70** 우리가 가져야 할 용의와 비전의 차원.
> 실재세상은 실제로 지각될 수 있다. 그러기 위해 필요한 것이라고는
> 단지, 다른 것은 아무것도 지각하지 않겠다는 용의(a willingness to
> perceive nothing else)뿐이다.

실재세상 *이외의 것은 아무것도 지각하지조차 않겠다는 용의가* 필요하다. 또 그러한 비전이 필요하다. 선과 악을 모두 보고 그중 선만 지각하겠다는 이원성적인 수준과도 다르다. 이런 차원은 종교, 도덕의 차원이다. 용서할 것인 악을 먼저 보고서 즉 악을 실재로 만든 후에 용서를 하려는, 에고의 용서계획이 속한 차원이다. 실재가 아닌 것은 아예 지각조차 하지 않는 용의는 환상은 아무것도 아님을, 환상의 세상에서 일어나는 모든 '좋거나' '나쁜' 일은 아예 *일어난 적조차 없음을* 인정하는 용의이다.

좋은 일, 좋은 것, 좋은 생각의 함정(워크북 29:3, 35:5)

실재하는 것으로 믿지 않고 조심하는 데 있어서는 특히 좋은 일로 여겨지는 환상들을 더 조심해야 한다. 그 이유는 나쁜 일로 여겨지는 불행이나 비극과 같은 환상들은 우리에게 그것들에게 속지 않고 실재인 것으로 믿지 말아

야 함을 상기시킬 가능성이 높은 반면에 좋은 일로 여겨지는 성공이나 행운과 같은 환상들은 마음속에서 그것을 즐기고 계속 간직하고 싶어 하는 우리에게 믿는 것이 위험하다는 사실조차 망각하도록 만들기 때문이다.

보편적으로 우리는 소위 '좋은 일'에 관한 한은 그 일을 지속시키거나 확장시키고 싶어 한다. 그러나 소위 '나쁜 일'이라면 그 일과의 단절, 그 일의 제거, 혹은 그 일에 대한 보상받기나 복수하기를 원한다. 결국 두 가지 다를 실재로 믿는 것이고 사안에 따라 특별한 사랑이나 특별한 증오로 대하게 된다. 이 특별함의 존재는 그것을 실재로 믿음을 의미하는 것이고 초연하지 못함이며 웃어넘기지 못하는 것이다. 둘 다가 실재가 아닌 것(not real)을 안다면 이런 특별한 사랑이나 증오로 대하지는 않을 것이다.

좋은 일이나 나쁜 일이나 우리를 속여서 실재로 믿게 하고 우리의 용서를 지연시켜서 평화를 누리지 못하게 함은 마찬가지지만 '좋은 일'은 점잖게 우리를 속임으로써 즉 부드러운 모습으로 우리가 경계를 시작조차 하지 않게 만듦으로써 훨씬 큰 피해를 입힐 수 있다. 불가에서 말하는 악업만이 아니라 "선업도 업이다."는 표현은 이런 차원을 경계하는 것이라 할 수 있다.

이런 의미에서 소위 '좋은 일'이라 여겨지는 인생의 사건들과 경험들이 가진 영적인 의미(그것이 오히려 영적인 혼란을 야기할 가능성을 포함하는 의미)를 얼마나 깊이 이해해서 따르고 배우는 자들에게 경계해 주는지는 어떤 종교나 영적인 가르침이 얼마나 진리에 가까운지와 얼마만큼의 영적인 깊이를 가졌는지를 측정하는 지표가 될 것이다.

텍스트 5:20 노력과 큰 용의가 있어야 되는, 세상에서 성령의 목소리만 듣고 다른 것은 듣지 않기.

텍스트 10:21 완벽할 필요가 없는 용의. (성령의 용의가 완벽하기에)

텍스트 18:35 작은 용의, 단순한 용의.

텍스트 24:40 네가 소망하는 것은 너에게 참이다.

우리가 원하는 것을 우리에게 참으로 만드는 능력이 우리에게 있기에 용의내기가 모든 것이다. 용의가 있으면 결국은 원하는 것이 실제로 이루어진다. 먼저 용의가 있어야 속죄도 구원도 우리 것이 된다. 원하지 않는데도 생겨날 구원은 없다. 기적이 우리에게 주지 못할 것도 없지만 원하지 않는데도 우리에게 일어날 수 있는 기적은 없다.

(4) 용의는 단지 '허용하기'이기에 '작은 용의'라 불린다

우리가 아니라 성령이 구원, 평화, 거룩한 순간을 주도하고 완성한다.

텍스트 18:36-42.
36. 너 자신을 거룩하게 만들려고 시도하지 말라. … 속죄는 자신이 먼저 속죄해야 한다고 생각하는 자들에게는 올 수 없고, 단지 속죄에게 길을 내주려는 *단순한 용의만*을 *제공하는* 자들에게 온다.
37. 나는 하느님의 계획에 그 무엇도 더할 필요가 없다. 하지만 하느

님의 계획을 받으려면, 그 계획을 *나의 계획*으로 대체하지 않겠다는 용의를 내야 한다.

41. 이것을 *너 자신이 주관하려 하지 말라. 너는 발전과 퇴보를 구별할 수 없기 때문이다. 너는 너의 가장 큰 발전 가운데 몇몇을 실패라고 판단했고, 가장 큰 퇴보 가운데 몇몇을 성공이라고 평가했다.*

42. *너의 마음에서 두려움과 증오를 전부 제거한 다음에야 비로소 거룩한 순간에 다가가려고 하지 말라. 두려움과 증오를 제거하는 것은 거룩한 순간의 기능이다. 성령의 도움을 청하기 전에 네가 먼저 너의 죄의식을 간과하려고 시도하지 말라. 그것은 성령의 기능이다. 너의 역할은 단지 성령이 모든 두려움과 증오를 제거하도록 허용하여 용서받겠다는 작은 용의를 드리는 것이다.*

작은 용의와 *성령의 역할*과의 불가분성

우리의 작위/하기(유위)가 아닌 단지 허용하기라서 작은 용의이다. 속죄, 구원, 거룩한 순간의 주도권을 성령이 가지고 있음을 늘 기억하고 우리의 노력이나 행위의 의미를 과장하지 않는 것이 중요하다.

8

행복, 기쁨, 평화의 총체성

당신은 행복하지 않다. 가끔 소소하게 행복할 수는 있겠지만 항상 변함없이, 흔들림 없이 행복하지는 않다.

당신은 기쁘지 않다. 자식이 웬일로 이메일에 빨리 답해 줄 때나 아주 드물게 먼저 전화해 줄 때, 가끔 몇만 원짜리 복권에 당첨될 때, 유효기한 만료 직전의 쿠폰을 발견하고 아슬아슬하게 쓰게 됐을 때, 오랜 친구 중에서 그다지 심하게 '갑질'은 안 하는 녀석이 어쩌다 먼저 전화해서 만나자고 할 때, 건강검진에서 아직 큰 병은 없다는 결과를 들을 때 외에는.

당신은 평화롭지도 않다. 당신의 죄가 영원히 사해졌고 당신의 하는 일들이 신의 축복으로 그득할 거라는 담임목사의 마지막 축복기도를 듣고 교회 주차장에서 차를 뺄 때까지의 짧은 시간 동안 말고는. 주식의 잔고 평가액이 투자액보다 아직은 높은 것을 확인할 때 아주 잠시 동안 말고는. 자식들이 아직 떠나지 않았고 배우자가 아직은 가정을 충실하게 지키고 있을 때, 그리고 아주 가끔 그것이 왠지 감사하게 느껴질 때 말고는.

당신의 평화는 기껏 이런 것들에 달려 있을지도 모른다. 지난 일주일간은 심하게 모욕당하지 않았고, 올해는 크게 사고가 나서 심하게 다친 일도 없고, 최근에는 자식이 큰돈을 달라고 손을 내민 적도 없는 상황이라면, 아마 잠시 동안, 약간의 평화를 누릴 수 있을지도 모른다. 그러나 그 평화는 사실은 진짜 평화가 아니라 일시적인 안도감일 뿐임을 스스로 안다. 이렇게 우리는 행복, 기쁨, 평화를 늘 바라지만 총체적인 행복, 기쁨, 평화는 발견하기가 쉽지 않다.

어차피 죽음으로 끝나는, 삶이라는 것의 내재적인 부조리함, 우리가 속한 사회와 공동체들의 불합리하고 신뢰하기 어려운 구조들, 시간의 비가역성, 노쇠와 상실의 불가피함, 우주 전체의 엔트로피 현실 등이 결코 우리에게 행복, 기쁨, 평화의 총체성을 허락하지 않는 듯하다.

기적수업에서 예수는 이런 난관과 곤경을 해결해 주는 기적수업의 신학과, 이론과, 이론을 삶에 실제적으로 적용하는 연습하기(워크북)를 소개한다.

살아오면서 얼마나 많이,
판단하느라 그리고는 분노하고 그리고는 응분의 공격을 생각하느라,
몸을 돌보고 가끔 만족시키느라,
미래의 시간을 기다리며 초조해하느라,
혹은 과거로 흘려보낸 시간을 곱씹으며 안타까워하고 속 쓰려하느라,
아파서 치료하느라 또 회복해 보려고 애쓰느라….

각종 꿈과 환영들에 속아 넘어가서 허망해하고 원통해하느라,

행복을 보다 완벽하게 지키고 싶어서,

'비극적인 기쁨'과 '고통스런 쾌락들'[tragic joys, painful pleasures, (워크북 131:8)]이 좀 더 커지게 하려고,

평화가 좀 더 오래 지속되게 할 목적으로,

방어하고 또 계획을 세우는지,

생각해 보라.

수업은 이에 대해 예수의 총체적인 해법을 제시한다. 그래서 제2권에서는 제1권에서 다루었던 기적수업의 이론들을 이런 삶의 현실에, 하루하루의 삶에 적용하는 문제에 대해서 다룬다.

예수는 반복해서 말한다. "Do not settle for less than you deserve."(너의 가치보다 작은 것에 만족하지 말라.) "Look no further."(더 이상 찾지 말라.)

> **워크북 107:2** 마음에 환상이 없다면 과연 어떤 상태일지 상상할 수 있겠는가? 그것이 어떤 느낌이겠는가? 어쩌면 1분, 혹은 더 짧은 시간이라도 *너의 평화를 방해하는 것은 아무것도 없으며, 네가 사랑받고 안전하다고 확신했던 순간을 기억해 보라. 그리고 그러한 상태를 시간의 끝까지, 영원까지 확장시키면 어떨 것 같은지* 마음에 그려 보라.

우리에게서 모든 환상들이 사라지고 나면 매일의 우리 삶에는 기쁨, 평화, 행복이라는 실존적이고 실용적인 열매가 맺는다고 기적수업은 약속한다.

그런데 기적수업이 가르치고 이끄는 대로 배우고 따를 때 우리가 누리게 되는 행복, 기쁨, 평화라는 상태에서 무엇인가 아주 조금이라도 부족한 것이 있거나 어느 누구라도 그것을 누리는 것에서 제외된다면 기적수업이 약속하는 치유/용서/기적/속죄/천국/구원/사랑에는 미치지 못하는 것이라고 한다. 총체성이 결여된 행복, 기쁨, 평화인 것이다. 워크북 167:2에서는 평화/행복/기쁨의 총체성이 결여된 상태가 이렇게 묘사된다.

> 모든 슬픔과 상실과 불안, 고난과 고통, 심지어 지루해서 살짝 내쉬
> 는 한숨과 약간의 불편함, 단순한 찡그림조차도 죽음을 인정하며,
> 따라서 네가 살아 있음을 부정한다.

기적수업에서 말하는 행복/기쁨/평화란 슬픔, 상실, 불안, 고통과 아픔은 물론이고 심지어 아주 작은 피곤의 한숨, 아주 작은 불편함 또는 가장 가벼운 찡그림조차 없는 상태이다. 텍스트 15:1은 이렇게도 묘사한다.

> 너는 신경을 쓰거나 걱정할 것이 전혀 없고, 불안해할 것도 전혀 없
> 으며, 항상 지극히 평온하고 고요하게 있는 것이 무슨 의미인지 상
> 상할 수 있겠는가?

이런 수준의 총체적인 평화/기쁨/행복은 텍스트 23:46에서 다시 한번 그 성격이 설명되고 있다. 전쟁터 안에 있는 한은 얻기가 요원한 것으로 묘사된다.

> 휴전을 평화로, 타협을 갈등에서의 탈출로 잘못 생각하지 말라. 갈

등에서 해방되는 것은 갈등이 끝났음을 의미한다. 문은 열려 있으며, 너는 전쟁터를 떠났다. … 전쟁터에는 안전이 없다. 너는 전쟁터 위에서 안전하게 내려다보면서 아무런 영향도 받지 않을 수 있다. 그러나 *전쟁터 안에서는 안전을 전혀 찾을 수 없다.*

휴전이나 타협은 평화가 아니다. 평화는 갈등이 완전히 끝난 것이다. 휴전도 타협도 일단 공격하고서 죄를 보고서 용서하는 것이기에 에고가 용서하는 경우와 같다. 전쟁터 안에 여전히 있으면서 (에고의 용서계획으로 용서해 내려고 시도하면서) 안전이나 평화를 얻은 것으로 착각하면 안 된다. 우리의 총체적인 평화는 "전쟁터 위로 올라가서 내려다보는 것으로만" 가능하다. 사랑이 아니면 살인이다. 중간은 없다. 휴전도 타협도 사랑/평화가 아니다. 모든 것을 완전히 용서하지 않으면, 즉 일부라도 환상을 남기면 평화는 불가능하다. 그런 상태에서는 평화/기쁨/행복의 총체성을 얻을 수 없다.

환상들에 정도/수준이 없고 기적에는 난이도가 없듯이 실재/구원/진리/관계/비전/사랑/용서/행복/기쁨/평화는 정도가 없고 총체적이다(**워크북 167:2**). 이 총체성은 텍스트 1장에서 '총체적용서'(total forgiveness)로 설명되기도 한다. 이 총체성 원리가 환상에 적용되면 크거나 작고, 어렵거나 쉬운 환상들이 따로 있는 것이 아니기에 환상의 용서인 기적에는 난이도가 없다는 원리로 이어진다. 평화의 총체성에 비추어 볼 때 기적에는 난이도가 없다. 난이도가 있어서 기적이 일어나는 것에 쉬운 것과 어려운 것이 있거나 누군가에게는 기적이 주어지지 않는다면 평화의 총체성과 온전성(전일성)은 불가능할 것이기 때문이다. 이러한 아무도 제외되지 않음, 난이도 없이 총체적임이 바로 천국/실재/기적/용서/치유의 온전성(전일성)과 일체성이다.

텍스트 30:75 너는 몇몇 겉모습은 실제이며, 전혀 겉모습이 아니라고 생각한다. 어떤 겉모습은 다른 것보다 더 간과하기 어렵다는 고착된 믿음의 의미에 대해 속지 말라. 그것은 항상 네가 용서를 제한해야 한다고 생각하고 있음을 의미할 뿐이다. 따라서 너는 부분적으로 용서하여 죄의식에서 제한적으로 탈출한다는 목표를 너를 위해 정해 놓았다. 이것은 곧 너와 떨어져 있는 듯이 보이는 모든 이와 너 자신을 거짓으로 용서하는 것이 아니겠는가?

9

장애물(평화로 가는 길에서) 다루기
- 머뭇거리는/머뭇거리게 하는
환상들(lingering illusions)

워크북 1부의 마지막 연습들(워크북 181-200과)은 평화에 이르지 못하게 하는 마지막 주요 장애물들을 다룬다. 진리에 대해서 배웠지만 여전히 마음 안에서 머뭇거리며 유지되고 있는 환상들을 제거하는 것과 관련된 장애물들을 다루는 연습들이다. 가장 중요한 장애물들에 대해서 다루면서 동시에 수업의 가장 중심적인 아이디어들을 복습하게 한다.

이런 연습들의 중요성은 이들이 가져오는 평화의 느낌을 통해서 우리의 초기 미약한 용의 혹은 '작은 용의'(willingness)가 '전적인 용의'(total willingness)로 변화되는 것이다. 그런 강화된 헌신의 용의를 가짐으로써 우리는 기적수업이 제시하는 길들을 보다 쉽고 행복하게 따를 수 있게 될 것이다(워크북 181-200, 서문 1).

평화, 행복, 기쁨의 상태인 참된 구원/기적/용서/치유/천국으로 가는 여정에서 우리(우리 마음의 에고 부분)는 나름대로 다 늑장을 부릴 계획을 세워 놓았다. 거기다가 더해서 주기적으로 자신은 비참한 희생자가 되었다고 믿거나 운명 앞에 속수무책인 비극의 주인공으로 스스로를 인식하고 포장하면서 바깥에서 일어나는 자신의 삶과 운명에 의미를 투사하고 실재화하려는 계획, 그리고 배워서 다 알면서도 때때로 모른 체하며 자기가 만든 '아무것도 아닌' 환상을 힘써 상대하면서 오히려 퇴보의 길을 걸으려는 계획 등을 교묘하게 세워 놓았다.

이런 계획들을 실행하면서 꾸물거리고, 딴청 피우고, 못 들은 척하고, 이해 못한 척하고, 상상할 수 있는 갖은 핑계들을 대면서 귀향의 용의 내기를 미룬다. 환상들이 완전히 제거되지 않고 마음 안에서 머뭇거리는 것은 당연한 결과이다. 이 모든 **머뭇거림을 멈추고 미약한 헌신을 강화하도록 자유, 평화, 해방감의 경험을 잠시라도 해 보게 만드는 것**이 이 '머뭇거리는 환상들'(lingering illusions)을 다루는 연습을 181~200과에서 하는 이유이다.

워크북 181-200과의 서문.

2. 이제 우리의 레슨들은 특히 너의 시야를 확장하는 것, 그리고 너의 비전을 협소하고 제한되게 유지함으로써 너로 하여금 우리의 목표가 지닌 가치를 볼 수 없게 만드는 특별한 장애물들에 직접적으로 다가가는 것에 맞춰져 있다. 이제 우리는 아주 잠시나마 이 장애물들을 치우려고 시도할 것이다. 장애물들이 사라졌을 때 오는 해방감은 말로만은 전달할 수 없다. 하지만 네가 보는 것에 대한 철저한 통제를 포기할 때 찾아오는 자유와 평화의 경험은 더 이상 설명이 필요 없다. 너의 동기는 너무도 강화되어 말은 거의 그 중요성을 잃을 것이다. 너는 자신이 무엇을 원하는지, 그리고 무엇이 가치가 없는지를 확신하게 될 것이다.

3. 따라서 우리는 먼저 *여전히 우리의 전진을 가로막는 것에 집중함*
으로써 말 너머로 가는 여정을 시작한다.

181-200과 평화에 이르지 못하게 하고 우리를 머뭇거리게 만드는
주요 장애물들 다루기.

아래 내용에서 장애물 20개의 리스트와 선정된 구절들은 네이버 카페 '기
적수업공부모임'의 매니저 피스가 정리한 장애물 종류들의 정리표에서 인용.
(http://cafe.naver.com/acimstudy/28532)

우리의 전진을 방해하는 20가지 장애물

(1) 형제의 잘못에 초점을 맞추는 것

181과, 나는 내 형제들을 신뢰하며, 그들은 나와 하나다.

네가 그들의 잘못에 초점을 맞춘다면, 그 잘못은 네 안의 죄를 입증하는 증
인이 된다(2문단).

(2) 방어적임

182과, 나는 잠시 고요해져서 집에 가겠다.

오늘 시간을 내서 아무런 득이 없는 방패를 한쪽으로 치워 버리고, 존재하

지도 않는 적을 향해 겨누었던 창과 칼도 내려놓아라(11문단).

(3) 세상의 하찮은 이름들(온갖 신의 이름들)에 가치를 두는 것

183과, 나는 하느님의 이름과 나 자신의 이름을 부른다.

하느님의 이름을 거듭해 부르고, 네가 가치를 두는 온갖 신들의 이름이 얼마나 쉽게 잊히는지 보라(4문단).

(4) 나의 유산(vs. 상징과 다름의 세상)

184과, 하느님의 이름은 나의 유산이다.

마음에게 천 개의 생경한 이름을 가르치고, 또 수천 개의 이름을 더 가르치기란 어려운 일이다. 이것이 세상이 주는 유산의 전부다(5, 6문단).

(5) 갈등의 꿈

185과, 나는 하느님의 평화를 원한다.

꿈속에서는, 어떤 두 마음도 하나의 의도를 공유할 수 없다(3문단).

(6) 왜소한(즉, 오만한) 자아이미지

186과, 세상의 구원이 나에게 달려 있다.

오만은 너 자신에 대한 가짜 이미지를 만들어 낸다. … 너는 너 자신에 대한 이미지처럼 약하지 않다(6문단).

(7) 희생에 대한 믿음

187과, 나는 나 자신을 축복하기에, 세상을 축복한다.

주는 것이 무슨 의미인지 이해하는 자라면, 희생이라는 아이디어에 그저 웃을 수밖에 없다(6문단).

(8) 천국을 미래에 구하려는 경향

188과, 지금, 내 안에서 하느님의 평화가 빛나고 있다.

왜 천국을 기다리는가? (1문단)

(9) 하느님께 가는 길을 내가 선택하려는 경향

189과, 지금, 내 안에서 하느님의 사랑을 느낀다.

하느님이 너에게 나타나시는 길을 캐묻지도 말고 가리키지도 말라(8문단).

(10) 고통의 원인이 바깥에 있다는 믿음/고통의 실재성에 대한 믿음

190과, 나는 고통 대신 하느님의 기쁨을 선택한다.

고통은 환상이고, 기쁨은 실재다. 고통은 단지 잠듦이고, 기쁨은 깨어남이다. 고통은 기만이고, 기쁨만이 진리다(10문단).

(11) 자신의 정체에 대한 부정

191과, 나는 하느님의 거룩한 아들이다.

하지만 그것은 단지 너 자신의 정체를 부정할 수 있는 놀이에 불과하지 않겠는가? (4문단)

(12) 용서라는 기능을 받아들이지 않기

192과, 나에게는 하느님이 내가 완수하기를 바라시는 기능이 있다.

여기 땅에서 네가 맡은 기능은 단지 그를 용서하는 것이다(10문단).

(13) 용서하지 않음(문제를 성령께 맡겨 용서하지 않고 스스로 해결하려 함)

193과, 모든 것은 하느님이 내가 배우기를 바라시는 레슨들이다.

연습하는 동안, 우리 **스스로 해결하려고 남겨둠으로써 치유에서 배제한 것들**에 대해 생각해 보자. 그것들이 사라질 수 있도록 바라보는 법을 아는 성령께, 그것들을 전부 드리자(15문단).

(14) 미래의 고통에 대한 두려움

194과, 나는 미래를 하느님의 손에 맡긴다.

하느님의 자애로운 손에 자신의 미래를 맡기는 자를 어떤 걱정이 괴롭힐 수 있겠는가? 그가 어떤 고통에 시달릴 수 있겠는가? (7문단)

(15) 비교와 왜곡된 감사

195과, 사랑은 내가 감사하며 걷는 길이다.

너는 형제가 너보다 더 심한 노예라는 이유로 하느님께 감사드리지 않으며, 형제가 너보다 더 자유로워 보인다는 이유로 제정신을 가지고 격분할 수도 없다. 사랑은 비교하지 않으며, 사랑과 결합한 감사라면 진심에서 우러나온 감사일 수밖에 없다.

(16) 공격이 구원이라는 믿음(바깥에 무엇인가 존재한다는 믿음)

196과, 나는 오로지 나 자신만을 십자가에 못 박을 수 있다.

너는 **형제를 공격해야 네가 구원된다는 정신이상 믿음**에서도 자유로워질 것이다(1문단).

(17) 용서의 선물을 도로 거두고 싶은 마음(바깥에 있는 것이 실재라는 믿음)

197과, 나는 오로지 나 자신의 감사만을 받을 수 있다.

하지만 상대가 아낌없는 감사를 외적으로 표현하지 않는 한, 너는 친절과 용서를 다시 공격으로 바꾼다(1문단).

(18) 용서하지 않고 정죄하려는 끈질긴 저항

198과, 오로지 나의 정죄만이 나에게 상처를 입힌다.

그런데 너는 왜 그것을 반대하고, 그것과 싸우고, 용서가 틀려야만 하는 천 개의 길과 천 개의 다른 가능성을 찾으려고 하는가? (4문단)

(19) 몸과의 동일시

199과, 나는 몸이 아니다. 나는 자유롭다.

몸을 너 자신으로 지각하는 한, 자유는 불가능할 것이다(1문단).

(20) 세상적인 방식으로 평화를 구할 수 있을 것이라는 미련

200과, 하느님의 평화 외에 다른 평화는 없다.

이것은 모든 이가 마침내 와서, 행복이 없는 곳에서 행복을 찾고, 단지 상처만 줄 수 있는 것에 의해 구원되고, 혼돈을 평화로, 고통을 기쁨으로, 지옥을 천국으로 만들겠다는 모든 희망을 내려놓아야 하는 종착점이다(2문단).

장애물도 내가 지어낸 것이다. 다른 환상들과 마찬가지로 내가 지어낸 장애물들은 나를 구원할 수 없다. 그것들은 때로는 설득력 있고 때로는 화려하며 항상 평화를 선사해 줄 것 같은 외양을 가지고 있다 하더라도 단지 나를 유혹하고, 무섭게 하고, 지치게 하고, 실망시킨다.

그것들은 천국에로 돌아가는 나의 여정을 지체시킨다(lingering illusions). 그러므로 그것들조차 다 용서하기[참으로 무엇인지 알아보고 해제하고 (undo) 놓아주기(release)]까지는 참된 하느님의 평화를 누릴 수도 집으로 돌아갈 수도 없다.

10

받아들이기(acceptance)

받아들인다는 것은 기적수업에서 상당히 의미심장한 개념이다. 일단 그 사전적인 정의는 "취하기로 동의하다." 혹은 "초청에 '예'라고 답하다."이다. 기적수업에서 말하는 '받아들이기'의 개념은 청약을 듣고 승낙하여 대가를 치르는 계약법의 '받아들이기'(acceptance)와는 다른 개념이다.

값을 치른 후에 어떤 것을 취하거나 자기 것으로 만드는, 계약법에 있어서의 '받아들이기'(acceptance, 승낙)와 달리 수업에서 언급하는 '받아들이기'는 대가의 지급이 뒤따르는 청약의 승낙이 아니라 이미 주어지고 받은 선물(속죄, 구원, 거룩함, 권능과 영광 등)의 재발견(rediscovery of a gift)이다. 선물은 대가(consideration, 계약의 성립 대가)가 필요 없이 받아들이기만으로 소유권이 이전된다. 우리의 거룩함, 권능, 영광은 창조될 때부터 하느님에게서 이미 거저 받은 선물이다. 그러므로 지금 속죄(구원, 거룩함 등)를 자기 것으로 만드는 데는 아무런 대가가 필요하지 않은 것이다. *다시* *받아들이기*를 통해서 과거의 *선물을 기억해 내기만* 하면 된다.

물론 지금 '다시 받아들이기' 자체를 거절하는 경우라면 소유는 이미 이전되었더라도 선물 받은 사람이 그 혜택을 누리지는 못한다. 진리에 대한 무지때문이다. 그러나 이 무지도 그 사람이 선물의 혜택을 누리는 것을 잠시 정지시킬 수는 있어도 선물 자체를 없던 일로 만들지는 못한다. (구름은 빛을 잠시 가릴 수는 있지만 구름 뒤의 빛을 영원히 없앨 수는 없다.)

기적수업에서 말하는 '받아들이는 것'의 의미와 가치는 수업에서 다음처럼 설명된다.

> **워크북 318:2** Your request that I *accept* Atonement for myself. (나 자신을 위한 속죄를 받아들이라는 당신의 요청)

하느님은 우리에게 자신을 위한 **속죄를 받아들이라고 요청**하신다. 속죄를 받아들이는 것은 치유와 용서를 가져오기 때문이다. (**교사매뉴얼 22:1, 속죄를 받아들이라, 그러면 치유될 것이다.**) 속죄를 받아들이는 것은 환상들을 알아보아서 사라지게 하는 것이기도 하다. 즉 용서인 것이다.

또한 속죄를 받아들이는 것은 자신이 하느님이 창조하신 그대로 남아 있음을, 즉 분리는 전혀 일어난 적조차 없음을 받아들이는 것이다. (**워크북 139:9, 실재를 바꾸기 위해서가 아니라, 단지 너 자신에 대한 진리를 받아들이고 하느님의 끝없는 사랑을 기뻐하며 너의 길을 가기 위해, 오늘 속죄를 받아들여라.**) 자신의 정체가 정말로 무엇인지를 받아들이는 방법이 바로 속죄를 받아들이고 분리는 없었음을 인정하는 것이다.

워크북 337:1 나는 스스로 속죄를 받아들여야 할 뿐, 그 이상 아무것도 할 필요가 없다. 하느님은 이루어져야 할 필요가 있는 모든 것을 이미 이루셨다. 따라서 나는 스스로 아무것도 할 필요가 없음을 배워야 한다.

텍스트 29:11 너는 치유의 원인을 *받아들였으며*, 따라서 분명 치유되었을 것이다.

치유와 구원과 속죄를 얻는 것은 단지 '받아들임'에 의해서이다. 받아들이는 것 이외에 어떤 것도 더 필요하지 않다. **속죄를 받아들이는 것**은 하느님이 모든 필요한 일들을 *이미 다 하신 것*을 받아들이고 다만 용서가 습관이 되게만 함으로써 우리 마음을 기쁨, 행복, 평화로 채우는 변화를 일으키는 기적수업 공부의 종착점이다. (여기서의 용서는 무엇인가를 행하는 '유위'가 아니라 '환상들을 단지 지켜보고 판단하지 않고 기다리는 것인 무위'이다.)

워크북 특별주제 4. 용서는 단지 바라보고, 기다리며, 판단하지 않는다. (It merely looks and waits and judges not.)

워크북 156:6 이것이 바로 구원이 작동하는 방식이다. *네가 뒤로 물러날 때*, 네 안의 빛이 앞으로 나서 세상을 품어 안는다.

뒤로 물러나기(stepping back)는 우리가 지각하는 것들이 모두 실재가 아니라 환상임을 볼 때 비로소 가능해진다. 그러므로 그것은 곧 용서하기이다. 죄라고 생각했던 것들과 죄책감이 아무것도 아님을 볼 때 우리가 앞으로 나서서 할 일은 없어진다. (나는 아무것도 할 필요가 없다.) 우리 안의 빛/신성이 앞으로 나서는 때는 오히려 우리가 뒤로 물러날 때이다. 우리가 물러나지 않고 모든 것을 하려는 한 빛(하느님)은 앞으로 나서지 않는다. 그러므로 하느님의 인도를 따르는 것이 진정 믿는 것이고 은혜를 받아들이는 것이다.

배움은 용의이고 배운 것의 연습은 습관이다. 배워서 얻은 앎은 연습과 마음의 훈련을 통해서 습관이 된다. 그러므로 **배움을 완전히 '받아들이는 것'**은 새로운 습관이 삶의 모양을 규정짓는 변화를 의미한다. 그래서 속죄를 완전히 받아들이는 것은 용서와 기적과 치유와 구원이 우리의 것이 되게 한다.

"너희가 진리를 알지니 진리가 너희를 자유롭게 하리라."(요한복음 8:32)라는 말처럼 진리는 아는 것 자체만으로도 상당한 의미가 있다. 그러나 **받아들이는 것은 아는 것에서 한 걸음 더 나아간다.** 단지 아는 것만으로는 다시 유혹에 빠지는 것, 다시 속는 문제에서 자유롭지 못하기에 그렇다. 그래서 첫째는 알고(그래서 기적들이란 무엇인가에 대한 '수업'이다. 공부를 해야 제대로 알기 때문이다.), 둘째는 알되 제대로 알고 **받아들이는 것**이 필요하다. 자기를 위해서 최종적으로 받아들여서 그것이 자기의 원칙이 되게 하는 것, 그것이 자기의 **습관이 되게 하는 것이 받아들이는 것**이다. 그 정도로 마음이 속지 않게 훈련되는 것이 바로 기적수업의 최종 목표이고 우리가 천국의 문 앞에까지 우리의 선택으로 또 성령의 도움으로 가는 방법이다. 그 후로는 오로지 하느님께서만 '하실' 것이고 '아실' 것이다.

> **워크북 169:2** 은혜는 증오와 두려움처럼 보이는 것들이 가득 찬 세상에서 하느님의 *사랑을 받아들이는 것*이다.

기적수업은 세상이 실재함을 인정하지 않는다. 그렇지만 몸으로 사는 현실의 삶에서 세상이 실재하는 것처럼 *지각됨*을 부인하지도 않는다. '증오와 두려움처럼 **보이는 것들**'이 세상에 가득함을 인정한다. 수업이 가르치는 것은 아무리 그렇게 지각이 호소하더라도 믿지 않고 간과(용서)하는 것이다. 그래서 이런 지각의 세상에서 용서를 할 수 있으려면 은혜가 필요하다고 강조한다. 그 은혜의 정의는 실재 아닌 것들이 실재처럼 보이는 세상에서 **하느님의 사랑을 '받아들이는 것'**이다.

받아들이기와 작은 용의의 공통점: *성령의 주도적 역할*과 필요한 마음의 준비

다시 정리하자면 '받아들이는 것'(acceptance)의 또 다른 함의는, '작은 용의'라는 개념이 똑같이 내포하고 있는 것처럼, 성령이 주도적이 되게 하고 우리는 그저 '허용'하기만 해야 하는 것이라고 할 수 있다. 달리 표현해서 우리의 적극적인 '유위'(doing)가 아니라 수동적인 '허용'(permission)과 그에 의거해서 **성령이 하는 주도적인 역할**이 핵심이라는 것이다. 받아들이기는 그 정의상 내가 무엇을 직접 이루어 내거나 수행하는 것이 아니고 단지 허용하기이다. 성령의 작업을 내게 오도록 허용하기이며 대가는 없어도 되나 승낙은 즉 허용은 해야 소유권이 비로소 이전되는 선물받기/받아들이기이다. '작은 용의'와 더불어 '받아들이기'의 이해에 있어서 **성령의 주도적인 역할**을 기억하는 것이 필수적인 이유이다.

위 120~124페이지에서 구원/거룩한 순간/진리/사랑을 원하고 구함에 있어서 '작은 용의'의 성격이 어떠한 것인지를 살펴보았다. 용의는 '전적이고'(wholehearted), '무엇보다도 먼저 해당 목표를 원하는 것이며'(above all),

또 '이원성적인 용의 너머의 것이어야' 함을 살펴보았다. 요컨대 우리의 마음은 용서를 통해서 준비되어야 최소한의 '작은 용의'를 가질 수 있다. '받아들이기'에 있어서도 다르지 않다. **마음이 준비되어야만** 진정한 받아들이기가 가능하다. (**워크북 169:1, 마음이 은혜를 진정으로 받아들일 수 있도록 스스로 준비하기 전에는, 은혜는 올 수 없기 때문이다.**)

기적수업의 속죄신학과 구원론(soteriology) - 받아들이기와 허용하기

그러므로 기적수업이 가르치는 '속죄'의 신학은 작은 용의의 신학 혹은 단지 허용하기(즉 받아들이기)의 신학이다. 성령이 그의 고유한 기능을 행할 수 있게 허용하려는 용의내기가 작은 용의 내기이므로 단지 허용이지 직접 행하는 것이 아니다. '작은'의 의미는 바로 이 성령이 주도적이 되게 하는 '허용'에 있다.

그래서 용의의 의미는 성령께 맡기려는 용의, 성령이 기능하기를 허용하는 용의이고 **내가 어떤 최소한을 직접 하겠다는 용의가 아니다.** 결국 기적수업의 속죄의 신학은 '작은 용의'의 신학, 즉 나는 물러서서 단지 '허용하기'(받아들이기)의 신학인 것이다.

> **워크북 156:6** 이것이 바로 구원이 일어나는 방식이다. *네가 뒤로 물러날 때 네 안의 빛이 앞으로 나서 세상을 품어 안는다.*

> **텍스트 18장.**
> 36. 속죄는 자신이 먼저 속죄해야 한다고 생각하는 자들에게는 올

수 없고, 단지 속죄에게 길을 내주려는 *단순한 용의만을 제공하는* *자들에게 온다.*

37. *나는 하느님의 계획에 그 무엇도 더할 필요가 없다. 하지만 하느* *님의 계획을 받으려면, 그 계획을 나의 계획으로 대체하지 않겠다는* *용의를 내야 한다.*

42. *너의 역할은 단지 성령이 모든 두려움과 증오를 제기하도록 허* *용하여 용서받겠다는 작은 용의를 드리는 것이다.*

작은 용의는 곧 작은 믿음/신앙(little faith)을 가리킨다. 무엇인가 대단한 것을 직접 해야만 하는 믿음이 아니라 구원과 거룩한 순간을 그것들을 가져오는 것이 자신의 기능인 성령이 이루도록 맡기고 단지 **받아들이기**만 하는 믿음이다. 그러므로 작은 용의의 신학이란 '작은 믿음'(little faith)만으로도 충분한 신학이다.

그래서 기적수업의 구원론(soteriology)은 '작은 용의'의 구원론이자 '작은 믿음'의 구원론 혹은 '허용하기'의 구원론이다. 이런 '값없이 얻는 구원'이라는 개념은 초기 복음서들에서 뚜렷이 강조되었고 마태, 마가, 누가, 요한의 기록들이 각각 '복음'(good news)이라고 불린 이유였다. '값이 없기에' 작은 믿음만으로, 즉 받아들이기만으로 구원을 얻을 수 있다고 가르쳤던, 당시로서는 너무나 획기적이고 전복적이었던 예수의 구원론의 순수한 원형이었다. 이런 맥락을 살펴볼 때 기적수업은 근래에는 상당히 초점이 흐려져 있는, 기독교의 복음의 정수를 다시 강조하면서 초점의 적절한 회복을 촉구하고 있다고 볼 수 있다.

IV. 성서〈타 종교〉와 기적수업

1

수업으로 본 성서의 재해석

기적수업에 비추어 본 성서(기독교)의 주요 개념들(용어들)의 재해석

기적수업은 기독교의 가장 핵심적 메시지인 '구원'과 '속죄'에 대해서 다시금 그 '값없는' 성격과 성령의 주도적 역할과 믿는 자의 최소한의 '작은 믿음/작은 용의'만으로 충분함을 지적하고 있음을 살펴보았다. 그렇다면 기독교의 전통적인 핵심 교리들과 개념들인 구원, 희생, 치유, 기적, 사랑, 용서, 속죄, 재림, 적그리스도, 최후의 심판, 세상 등의 기적수업적인 재해석은 어떠할까?

1) 구원(salvation)

워크북 특별주제. 구원이란 무엇인가?

1. 구원이란 네가 마침내 하느님께 가는 길을 발견할 것이라는 하느님의 약속이다.

구원은 예수가 십자가 위에서 흘린 피와 희생이라는 대가로 우리가 얻는 것이 아니다. 구원은 우리가 마침내 하느님에게로 가는 길을 찾고야 말 것이라는, 하느님이 해 주신 약속이다.

> **워크북 156:6** This is how salvation works. As you step back, the Light in you steps forward and encompasses the world. (이것이 바로 구원이 일어나는 방식이다. 네가 뒤로 물러날 때 네 안의 빛이 앞으로 나서 세상을 품어 안는다.)

구원의 주체는 하느님/성령이다. 우리의 선택(용의)에 의해서 우리의 자아 이미지들은 드디어 물러서고 우리 안의 빛(신성, 불성, 진리)이 '앞으로' 나서는 것이 구원이다.

2) 희생(sacrifice)

교사지침서 13. 희생의 진정한 의미는 무엇인가?
1. 첫 번째 환상은, 또 다른 사고체계가 확고히 자리 잡을 수 있으려면 그 전에 물리쳐야 하는 것으로서, 이 세상의 것을 포기하는 것이 희생이라는 것이다.

> **워크북 187:6** 주는 것의 의미를 이해하는 자라면 알면 *희생*이라는 아이디어에 그저 웃을 것이 틀림없다.

우리가 주는 것은 우리에게 주어진다(워크북 126과). 그러므로 우리는 타인에게 무엇을 주든지 단지 우리 자신에게만 줄 수 있다(워크북 187:6, "you give but to yourself."). 그렇다면 우리는 전통적인 기독교적인 '희생'의 의미에 대해서 웃음을 짓지 않을 수 없다.

그리스도가 우리를 위해 대신 희생하여서 우리가 구원을 얻는다는 것이 성서적 희생의 의미이다. 이것의 뿌리는 모든 죄에는 제물의 피 흘림으로 나타나는 생명의 희생이 있어야 속죄가 가능하다는 전통적인 유대교 율법의 종교적 관념이다. 희생의 이런 의미는 기적수업에서 완전히 역전된다. 아무것도 희생될 수 없고 오직 얻을 수 있을 뿐이다. 그러므로 희생은 불가능하다.

워크북 322:1 나는 환상을 희생하는 것이지, 그 이상 어떤 것을 희생하는 것이 아니다. 환상이 사라짐에 따라, 나는 환상이 숨기려 한 선물을 발견한다.

워크북 343 하느님의 자비와 평화를 찾기 위해 *어떤 희생이 요구되는 것은 아니다.*

1. 아버지, 고난의 끝이 상실일 수는 없습니다. 모든 것이라는 선물은 단지 얻는 것입니다. 당신은 주기만 하십니다. 당신은 결코 앗아가지 않으십니다. 저는 당신을 닮게 창조되었기에, *희생은 당신뿐만 아니라 저에게도 불가능해집니다.*
2. 하느님의 자비와 평화는 공짜다. 구원에는 비용이 들지 않는다.

3) 죄(sin)

텍스트 1:29 "죄"라는 단어는 "사랑의 결핍"으로 바꿔야 한다. "죄"는 사람이 만든 단어로써, 사람이 스스로 지어낸 위협이 함축되어 있기 때문이다. 실제적인 위협은 어디에도 없다.

워크북 특별주제 4. 죄란 무엇인가?
l. 죄는 정신이상이다. 죄는 마음을 미치도록 몰고 가서 환상들로 하여금 진리의 자리를 차지하게 하는 수단이다. 그리고 미쳤기에, 마음은 진리가 있어야 할 곳, 그리고 진리가 정말로 있는 곳에서 환상들을 본다.

신약성서, 더 나아가서 전체 성경의 메시지들의 정수를 포함하고 있다고 여겨지는 예수의 '탕자의 비유'에서는 특이하게도 '죄'에 대한 의미부여나 설명이나 강조가 전혀 없다. 아들의 극심한 죄책감과 극명하게 대비되는, 아버지의 '사랑'만 상세히 묘사될 뿐 아버지가 가진 '죄'에 대한 관념은 아예 주제로서 다루어지지도 않는다.

텍스트 1:58 죄가 사랑의 결핍이듯, 어둠은 빛의 결핍이다. (Darkness is lack of light, as sin is lack of love.)

어둠이 그런 것처럼, 죄도 독립적으로 존재하는 실재가 아니라 실재인 사랑이 일시적으로 보이지 않는 상태로서 환상일 뿐이다.

4) 속죄(atonement)

기적수업에서 속죄는 희생을 요하지 않는다. 속죄는 '죄'를 실재로 만든 후에 씻어 내는 것이 아니다. 속죄는 분리의 믿음을 포기하는 것 혹은 그런 분리는 실제로는 일어난 적도 없음을 받아들이는 것이다.

십자가 사건은 속죄를 위한 것이 아니었다. 죄 자체가 존재하지 않는 환상이라면 (**텍스트 1:58, 죄가 사랑의 결핍이듯 어둠은 빛의 결핍이다. 어둠은 그 자체로는 고유의 특성이 없다.**) 속죄를 위한 어떤 사건도 행위도 필요하지 않기 때문이다. 죄는 단지 '실수'일 뿐이기에 죄의 속죄가 아니라 실수의 교정만 필요하다.

5) 십자가(cross)

텍스트 6:7 공격은 궁극적으로 오로지 몸에만 가해질 수 있다. 한 몸은 다른 몸을 공격할 수 있으며, 심지어 파괴할 수도 있다는 데는 의문의 여지가 없다. 하지만 파괴 자체가 불가능하다면, 파괴될 수 있는 것은 무엇이든 실제일 수 없다. 따라서 몸의 파괴는 분노를 정당화해 주지 않는다. 십자가형이 가르치려고 했던 메시지는 바로 박해에서 어떤 형식의 공격도 지각할 필요가 없다는 것이다.(들여쓰기 넣음)

6) 치유(healing)

단지 병자가 질병에서 회복하는 것이 아니라 우리 모두가 속죄를 받아들이는 것이 궁극의 치유이다.

교정된 지각이라는 의미를 가진 기적의 결과이다. (속죄는 치유가 일어나는 원리, 기적은 수단, 치유는 수단을 사용한 결과이다.)

두려움에서의 자유이다.

분리를 더 이상 믿지 않는 자들의 결합이다.

사랑이라는 원리가 속죄라는 원리를 통해서 기적을 수단으로 열매를 맺은 결과가 치유이다.

7) 기적(miracles)

워크북 특별주제 13. 기적이란 무엇인가?

1. *기적은 교정이다. 기적은 창조하지 않으며, 실제로 전혀 바꾸지도 않는다. 기적은 다만 참상을 바라보고는, 마음이 바라보는 것은 거짓이라고 마음에게 일깨워 준다.*

가나의 혼인잔치에서 예수가 물을 포도주로 변화시킨 것이나 죽은 나사로를 예수가 다시 살린 것처럼 초자연적인 사건이 발생하는 것이 기적이 아니라 교정된 지각(치유와 속죄의 정의이기도 하다.)이 기적이다. 또한 기적은 치유의 수단(완벽한 사랑이 그 원리인 속죄를 원리로 하여 기적이라는 수단을 사용해서 치유를 일으킴)이어야지 믿음을 가지게 하는 방편이 되어서는 안 된다.

8) 용서(forgiveness)

성서에서의 용서는 일단 자기에게 행해진 불의한 짓이나 악행을 실재로 인정한 후에 그 행위자를 긍휼히 여기고 혹은 하느님의 자비로움을 기억하며 마땅한 분노를 참고 이겨 내어서 용서하는 것을 의미한다.

반면에 기적수업에서 가르치는 용서는 세상을 보고 사고하고 행동하고 반응하는 데 사용하던 우리의 지각이 교정되어서 세상과 그 안의 어떤 일이나 상황이라도 내가 지어낸 것이고 따라서 용서할 어떤 일도 진실로는 아예 일어난 적조차 없음을 보는/아는 것이다. 기적의 의미가 지각이 교정되는 것이기에 용서도 일단 죄를 발견한 후에 참고 견뎌 내는 것이 아니라 어떤 용서할 사건이나 상황도 아예 일어난 적이 없음을 보는 것이다.

9) 재림(the Second Coming)

워크북 특별주제 9. 재림이란 무엇인가?
1. 하느님만큼 확실한 그리스도의 재림은 단지 실수가 교정되고 제 정신이 돌아오는 것이다. 그것은 상실된 적이 없는 것을 회복하고 영원무궁토록 참인 것을 재확립하는 조건의 일부다.

세상에 예수가 육신으로 다시 돌아와서 그의 왕국을 건설하고 잘 믿은 자들을 간부로 임명해서 다스리기 시작하는 사건이 아니라 기적수업에서 가르치는 그리스도의 비전, 즉 모든 환상을 실재가 아닌 것으로 알아보고 오직 실재에만 초점을 두는 비전이 보편적으로 사용되는 것이 재림이다.

10) 최후의 심판(the Last Judgement)

이것은 우리의 속죄는 완벽하고 하나도 남김없이 모두 다 구원되었다는 최종적인 선언이자 재확인이다.

워크북 특별주제 10. 최후의 심판이란 무엇인가?

1. 이 심판 안에서 지각은 끝이 난다. 2. 세상에 대한 최후의 심판은 정죄를 포함하지 않는다. 최후의 심판은 세상을 총체적으로 용서받고, 죄 없으며, 전적으로 목적도 없는 것으로 보기 때문이다. 5. "너는 여전히 나의 거룩한 아들로서, 영원히 순결하고 영원히 사랑하고 사랑받는다. 너는 너의 창조주만큼이나 무한하고 전혀 변함이 없으며, 영원히 순수하다. 그러니 깨어나서 나에게 돌아오라. 나는 너의 아버지이고 너는 나의 아들이다." 이것이 바로 하느님이 내리시는 최후의 심판이다.

텍스트 2:108 최후의 심판은 궁극적인 치유이다. (The Last Judgment is a final hearing.)

11) 지옥(hell)

텍스트 15:8 에고가 현재를 가지고 지어낸 것이 지옥이다.

수업에 의하면 지옥은 공간적인 장소가 아니다. 세상에서의 삶이 끝나고 나서 시작되는 시간적인 개념도 아니다. 그것은 마음의 상태로서 하느님의 사랑과 원칙들을 이해하지 못하거나 거부하는 우리의 마음의 묘사이다.

12) 부활(resurrection)

교사지침서 28:1 세상의 목적에 대한 성령의 해석을 받아들이는 것이 부활이다.

몸을 환상으로 보는 기적수업의 관점에서 우리가 이해하는 대로의 죽음은 있을 수가 없다. 그러므로 우리가 생각하는, 몸이 '죽은 자들 가운데서 다시 일어나는 것'은 기적수업의 부활이 아니다. 전통적인 성서적 의미의 부활은 몸의 부활을 가리키는 것이기에 몸을 실재하지 않는 것으로 보는 기적수업에서는 거부된다.

워크북 158:8 아무도 몸으로 보지 말라. (See no one as a body.)

워크북 151:11 너는 증오 너머로 사랑을, 변화에서 불변성을, 죄에서 순수함을, 세상에서 오로지 천국의 축복만을 볼 것이다. 12. 이러한 것이 바로 너의 부활이다.

워크북 복습 5.
9. 한 형제를 여정이 끝나 잊히는 곳으로 안전하게 데려올 때마다, 나는 다시 부활한다. 한 형제가 비참함과 고통에서 빠져나오는 길이 있음을 배울 때마다, 나는 다시 새로워진다. 한 형제의 마음이 자신 안의 빛으로 돌아서 나를 찾을 때마다, 나는 다시 태어난다.

예수에 의하면 자신의 부활은 자신이 '죽은 자 가운데서 3일 만에 다시 살아나는 것'이 아니라 열린 마음들이 지각의 교정을 구하고 얻는 것이다.

13) 다시 태어남(to be born again, 중생)

워크북 109:2 "I rest in God." … Here is the thought in which *the Son of God is born again*, to recognize himself. ("나는 하느님 안에서 안식한다." … 여기에 하느님의 *아들이 다시 태어나서* 자신이 누구인지를 알아보게 하는 생각이 있다.)

다시 태어나는 것은 세례 요한이 요단강에서 베풀었던 세례에서처럼 '물'에 의해서도 아니고, 신약성서에 기록되었듯 '물과 성령'에 의해서도 아니다. 하느님의 아들이 다시 태어나는 것은 "나는 하느님 안에서 안식한다."는 생각에 의해서이고 이 생각으로 인해서 아들은 자신이 누구인지를 알아차리게 된다.

텍스트 12:47 다시 태어나는 것은 과거를 보내고 현재를 *정죄 없이 바라보는 것*이다. (To be born again is to let the past go and look without condemnation upon the present.)

14) 유혹(temptation)

다시 결정할 수 있도록 지난번에 제대로 결정하지 못했던 상황이 다시 펼쳐지는 것이다. 다시 해야 하는 결정이란 나 이외에는 아무것도 없고, 바깥에는 아무것도 없음을 아는 것과 관련이 있다. 그것을 망각하고서 환상을 믿으며 내린 결정은 다른 모습과 상황에서 다시 결정할 수 있게끔 유혹으로 다시 주어진다.

텍스트 31:81 그렇다면 유혹이란 단지 너 자신을 네가 아닌 어떤 것으로 만들겠다는 무의미하고 미친 소망일 뿐임을 기억하면서, 유혹에 맞서 깨어 있어라.

워크북 70:1 모든 유혹은 오늘의 아이디어(나의 구원은 나에게서 온다.)를 믿지 않으려는 근본적인 유혹의 일종일 뿐이다. 구원은 너를 제외한 다른 곳에서 오는 듯이 보인다.

교사지침서 16:9 마법을 피하는 것은 곧 유혹을 피하는 것이다. 유혹이란 단지 하느님의 뜻을 다른 뜻으로 대체하려는 시도에 불과하기 때문이다.

15) 고통(suffering)

워크북 101:6 고통은 단지 네가 자신을 오해했다는 표시일 뿐이다.

워크북 190:8 악과 고통.
고통이란 '*악*'이라는 *생각*이 형태를 갖추고 너의 거룩한 마음 안에서 파괴를 자행하는 것이다.

우리는 영이고 몸이 아니다. 우리는 하느님이 창조하신 그대로이기에 우리 마음은 공격할 수 없고, 우리는 아플 수 없다. 또한 우리는 안전하고 치유되었고 온전하며, 모든 한계들에서 자유롭다(워크북 97:9). 그러므로 고통은 우리가 누구인지를 오해했음을 보여 줄 뿐이다.

16) 악(evil)

성서에서는 죄와 직결되어 있는 '악'은 기적수업에 의하자면 '행복이 아닌 (모든) 것'이다. **(워크북 66:8, 사랑은 악을 줄 수 없으며, 행복이 아닌 것은 악이다.)** 더구나 악은 실재가 아니다. 어둠과 죄가 빛과 사랑의 일시적 부재로 보이는 것일 뿐 실재가 아닌 것과 마찬가지이다.

> **텍스트 93:4** 네가 저질렀다고 생각하는 그 모든 악은 결코 행해진 적이 없고, 너의 모든 "죄"는 아무것도 아니며, 너는 창조될 때처럼 순결하고 거룩하며, 빛과 기쁨과 평화가 네 안에 머물러 산다고 보장받는데, 너는 왜 크게 기뻐하지 않는가?

> **텍스트 19:25** 죄는 교정될 수 없고 영원히 매력적인, 악이라는 아이디어다. 너는 에고가 너의 정체라고 생각하는 것의 본질적인 부분으로서 죄를 언제까지나 원할 것이다.

> **워크북 110:2** 만약 네가 하느님이 창조하신대로 남아 있다면 두려움은 아무 의미가 없고, 악이란 실제가 아니며, 비참과 죽음은 존재하지 않는다.

워크북 특별주제 4. 죄란 무엇인가?

3. 죄는 하느님의 아들이 *악하고*, 초시간성에는 끝이 있을 수밖에 없으며, 영원한 생명이 죽을 수밖에 없음을 "증명한다."

오직 죄만이 하느님의 아들이 악하다고 증명한다. 그러나 죄는 환상이다.

17) 악마(the devil)

기적수업에서 악마에 대한 이해는 성서에 나오는 인격적인 악마의 묘사를 부정한다. 수업에 의하면 성서의 악마(사탄, 마귀 등)는 단지 일정한 마음의 상태를 우리가 보다 쉽게 이해하도록 의인화한 것일 뿐이다. 신, 산신령, 옥황상제, 용왕 등의 개념이 우리에게 초자연적인 절대자 혹은 제1원인의 상징으로 받아들여지도록 주조된 것과 같다.

> **텍스트 3:78** 마음은 분리에 대한 믿음을 아주 실제적이고 무시무시하게 만들 수 있는데, 이런 믿음이 곧 "마귀"다. 이 믿음은 강력하고 활동적이고 파괴적이며, 그야말로 하느님의 부성을 부정하기에 명백히 하느님과 대립한다.

마음은 분리에 대한 믿음을 매우 실제적이고 매우 무섭게 만들 수 있는데 이 믿음이 '악마'이다. 악마는 성서에서 묘사하듯 인격체를 가진 존재가 아니다.

> **교사지침서 25:6** "심령" 능력은 마귀를 불러내려고 사용되었는데,

이것은 *단지 에고의 강화를 의미할* 뿐이다. 하지만 여기에 또한 성령께 봉사하는, 희망과 치유의 위대한 통로도 있다.

악마란 단지 에고를 강화시키는 것을 의미한다.

18) 슬픔(sorrow)

워크북 100:5 슬픔은 네가 하느님이 맡기신 역할 대신에 다른 역할을 맡으려 한다는 표시이다. 그러면 너는 하느님이 너를 위해 뜻하시는 행복이 얼마나 큰지 세상에게 보여 주지 못하게 된다.

우리가 우리의 유일한 기능인 용서와 세상의 구원 이외에 다른 것을 뜻하고 다른 역할을 원할 때 우리는 궁극적으로 슬픔을 피할 도리가 없다. 세상에서 추구하는 어떤 것이라도 실망과 허무만 안겨 주고 결국에는 아무것도 아닌 것으로 드러나기 때문이다.

19) 적그리스도(anti-Christ)

하느님의 생각이 왜곡되거나 좌절되거나 실패할 수 있다는 아이디어이다. 그리스도가 상징하는 것의 정반대 아이디어이기 때문이다.

20) 꿈(dream)

구약성서에 나오는 선지자 다니엘의 경우나 창세기의 요셉의 꿈처럼 하느님의 계시가 주어지거나 미래에 대한 지식이나 예언이 주어지는 수단이었던 꿈은 기적수업에 의하면 두려움에서 비롯된다. 모든 꿈은 두려움에서 비롯되기에 우리가 삶이라고 부르는 경험과 세상 혹은 우주라고 부르는 모든 것이 다 꿈이다. 아버지와 분리되었다는 믿음으로 죄책감에 빠져들어서 두려움으로 만들어 낸 것이 우리의 의식, 생각, 몸, 세상, 우주이기 때문이다.

21) 잘못/실수(error) - 죄와 다른 점

사전적인 의미로 error는 잘못이나 실수이다. 그렇다면 error는 도덕적인 가치의 반영이 없는 단순한 실수/잘못일 수도 있고 도덕적으로 약간의 나무람이 내재된 의미의 잘못/실수일 수도 있다. 그런데 기적수업의 문맥에서 error의 이해와 관련해서 분명히 기억해야 할 것은 '우리의 죄는 단지 error일 뿐'이라는 수업의 가르침에 관한 것이다.

> 워크북 특별주제 4. 죄란 무엇인가?
> 1. 죄는 정신이상이다. 죄는 마음을 미치도록 몰고 가서 환상들로 하여금 진리의 자리를 차지하게 하는 수단이다. 그리고 미쳤기에, 마음은 진리가 있어야 할 곳, 그리고 진리가 정말로 있는 곳에서 환상들을 본다.

수업에서 말하는 '잘못'(error)은 도덕적인 가치판단이 담긴, 옳지 않다는 의미의 잘못이 아니다. 그것은 궁극적으로 환상에 관한 것이기 때문이다. 우리가 성서에서 배워 왔듯이 옳지 않고 그르다는 의미가 내포된 문제가 아니라 단지 도덕적 차원이 개입되지 않는 '실수'가 일어난 상황을 가리킨다.

이 실수는 자체로서 옳거나 그른 성격을 가진 것이 아니고 죄가 아니기에 단순히 교정하면 되는 것이다. 전통적인 의미의 죄처럼 제물을 희생하고 대가를 치러서 속죄하고 용서받아야 하는 것이 아닌 것이다. 그것은 마치 컴퓨터 소프트웨어의 기능과 관련하여 오작동이 발생할 때 '에러'라고 부르지 '죄'라고 부르지 않는 것과 같다. 그래서 우리가 기독교의 전통적인 가르침 안에서 '죄'라고 배우고 믿고 또 불러 온 것은 단지 '실수'라고 불려야 마땅한 것이고 동시에 실제로는 일어난 적도 없는 일이기에 용서할 일조차도 아닌 것임을 확실하게 기억해야 한다.

에고는 죄의 개념과 목록들로 항상 우리를 정죄하여 죄를 실재화하려고 시도하지만 우리는 속지 말아야 한다. 상급법원에 해당하는 성령이 우리 사건의 최종 재판관이고, 성령은 죄라는 것에 대해서는 지각조차 하지 않기 때문이다. 에고의 정죄가 성령에 의해 뒤집어지는 것은 두말할 필요도 없다.

> **텍스트 5:74** 에고는 판단 아래 말하고, 성령은 에고의 결정을 뒤집는다. 이것은 마치 이 세상의 법칙에 대해 하급법원들이 내린 결정을 대법원(최상급법원)이 뒤집을 수 있는 것과도 같다.

22) 세상(the world)

세상은 성서에 의하면 우리가 애써서 가꾸고 경작하여 그 안에서 우리가 번성해 나갈 곳이다. 다시 말하자면 성서에서의 세상은 실재이다. 우리가 투자하고 가꾸고 돌볼 대상이기 때문이다.

반면에 수업에서의 세상은 분리를 믿게 된 우리 마음이 영에서 떨어져 나와서 당혹감, 두려움, 죄책감으로 몸과 함께 만들어 낸 것으로서 실재하지 않는 환상/상상물이다. 몸이 그렇듯이 세상은 없다.

23) 사랑(love)

탕자의 비유에 나오는 무조건적인 아버지의 사랑이나 포도원 품꾼의 비유에 나오는 모든 이에게 필요를 채워 주는 보편적인 정의를 보여 주는 사랑이 기적수업의 사랑이다. "나를 순종하고 따르면 복을 주고, 나를 거역하고 우상을 섬기면 벌을 주고 저주한다."는 성서의 하느님의 사랑은 수업에 의하자면 진정한 사랑이 아니다.

24) 정의(justice)

성서적인 정의의 의미는 "눈에는 눈, 이에는 이"라는 표현에 잘 드러난다. 그것은 또 '신을 사랑하고 신의 명령을 준행하며 율법을 지키는 자는 축복받는 것'이고, '신을 업신여기고 두 마음을 품고 대하며 율법을 그대로 지키지 않는 자는 더 이상 신의 축복과 보호를 받지 못하고 심지어 저주받는 것'이다.

수업에 의하자면 정의는 오직 천국의 정의이다. 그것은 실수를 하건 하지 않았건 '아무도 천국의 바깥에 남겨 두지 않는 것'이고, 식사시간이 되면 한 시간만 일했건 하루 종일 일했건 '그 누구라도 식사자리에 초대하는 것'이다. 전일성(wholeness)의 내용이 바로 수업의 정의이다.

수업의 또 다른 정의의 의미는 아래 인용에 나타난다.

교사지침서 19:1 성령이 세상에 내리는 판결이 정의이다. 성령의 판단이 아니라면 정의는 불가능하니, 이 세상 그 누구도 오로지 정의로운 해석만 하고 모든 불의는 제쳐 둘 수 없기 때문이다.

2

산상수훈, 비유, 그리고 기적수업의 공통점들

이들의 뚜렷한 공통점은 사고의 역전, 가치의 전복을 권유한다는 사실이다.

예수의 산상수훈, 비유들,
그리고 기적수업의 공통점들 1

꼴찌가 첫째가 되고, 첫째가 꼴찌가 될 것이다

산상수훈에서 보이는 사고역전에 대한 권유와 그 필요에 대한 설명, 그리고 예수의 독특한 학습 도구였던, 복음서들의 비유들에 나타나는 자기비평과 지각역전의 필요성에 대한 가르침은 기독교의 성서연구자들과 진지하게 복음서를 탐구하는 평신도들에게도 잘 알려져 있다.

산상수훈에서도 비유들에서도 예수는 한결같이 듣는 자들의 지각과 사고의 역전을 촉구한다. 과연 여태껏 그들이 제대로 보고 있었는지, 제대로 알고 있었는지를 다시 생각해 보고 다시 선택할 수 있도록 상식과 전통적 가르침과 일반적인 예측과 추리의 범주를 완전히 뒤집어엎고 벗어나는 역설적인 가르침들을 전한다.

사고를 역전하고 자기비평을 수용함으로써 자기만족에서 깨어나 보이는 것 너머를 보고 들리는 것 너머를 들으라는, 즉 보다 영원한 것에 대해 주의를 집중하라는 자기성찰의 메시지를 전하는 것은 전통적으로 문학과 예술의 한 주요한 사명이자 역할이기도 했다. 더 나아가서 어떤 뛰어난 종교도 이런 가르침이 없이 그 신자들을 양육하지는 않았다. 다만 그 메시지를 얼마나 예술의 관객/독자들과 소위 '교인들'이 이해하고 사랑하여 진심으로 받아들이느냐가 그들의 변화와 내적인 평화와 영적인 구원을 얻는 것과 관련하여 관건이었을 뿐이다.

마침내 예수의 출현과 (물론 그 이전에도 힌두교의 베단타와 부처의 의미심장한 가르침이 있었다.) 그의 독특한 가르침이 들리기 시작한 이후도 사정은 마찬가지였다. 사고역전을 거절하거나 자기비평을 감당하지 못하는 사람들에게는 이런 뛰어난 가르침들도 별 도움이 되지 않았다. 그들에게는 예수가 선사했던, 새로운 선택과 변화를 통한 구원의 기회도 그다지 잘 활용되지 못했음은 우리가 기독교의 역사와 세상에 끼친 영향력을 관찰해서 잘 알고 있는 역사적인 사실이다.

1) 산상수훈과 그것이 역전시키고자 한 인습적 지혜

(1) 심령이 가난한 자는 복이 있나니

비상식적이다. 가난한 자는 저주받은 자이다.

(2) 애통하는 자는 복이 있나니

비상식적이고 대중의 경험칙에 반한다. 애통하는 자는 어지간히도 박복해서 그리도 운다.

(3) 온유한 자는 복이 있나니

몹시 비상식적이다. 탁월한 전쟁기술로 세상을 점령했던 로마인들을 보라. 온유한 자는 대체로 아무것도 차지하지를 못하고 가진 것조차 점차로 다 뺏겨서 상당히 비참해진다.

(4) 의에 주리고 목마른 자는 복이 있나니

통상적인 사회의 관념에 반한다. 복이 있는 자라면 애초에 무엇에도 주리고 목마를 이유가 없다.

(5) 긍휼히 여기는 자는 복이 있나니

전통적인 지혜에 반한다. 남 긍휼히 여기다가 정작 자기 자식이 불쌍해진다.

산상수훈 계속:

신약과 구약 전체를 통틀어서 가장 핵심적인 가르침이자 기독교의 기초가 된 아이디어로 인정받는 내용이 바로 예수가 산 위에서 청중들을 대상으로 설교했던 '산상수훈'(sermon on the mount)과 제자들과 따르는 무리들을 가르치기 위해서 수시로 사용했던 '비유들'(parables)이다. 이 사실은 대다수의 뛰어난 성서학자들, 신학자들, 그리고 종교학자들에 의해서 상당히 보편적으로 인정받는 사안이다.

그 산상에서의 설교와 비유들이 한결같이 가리키는 것은 자기 자신이 생각하는 '자기정체'를 결코 믿지 말라는 것 그리고 '현재 자신이 믿는 것'을 그대로 받아들이지 말고 뒤집어서 생각해 보라는 것이다. 요컨대, 진리를 알기 위해서 혹은 진실을 보기 위해서는 (유대인들의 표현을 쓰자면, 그래서 '하느님의 나라'에 들어가기 위해서는) '자기만족'에 머물러 살지 말고 '사고를 역전'하고 오직 '역설 속에서만 발견되는 진리'를 찾으라는 가르침이다. 지금 자신이 보는 대로의 실재/진리 (reality)는 존재하지 않기 때문이라는 것이다.

물론 이런 수준의 가르침이 몹시도 피곤한 삶을 영위하던 당시의 제자들과 청중들(로마의 압제에 시달리고, 종교인들과 정치인들에게 수탈당해 늘 가난에 찌들어 있고, 항상 과도한 폭력의 사용으로 중요한 이익들을 박탈당하던, 식민지배 상황 속의 유대인들.)에게 효과적으로 전달되는 것은 쉽지 않았다. 심지어 우리 시대의 수업 학생들에게조차 갖은 이야기들과 생생한 곡절로 수놓아진 인생의 바다와 겹겹으로 쌓여 이루어진 욕망의 탑을 극복하고 '지각의 역전'과 '사고의 전복'을 일어나게 하는 것은 참으로 요원한 일일 것이다.

그럼에도 불구하고, 진리(혹은 구원 또는 '천국에 들어가기')는 한 번도 그것을 얻기 위한 대가가 더 값이 쌌던 적도, 변했던 적도 없었다. 최소한 현재의 자기 지각에 문제가 있다는 것, 자기는 아무것도 모른다는 것과, 정말로 알기 위해서는 오랫동안 믿어 온 자기 생각을 뒤집고 항상 익숙한 자신의 지각을 회의하는 것이 필요하다는 것을 받아들여야 한다. 오직 이 단계를 지난 이후라야 성령의 인도하는 목소리를 스스로 들을 수 있기 때문이다.

(6) 마음이 청결한 자는 복이 있나니

경험칙에 반한다.
마음이 권모와 술수와 야망과 복수심과 '나는 특별하다.'는 생각으로 가득해야 집에 뭐라도 가져오고 출세도 한다.

(7) 화평케 하는 자는 복이 있나니

오래 살아 보면 틀린 말이란 것을 안다.
남의 싸움에 끼어들어 보았자 잘되면 본전이다. 호시탐탐 기회를 노리다가 남 싸우는 틈에 뭐라도 건져야 복 받은 것이다.

(8) 의를 위하여 핍박을 받은 자는 복이 있나니

랍비들(당시 최고의 지성들)의 가르침에 반한다.

정말 복이 있는 자는 핍박을 전혀 받지 않는다. 순진한 동료나 강직한 친구한테 자기 허물을 덮어씌울 수 있어야 유능하고 복 받은 자로 인정된다.

2) 비유들

산상수훈은 설교 내용 자체가 모두 노골적으로 **사고의 역전을 일으키도록 초청**하는 역설들이다. 그것에 비교해서 예수의 비유들은 사고역전과 관련된 메시지를 내포하는 이야기로서 약간의 추가적인 설명이 담겨 있다. 이를테면, 탕자는 죄에 대해 전통적인 종교의 가르침대로 믿었지만, 죄라는 것에 대해 완전히 역전된 사고로 아들을 대하는 아버지의 모습은 우리에게 들려질 때 우리의 통상적인 **사고의 역전을 유도**한다. 이 중심 메시지가 비유라고 하는 짧은 이야기의 형식을 통해서 청중들에게 들려지고 청중들의 마음 안에 자연스럽게 깨달음이 일어나도록 유도한다.

(1) 탕자의 비유

돌아오기 위해 떠나는 여정

비유에서의 탕자는 세상에서는 아무것도 변하지 않는 행복을 가져다주지 못한다는 것을 세상의 가장 밑바닥까지 떨어져서 굶주림과 천대와 멸시 속에서 몸으로 체험한 후에야 아버지의 풍요로운 집으로 돌아올 생각을 해냈다. 기적수업에서의 귀향도 우리가 세상에서 우리를 항상 기쁘고, 행복하고, 평화로울 수 있게 해 줄 수 있는 것은 아무것도 없음을 알아차리고 "무엇인가 다른 길이 있음에 틀림없다."는 영혼의 깨달음을 가질 때 그 첫발걸음이 시작된다.

한 가지 주목할 만한 특이한 점은 갖은 고초를 겪으면서도 너무나 큰 죄책감 속에서 아버지가 있는 집으로는 돌아올 생각조차 하지 못하던 탕자와 반대로 아들에 관해서 늘 생각하고 귀향만을 간절히 기다리던 아버지는 아들의 '죄'라는 것에 대해서는 그 어떠한 생각조차도 하지 않는다는 것이다. 아버지에게 아들의 **'죄'는 전혀 문제 자체가 아닌 것이다.**

> **워크북 152:10** 우리는 *우리가 죄 있고 두려움에 떨며 자신의 정체를 부끄러워하는 죄인이라고 말하는 오만을 내려놓고, 그 대신 우리를 권능과 사랑에 있어 당신을 닮도록 흠 없이 창조하신 하느님을 향해 우리의 가슴을 진정으로 겸허하게 들어올린다.*

그렇다면 탕자가 지었다고 생각하는 '죄'란 무엇인가?

탕자가 살던 시대의 종교적 가르침과 가치관에 의하면 죄는 실재하는 것으로서 희생이라는 제물이 있어야만 속죄가 가능하다. 아직 살아 있는 아버지에게서 장차 상속 받을 재산을 미리 요구하고 분리해 나온 것과 사업의 실패와 허랑방탕함으로 아버지를 실망시킨 죄는 (최소한 탕자 자신의 생각으로는) 용서받기가 쉽지 않다. 내가 희생을 치르거나 죄를 상쇄할 만한 상당한 공적을 이루어야 용서받을 수 있다고 생각하는 것이 탕자로서는 당연한 일이었다. 그래서 죄의식에 단단히 사로잡힌 탕자는 아버지에게 자기를 단지 일꾼들 중의 하나로 여겨 달라고 말한다. 그러나 멀리서도 아들의 모습을 보고 반갑게 맞으러 뛰어가는 아버지는 아들의 죄에 대해서는 아무 관념조차 가지고 있지 않다.

아버지가 알려 주는 '속죄'란 무엇인가?

그런데 아버지의 생각으로는 탕자가 받아 간 것뿐만 아니라 아버지가 가진 모든 것은 이미 아들의 것이므로 아들은 전혀 미안해할 필요도 부끄러워할 필요도 없다. 아버지는 아들의 젊음, 혈기, 패기, 야망, 욕구 등 모든 것을 있는 그대로 이해하고 수용한다. 아버지는 아들이 스스로 허물이라고 생각하는 것(내가 하늘과 아버지 앞에서 죄를 지었다.)에 대해서는 전혀 주의를 주지 않는다. 그것들은 마치 없는 듯 간과되고 오직 실재하는 '사랑'만 아들에게 나누어 준다. 아버지는 죄라고 불리는 환상에는 관심조차 없고 조금도 주의를 기울이지 않는다. 아들이 죄라고 믿는 것은 아버지에 의해서 지각조차 되지 않는 것이다.

이것은 마치 법원에 접수된 소송들의 일부가 사건의 구성 자체가 되지 않거나 절차적인 미흡이 있는 등의 결정적인 이유들로 인해 심리를 시작할 필요도 없이 아예 처음부터 기각되어서(dismissed) 끝나고 마는 것과도 같다. 어떤 특정한 소송들에 관해서는 재판관이 그 사건의 내용이나 주장을 살펴볼 필요조차도 못 본 채 종결시키고 마는 것처럼 실재가 아니면서 아들의 상상속에만 있는 죄는 아버지에 의해 지각조차 되지 않는다.

텍스트 5:79 상급법원은 너를 정죄하지 않을 것이며, 너에 대한 소송을 *그저 기각할 것이다.* 하느님의 아이를 상대로 하는 소송은 있을 수 없으며, 하느님의 피조물들이 유죄라는 일체의 증언은 정작 하느님께는 위증일 뿐이다.

기적수업에서 죄는 이렇게 실재 차원에서 일어난 적도 없는 것, 즉 환상일 뿐인 것으로 정의된다. 그러므로 하느님의 아들이 죄인이라는 그 어떤 주장이라도 펼쳐질 기회조차 주어지지 않는다. 또 아들의 죄에 대해 확인하려는 그 어떤 증인도 증인석에 앉을 기회조차 얻지 못한다. 우리의 정죄를 주장하는 사건은 예외 없이 그저 기각된다. 아무리 잘 준비되었고 강력한 증거들로 뒷받침되는 사건이어도 똑같다. 그 어떤 종류와 내용의 주장이라도 마찬가지다. 우리는 '하느님이 창조하신 그대로' 거룩한 아들이다.

(2) 선한 사마리아인의 비유

사유 방식의 코페르니쿠스적 전환에 대한 권유.
누가 내 이웃인가? vs. 내가 누구의 이웃이 되어 줄 것인가?

"네 이웃을 하느님 사랑하듯 (목숨과 마음과 정성을 다해서) 사랑하라."는 예수의 새로운 계명을 들은 유대인 중 하나가 "누가 나의 이웃입니까?"라고 물었다. 선한 사마리아인의 비유는 이 질문에 대한 예수의 비유적인 대답이다.

여행길에서 강도를 당하고 부상당해 죽어 가던 유대인에게 유대인들의 지도자들을 위시한 동족들은 아무도 도움을 제공하지 않았지만 당시 유대인들에게 멸시받던 이방인인 사마리아인 하나가 상처를 돌봐 주고 숙소에 데리고 가 주고 훌륭한 치료를 받을 수 있게 조치까지 취해 놓고 떠났다. 예수는 나의 이웃은 누구인가라는 질문에 대해 "너희도 이와 같이 하라."고 말했다. 초점을 훌륭한 이웃을 찾는 데 둘 것이 아니라 내가 누구에게 훌륭한 이웃이 될 것이냐에 맞추라는 가르침으로서 또 하나의 사고역전을 촉구하는 메시지였다.

이 비유를 주의 깊게 들은 이라면 예수는 또 한 번 사고역전의 필요를 가르침을 짐작할 수 있다. 이웃으로부터의 도움은 우리가 예상하던 대로가 아니라 전혀 다른 사람에게서 왔다. 여기에다가 또 다른 반전은 더 이상은 "누가 나의 이웃이 되어서 나를 도울 것입니까?"라고 묻지 말고 "네가 도움을 줄 수 있는 사람이 바로 너의 이웃이다."라고 생각하라는 것이다. 이제는 "내가 누구의 이웃이 되어 줄 것인가?"라고 거꾸로 물으라는 예수의 레슨이다. 우리의 일상적인 사고는 역전에 항상 열려 있어야 한다.

(3) 포도원 품꾼의 비유

최소한의 '경제적 정의'의 실현은 필요하고 또 가능한가?
비록 같은 양의 시간 동안 똑같은 강도로 일하지 않더라도 모두에게 최소한의 '일용할 양식'은 보장되어야 하는가?
우리는 정말로 모두가 신의 자녀들인가?
아버지의 심정으로 하는 조건(구별/차별) 없는 사랑은 과연 이 세상에서 가능한가?

어느 포도원 주인이 일꾼을 모집하였는데, 한 사람은 아침 일찍부터 일하고 또 한 사람은 점심 무렵부터 일하고 또 다른 한 사람은 일이 끝나기 얼마 전부터 일하기 시작하였다. 품삯을 받을 때에 보니 모두에게 똑같은 금액을 주인이 주는 것을 보고 아침과 점심 무렵부터 일하기 시작한 사람들은 불평을 하기 시작한다. "정의롭지 않은 주인이다." "내가 어떻게 일 끝나기 좀 전에 온 사람과 같은 대접을 받아야 하는가?" 등등.

포도원 주인은 대답한다. "내가 너희들과 약속한 품삯은 그대로 지급하였지 않느냐?" "내가 나의 돈으로 내가 원하는 대로 다른 이에게 품삯을 지급하는 것에 대해서 너희가 정의를 들먹이며 비난할 권리가 있느냐?"라고. 주인은 '최소한의 품삯' 혹은 '최소한의 인간 존엄을 위한 최저임금'을 얘기하는 것이고 또 아무도 '기본적인 필요'조차 채우지 못해서는 안 된다는 믿음을 말하는 것이었다. 결국 일찍 왔다고 해서 주인의 처사에 대해서 비교하고 원망한 일꾼들은 '합리적 대우'라고 이름 붙인 자신의 속 좁고 무정한 주장을 하다가 세상에는 '더 중요한 가치들'이 있음을 얘기하는 주인에 의해서 자신들의 편협한 사고와 몰인정함만 지적당하는 이야기이다.

포도원 주인은 "이 세상을 사는 누구라도 최소한의 필요한 것은 가져야 한다." 혹은 "천국에서는 아무도 제외되지 않는다."는 점을 가르친다. 천국을 이해하지 못하기에 비교하고 원망하고 판단하며 분노하는 사람들에게 '사고의 역전'의 정당성과 필요성을 역설한다.

(4) 비둘기의 순결함과 뱀의 영리함의 비유

마태복음 10:16 보라 내가 너희를 보냄이 양을 이리 가운데로 보냄과 같도다. 그러므로 너희는 뱀같이 지혜롭고 비둘기같이 순결하라.

단지 상징일 뿐인 이원성에 대한 바른 이해 촉구.

뱀은 항상 비둘기보다 악하고 무섭고 징그러운가? 단지 더 길 뿐인가?

악마나 사탄은 정말로 뿔이 달리고 입에는 늘 피가 묻어 있으며 이유도 없이 사람들을 해치는가? 아니면 우리가 정말로 싫어하는 어떤 사람을 부르는 편리한 명칭이거나 상징일 뿐인가?

세상에서 소위 '악'이라 불리는 것을 두려워하며 피해야 하는가?

그렇게 피하는 것은 소위 '악'이라는 것을 단지 실재화할 뿐인가?

(5) 달란트의 비유

절대적인 자산/재능의 크기보다 자기에게 주어진 자산의 운용수익률이 재능/재산의 사용이나 활용에 대한 보상의 지표가 되어야 보다 합리적이지 않은가?

크기에 대한 집착에서 벗어나라. (Does the size really matter?)

정말로 크거나 긴 것 혹은 많은 것이 항상 좋은 것이고 축복받은 것인가?

그렇다면 왜 공룡도 용가리도 온갖 일본제 거대 괴수들도 다 죽고 없는가?

(6) 모래 위에 집 지은 자의 비유

실천 없는 사색의 결과. 성공과 실패라는 현상의 이면.

'물가에 심은 나무'와 '모래 위에 지은 집'의 차이는 무엇인가?

집만 화려하고 멀쩡하게 지어져 있으면 부러워할 것인가?

오래가는 아니, 영원히 나의 것인 집이 아니면 무슨 가치가 있는가?

(7) 어리석은 부자의 비유

제한된 시야의 비극. 제한된 시야가 만들어 내는 물질세상과 시간이라는 환상.

시간 안에서의 계산과 영원성이라는 관점의 결여가 낳는 결과.

지금 부자는 얼마나 오래도록 부자로 남아 있을까?

돈과 권력과 명예와 몸의 쾌락들과 그것들의 효용은 얼마나 오래 지속될까?

(8) 자기 눈 안의 들보와 타인 눈 속의 티의 비유

자기 눈 안에 있는 들보는 보지 못하고 다른 사람 눈 안의 티를 나무라는 사람.

교만함과 어리석음과 무지함 3형제. - 장애의 악순환.

왜 항상 똥 묻은 개들은 겨 묻은 개들을 보고 그리도 사납게 짖는가?

이 비유는 기본적으로 판단에 대한 경계이다. 형제에 대한 공격은 분노에서 나오고, 분노는 판단에서 나오지만, '판단하기'에 대해서 말하자면 이 세상의 그 누구라도 제대로 '바른' 판단을 해낼 수가 없다. (교사지침서 10, '판단을 어떻게 포기하는가?')

교사지침서 10. '판단을 어떻게 포기하는가?'

3. 네가 어떤 것이든 *바르게 판단하려면*, 지나간 일과 현재 일어나고 있는 일, 앞으로 일어날 일에 대해 상상조차 할 수 없을 정도의 넓

은 범위에 걸쳐 충분히 알아차리고 있어야 할 것이다. 너는 어떤 식으로든 관련된 모든 사람과 모든 것에 너의 판단이 미칠 그 모든 영향을 미리 인식하고 있어야 할 것이다. 그리고 지금이나 미래에나 모든 사람을 완전히 공평하게 판단하도록, 너의 지각에 어떤 왜곡도 없음을 확신해야 할 것이다. *누가 그런 판단을 내릴 위치에 있는가?*

이렇게 판단을 제대로 하는 것이 애초에 불가능한 일이라면, 형제에 대한 분노도 공격도 엄밀히 말하자면 아무런 믿을 만한 근거를 갖추지 못한 것이다. 그렇다면 신약성서에서 '형제에게 노하는(형제를 판단하는) 자마다 심판을 받게 되리라'고 외치는 예수의 심정은 이해하기 어렵지 않다.

> **마태복음 5:22** 나는 너희에게 이르노니 형제에게 노하는 자마다 심판을 받게 되고 형제를 대하여 라가라 하는 자는 공회에 잡히게 되고 미련한 놈이라 하는 자는 지옥 불에 들어가게 되리라.

(9) 밭에 감춰진 보화의 비유

어떤 사람이 어느 날 어떤 밭에 보화가 가득 묻혀 있는 것을 발견하고서는 속히 집으로 가서 자기가 *가진 모든 것을 팔아서* 그 밭을 샀다는 이야기.

기적수업은 이 비유의 교훈과는 정반대로 에고에게 속아서 '사소한 반짝이는 것들'에 애정을 바치면서 살고 있는 우리의 모습을 묘사한다. 배움을 선택함으로써 *용의를 보인 우리*에게는 '보화'의 정의가 역전될 것을 알려 준다. 보통 사람들은 천국보다는 세상의 싸구려 즐거움들을 더 원하며, 즉 더 '보화'인 것으로 여기며 살고 있다. 하지만 구원에 대한 진정한 용의를 가진 사람에게는 목표로 삼은 천국에 비하면 세상의 '값싼 장신구 몇 개'는 더 이상 아까워하고 지킬 가치가 없는 사소한 것들(little things)임을 지적한다.

> **텍스트 21:46** 너는 여전히 *에고에게 가끔 속는다*. 하지만 네가 보다 제정신인 순간에는, 에고의 호통에도 공포에 떨지 않는다. … 남은 *값싼 장신구 몇 개*(a few remaining trinkets)가 여전히 반짝거리며 너의 눈을 사로잡는 듯하다. 하지만 너는 그것들을 갖기 위해 *천국을 "팔지는"* 않을 것이다.

인생에서 가장 값진 것의 가격은 얼마인가?

천국(치유, 기적, 구원)을 원하는 당신의 용의는 얼마나 진지하고 전적인가?

'조문도 석사가의'란 당신에게 받아들일 수 있는 아이디어인가?

'above all' and 'wholehearted'는 구원에 대한 용의의 속성으로 무엇을 의미하는가?

'목숨과 정성과 마음을 다하여 사랑하기'란 어떤 것인가?

왜 보화는 발견하기가 쉽지 않도록 밭에 감춰져 있는가?

보화가 묻힌 밭을 발견하고 나서도 지체하는 이유는 무엇인가?

진리나 천국의 모습도 무엇인가에 가로막혀 있거나 감춰져 있는가?

초라한 행색을 하고 있는 사람이면 정말로 무능하고 더럽고 행색처럼 초라한 인간인가?

우리도 이제는 샤넬, 아르마니 옷만 찾아 입어야 하는가?

혹시 위대하거나 대단한 것이 행색에 가려져서 잘 안 보이지는 않는가?

비유들 계속:

(10) 열 처녀의 비유

우리 우주의 시작과 함께 생겨난 시간의 개념.

강력한 환상을 일으키는 마음의 구조물. - 시공간의 유혹.

시간 안에서 *깨어 있다*는 것은 무엇인가?

누가 오직 천국(하느님의 나라)만을 위해 깨어 있는가?

천국만을 위해서 온전히 깨어 있기는 정도가 없이 있거나 없거나 일뿐인 관계, 용서, 비전, 치유처럼 총체적이고 완벽해야 한다. 우리는 자고 있거나 깨어 있거나 둘 중 하나만 할 수 있다. 반쯤만 깨어 있을 수는 없듯 우리의 깨어 있음은 온전해야만 한다. 시간 안에서 살지만 우리의 천국을 향한 주의집중은 전적이라야 하고 깨어 있기는 타협이 없어야 한다.

이 비유 또한 시간 안에서 살고 있는 우리의 처신이 어떠해야 하는지에 대한 가르침이다. 하느님의 나라에 대한 타협 없고 흔들리지 않는 주의집중과 유지는 당시 고달프기 그지없는, 식민지 주민의 삶을 살아가던 사람들에게는 대단한 **사고역전의 촉구**였다.

(11) 혼인 잔치에서 말석을 택하는 자의 비유

겸손하기와 사고역전

나중 된 자가 먼저 되고 먼저 된 자가 나중 된다.

가장 섬기는 자가 가장 높은 자이다.

보이는 것이 항상 진실은 아니다.

지금 잘나가는 인간은 태생적으로 본질적으로 또 내재적으로 고귀한가?

(12) 일만 달란트 빚진 자의 비유

용서

원수를 사랑하기.

원수를 잊어버리거나 참아 내고 용서(에고의 용서계획에 따라)하기보다
한발 더 나아가는 것인 성령의 용서계획에 따른 용서(사랑)하기.

당신은 원수를 용서하는 것에서 더 나아가 사랑하기까지 할 수 있는가? (가
장 당신을 괴롭힌 적에게 "당신은 하느님의 거룩한 아들입니다. 내게 당신의
축복을 주소서."라고 할 수 있는가?)

원수의 모습을 한 그리스도를 피해자의 모습을 한 그리스도가 대하기. -
'다양한 얼굴들로 위장한 그리스도'에 속아 넘어가지 않기.

자신을 용서하기

동일시하기의 함정: 몸과의 동일시, 자기 행위와의 동일시, 자기 생각과의 동일시.

지금 거울에 보이는 당신이 정말 당신인가? 아니면 당신이 지어낸 것인가?

내가 나라고 느끼는 이것은 실재하는가?

나는 (정말로) 누구인가?

"나는 몸이 아니다. 나는 영이다."

(13) 재물과 하나님 둘 다를 섬길 수는 없다는 비유

물질과 돈의 거절하기 힘든 매력. (돈, 보호, 안전 추구는 곧 몸을 자기정체로 본 것.)

소유의 환상은 결여의 두려움에서 시작된다.

우리는 정말로 본처 자식도 첩의 자식도 똑같이 대할 수 있는가?

우리는 정말로 영자도 순자도 똑같이 사랑할 수 있는가?

예수에게 선생이라고 부르며 구원을 얻기 위해서 자기가 "해야 할 일이 있다면 알려 달라, 그 무엇이라도 하겠다."고 하는 젊은 부자 청년에게 예수는 답했다. "너의 모든 소유를 팔아서 가난한 자들에게 주고 나를 따르라." 예수는 그의 재산에 관심이 있어서가 아니라 그가 가장 사랑하는 것조차 하느님을 사랑하는 데 있어서 우상/환상일 뿐임을 가르친 것이다. 그러나 이 청년은 크게 낙담하며 예수를 떠났다는 내용의 비유이다.

이미 설명했듯이 자기만족에서 깨어나고 자기비평을 감내할 수 있을 정도의 감수성과 열린 마음을 가지라고 촉구하는 것은 전통적인 문학, 예술, 철학의 목표들 중의 하나이다. 다른 이들이 자기를 향해 쏟아붓는 비평을 견딜 수 있고 심지어 그것을 더 깊은 지혜와 통찰력을 얻는 기초로 사용할 수 있다면 인간의 정신과 영혼은 훨씬 고양되고 내적인 평화와 행복을 얻게 될 가능성이 높아질 것이기 때문이다.

어떤 사람이 자기비평(self-criticism)을 해낼 수 있거나 자신을 향한 비평을 수용할 수 있다는 것은 일반적으로 그 사람의 인격적이고 지적인 성숙함을 보여 주는 지표라고 할 수 있다. 자신의 결함에 대해서 지적하는 것을 수용할 수 있으려면 고도의 분별력과 자제력뿐만 아니라 마음의 개방성과 유연함 그리고 지적인 겸손함과 통찰력을 필요로 하기 때문이다.

이런 이유로 유럽의 왕들의 궁정에는 왕에게 늘 접근할 수 있으면서 그의 문제점들을 직언하거나 풍자하는가 하면 야유까지 해 가면서 지적하는 것이 임무인 'clown'(광대)을 두기도 했다. 그냥 모자라고 미친 인간의 헛소리라고 치부하기에는 너무 예리하고 직선적인 비평과 충고를 하는 임무를 그에게 주었다. 바보 광대의 헛소리이기에 보통 사람의 경우라면 그랬을 것처럼 당장 처형하지 않을 이유를 만들어 두어서 꼭 필요한 '비평'을 지속적으로 들을 수 있게끔 구조적인 장치를 영리하게 마련해 두었던 것이다.

예수가 산상수훈과 비유들에서 가르쳤던 역설의 진리들을 사람들이 받아들인 양상과 오늘날 기적수업에서 가르쳐 주는 '진짜 나'와 '가짜 나'의 구분과 각각의 특징들에 비추어 볼 때, 어떤 이의 자기비평에 대한 수용 여부는 그가 자기가 진정 누구인지를 알고 있을 (혹은 조만간 발견하게 될) 가능성을 엿보게 해 주는 것으로 해석할 여지가 있다. 자신이 정말로 누구인지 아는 사람이라면 '가짜 나'에 대한 지적이나 비난이나 비평을 싫어하거나 두려워할 이유가 없을 것이다. 그렇다면 타인이 자기에게 던지는 비평뿐만 아니라 스스로에게 하는 자기비평도 인정하지 못하거나 두려워해서 거부할 이유가 없는 것이다.

오직 자신의 참정체인 '참나' 혹은 'The Self'(진아, 신성, 불성, 브라흐만 등으로 불리는)가 각성된 사람 혹은 자신의 진면목을 알고서 보이고 들리는 모든 환상들을 용서하는 사람만이 어차피 자신의 참정체도 아닌 '가짜 나'에 대한 비평에 자극받지 않을 것이다. 어차피 자신과 상대를 구분하지 않고, 비평받는 대상인 '자기'(the self)란 것은 단지 환상임을 알고서 믿지도 않을 것이기에 이 사람에게는 타인이 자기에게 하는 비평도 스스로가 하는 '자기비평'도 특별히 자극을 일으키지 않을 것이기 때문이다.

반면 자아이미지를 자기로 동일시하며 자기의 참정체를 아직도 간파하지 못하고 있는 사람이라면 '자기비평'은 언감생심이고, 타인이 해 주는 자기에 대한 비평('비난'과 달리 창조적인 변화를 기약하는 것.)도 그리 견디기 쉽지는 않을 것이다. 그래서 자제력이 부족한 군주 혹은 다른 일로 성질이 날카로워진 군주와 함께 지내는 '바보 광대'는 가끔 목이 달아나기도 한다. 자신을 비평하고 성찰하되 충격 속에서 사고가 뒤집힐 정도로 하라고 가르치던 예수가 당시로서는 가장 굴욕적인 십자가형에 처해진 것은 두말할 나위도 없고….

오늘 당신의 목은 안녕하신가?

3

대승불교와 기적수업이 만나는 지점

① 밖에서 지각되는 것은 완전히 환상(온전한 가유)일 뿐이다.

아드바이타 베단타(advaita vedanta)의 불이일원론(non-dualistic monism)의 핵심적 이론인 '완전한 환영성'이라는 실재론과 유사하다. [우주는 가유(가짜 있음)이다.]

② 실재와 실재세상은 우리의 이해를 넘어서는 영역이긴 하지만 우리가 용서를 통해서 비전을 얻을 때 실재세상을 지각할 수 있게 된다는 점에서 공즉시색이나 진공묘유에서 설명하려는 '공'의 개념과 유사성을 보여 주기도 한다. 이것이 기적수업과 대승불교의 유사한 점이다.

우주는 진공묘유이다. 색즉시공이고 공즉시색이다.

③ 자신의 신성(거룩함이라는 정체성, 불성)의 흔들림 없는 알아차림이 바로 구원(깨달음)이다. 선불교와 유사하다.

1) 깨달음(구원)의 정의

불성/신성/거룩함.

완벽한 알아차림(몸이 아닌 마음의 작용), 공적영지지심.

아무것도 아닌/공한 세상, 공중무색, 색즉시공 공즉시색, 진공묘유.

> **텍스트 15:25** 왜소함의 세상에서 위대함의 완벽한 자각을 유지
> 하기란 왜소한 자들로서는 감당할 수 없는 일이다. (To hold your
> magnitude in perfect awareness in a world of littleness is a thing
> the little cannot undertake.)

위대함/신성/불성, 흔들리지 않는 자각, 알아차림을 유지하기, 왜소한/공
한 세상, 왜소한/환상인 세상에 집착하는 왜소한 자들에 대해서 가르친다.

혹자는 기적수업이나 선불교의 구원론에 대해서 비판의 목적으로 반론을
제기할 수 있다. "누군가가 정말로 불성을 알아차린다면(구원을 생래적으로
득하고 있다면), 알아차리고 나서도 (구원을 얻고 나서도) 여전히 습이 작용
하는 것은 어떻게 이해할 것인가?" "알아차린 후에도 사람이 대체로 완전히는
변하지 않는 것이 현실적 관찰의 결과라면 결국 알아차림 자체가 깨달음이란
주장이 성립되지 않는다는 증거가 아닌가?"

이 질문들은 실제로 아주 오랜 질문들이다. 이 의문에 대한 대답은 종종 주
어졌지만 그 답을 제대로 이해하기 위해서는 특정한 상태/위치에 있는 것이
먼저 필요한 그런 종류의 질문이다. 그런 상태에 있지 않은 사람이 하는 이런

(수사적인) 질문은 비트겐슈타인이 지적했던 '모르는 것에 대해 조용하지' 않는' 경우에 해당한다.

정말로 알아차린 사람이라면 이렇게 알아차림과 행동의 변화에 대한 질문을 할 필요를 느끼지 않는다. 알아차리고 나서도 습이 여전히 있는 것은 결국 알아차림이 깨달음이라는 주장이 옳지 않다는 증거가 아닌가라는 질문을 최소한 스스로는 할 이유가 없다. 본인은 단순히 자기가 누구인지를 알고 또 그 상태에 있기 때문이다.

실재가 아닌 차원의 것들(the little things)이 이러하고 저러해야만 한다는 '상'(image)에서 벗어나 있다. 그런 사람에게 환상들의 잔재는 잠시 있다가 사라질 것이기에 진정한 관심이나 주의의 대상이 되지도 않는 것이다.

'가짜로 보태진 것'이고 '실재 세상을 가리기 위해서 만들어진 것'인 환상을 간과하고 오직 실재에만 집중(하느님과 그의 나라만 구하기, Being vigilant for only God and His Kingdom)하기에 자신의 행동의 불완전함이나 삶이 가진 한계들에 대해서 전혀 염려하지 않는다('하려불필'《신심명》). 별 필요도 의미도 없고, 쓸데도 없는 '세상에서의 완전함'을 추구할 이유가 없기 때문이다. 세상에서의 형상(즉 환상)은 신성/불성이 참으로 자각된 경우라면 서서히 그의미도 형태도 잃어 갈 것이기에 괜히 그것에 주의를 쏟고 집착하면서 환상에 힘을 제공하지 않는다. 수업의 용어를 빌리자면 '간과'(disregard)한다.

아무리 발악하는 습관, 습기, 환상도 그것들이 좀 덜한 모양새로 나타나는 것들도 똑같이 다 공함(의미 없고, 가치 없음, 아무것도 아님.)을 알기 때문이다. 더구나 알아차리면 조만간 습은 사라짐을 안다. 공하여 실재가 아니니 실체가 없어서 그러함을 이해하기에 언제나 습이 사라질 것인가 하는 의문이나 관심은 일어날 이유조차 없다. 무엇인가가 풍족해서 그 안에 잠겨 있는 사람은 그것에 관심을 가질 이유가 별로 없지만 그것을 결여한 사람은 그것이 있는가라는 문제에 예민할 수밖에 없는 것과 같다.

> **텍스트 19:33** 죄의 근원은 이미 제거되었다. 따라서 죄를 소중히 여길 수는 있지만, 단지 죄가 사라지기 전에 잠시뿐이다. *죄를 구하는 습관만이 여전히 남아 있을 뿐이다.* (Its source has been removed, and so it can be cherished but a little while before it vanishes. Only the *habit of looking for it still remains.*)

죄는 뿌리가 사라지고 오직 죄를 찾는 습관만 남아 있다

게다가 여기서의 '알아차림'은 신성/거룩함/불성의 **완벽한 알아차림을 유지하는 것**을 의미한다. 어설픈 알아차림도 아니고, 잠시 알다가 곧 잊어버리는 종류의 완벽하지 않은 알아차림과도 다른 것이다. 그리 이상적이거나 바람직해 보이지 않는 해묵은 습관이 여전히 일부 유지되는 모양새들은 '깨달음은 곧 알아차림을 확고히 유지하는 것'이라는 정의가 틀리다는 사실을 입증한다고 주장하는 사람들에게는 오히려 이런 질문들이 던져져야 한다.

"습관의 완벽함이나 행위의 완전함이 깨달음/구원의 증거라면 '의인은 없나니 하나도 없도다.'라고 탄식한 사도바울의 구원론에 비추어 볼 때 도대체 누가 구원받을 수 있을 것인가?"

"정도의 차이일 뿐이지 태평양을 수영해서 건너려는 사람은 어디에선가는 빠져 죽을 수밖에 없지 않은가?"

"겉으로 드러나는 형태는 설령 우리의 지각에 그리고 우리의 판단으로 완벽해 보인다고 해 보았자 지각과 판단의 내재적인 한계에 비추어 볼 때 우리의 영이 구원된 증거가 되기에는 어차피 부족하지 않은가?"

2) 모든 것이 환상이라면 그 환상은 언제 시간 안의 실존적 삶에서도 사라지는가라는 문제(돈오돈수 돈오점수)

워크북 187:7 인식된 환상들은 반드시 사라진다. (Illusions recognized must disappear.)

염기즉각 각지즉무(보조국사 지눌의 《수심결》).

교사지침서 26:4 너의 기능은 한계에서 벗어나는 것이지, 한계 없이 있는 것이 아니다. (It is your function to escape from limitations, but not to be without them.)

텍스트 20:74 환각은 있는 그대로 인식하면 사라진다. 이것이 곧 치유이자 치료법이다. 환각을 믿지 말라. 그러면 환각은 사라진다.

이렇게 환상들이 사라지는 것이 치유이다. 물론 시간 안에서 실재하지도 않는 죄를 '찾는 습관'은 좀 더 오래 남아 있을 수 있다. 이런 맥락에서 위에 인용한 텍스트 19:33은 '죄의 비실재성'에 대해서 설명한다.

죄가 실재라면, 죄는 영원히 치유될 가망이 없을 것이다. ··· 죄의 근원은 이미 제거되었다. 따라서 *죄를 소중히 여길 수는 있지만, 단지 죄가 사라지기 전에 잠시뿐이다.*

우리가 자칫 잘못해서 깨달음이 부족한 것 혹은 우리의 구원이 완전하지 않은 것의 증거로 채택할 수 있는 소위 '죄' 혹은 이전의 죄의 습관/습기란 것은 사실은 '죄를 **찾는** 습관'이다. 죄를 짓는 습관이 아니라 이미 뿌리째 제거된 죄를 여전히 잠시 더 '귀하게 여기는'(cherish), 그래서 조금 더 가지고 놀고 싶어 하는 우리의 습관인 것이다.

그러므로 우리는 '알아차림' 이후에도 여전히 죄를 짓는 것이 아니다. 기초가 제거되고 **뿌리가 사라진 것**이라 더 이상은 없는/존재하지를 않는 죄를 지을 도리는 없다. 단지 우리의 마음이 아직도 그것을 원해서 소중하게 여기기(cherish)에 과거의 죄를 찾던 습관만 여전히 남아서 우리에게 지각되는 것이다(돈오돈수 돈오점수 이슈).

이렇게 지각되는 모습이 환상임은 두말할 나위도 없다. 영과 마음과 만물의 **실상을 알아차린 사람에게 죄는 뿌리가 이미 뽑힌 습일 뿐으로 실재하지 않는 '환상'이자 '이미 사라진 별빛의 잔상'**일 뿐이다. 별빛 자체가 오래전 사라진 것의 환상일진대 그 잔상은 더 언급할 가치도 없다.

겨울이 여기 있다면 봄이 아주 멀리 있을쏘냐? (*If Winter comes, can Spring be far behind?, P. B. Shelley.*)

V. 결론

1

기적수업은 염세적이거나 초월적인 관조 또는 패배주의를 지지하는가?

in the world but not of the world.

하려불필.

몽환허화 하로파착.

응무소주 이생기심.

오온개공 도일체고액 원리전도몽상 구경열반.

텍스트 22:45 환상은 어떻게 극복되는가? 분명히 힘이나 분노로, 혹은 환상에 어떻게든 반대함으로써 극복되는 것이 아니다.

교사매뉴얼 26:4 그러니 한계를 탓하며 절망하지 말라. 너의 기능은 한계에서 벗어나는 것이지, 한계 없이 있는 것이 아니다. 고통 받는 자들이 너의 말을 들을 수 있으려면, 너는 그들의 언어로 말해야 한다. 너희가 구원자들이 되려면, 무엇에서 벗어날 필요가 있는지 이해해야 한다. *구원은 이론적이지 않다. 문제를 보고 답을 청하라. 그리고 답이 오면 답을 받아들여라.*

이상의 인용들이 강조하는 것은 삶의 한계들은 피할 것이 아니라 그 본질을 알고서 그 해결에 집착하지도 말고 그것들이 영향을 미치도록 허락하지도 말라는 것이다. 오히려 삶이 주는 한계들을 경험해 보아야만 고통 속의 형제들을 도울 수 있고, 어떤 필요들을 그들이 느끼며 사는지 알아야만 구원자가 될 수 있다는 것이다. 고통 속의 형제들을 듣도록 만들려면 그들의 언어로 말해야 한다. 그들의 삶의 문제들을 듣고 보고 이해해야 한다. 구원은 이론이아니기 때문이다. 결론적으로 기적수업은 염세적이거나 패배주의적이 아니라 오히려 삶의 한계들과 문제들에 대한 실용적 이해와 접근을 촉구한다.

> **워크북 155:1** 너는 더 자주 미소 짓는다. 너의 이마는 차분하고, 너의 눈길은 조용하다. (You smile more frequently in life, your forehead is serene, your eyes are quiet.)

기적수업의 목표라고 할 수 있는 구원이나 기적이나 치유는 삶의 한계들과 문제들을 피해서 도망가는 것을 의미하지 않는다. 결국, 기적수업의 가르침들이 초월적이고 도피적이며 패배주의적이지 않은가 하는 질문에 대한 답은 실재가 무엇인가 그리고 세상은 실재인가라는 질문들에 대한 각자의 대답에 달려 있다고 할 수 있다.

① 비록 환상이지만 세상에서의 것들은 여전히 성령께 드려질 때 배움의 도구가 될 수 있다. 이런 의미에서 세상의 것들을 그 소유든 사용이든 억지로 고통스러워하면서 포기하라고 권하지 않는다.

지금 우리가 세상에서 소유한 것들의 소유권을 양도하거나 사용권을 버리라는 것도 아니고(**워크북 133:2, 이 수업은 너로부터 네가 가진 아무것도 아 닌 것을 뺏기를 시도하지 않는다.**) 일상의 삶에서 하고 있는 일들을 더 이상 하지 말고 오직 수업공부만 하라는 것도 아니다. 단 환상인 세상과 물질들(그 리고 다른 모든 것들: '제법')에 대하여 그 본질('공상')을 알고서 소유하고 사 용하고 활용하되 집착하지는 말라고 하는 것이다(제법공상, 공중무색, 응무 소주 이생기심).

내가 가지고 노는 장난감들이 본질적으로 '아무것도 아닌 것'(nothing)임을 알 때 그 장난감들로부터의 자유와 해방이 가능해진다.

② 집착이 없기에 더 자유롭고 여유 있게 세상을 대하고 물질을 다룰 수 있 어서 그들을 실재로 믿고 주착을 버리지 못할 때보다 오히려 훨씬 더 효 율적이고 성공적으로 세상에서의 성취를 이루어 내는 경우들을 종종 볼 수 있다. '향하면 오히려 빗나가는 원리'에 비추어 볼 때 집착 없는 사고 와 행동이 때로는 훨씬 더 효율적이고 생산적일 수 있는 것이다. 또 기 적수업이 이끄는 대로 마음 깊은 곳의 죄책감을 없애게 되면 어차피 환 상인 세상에서의 삶을 살 때 훨씬 가볍게 즐길 수 있을 것은 자명하다.

③ 특별히 '기적수업의 교사'에게는 세상의 것들이 주는 즐거움이란 고통일 뿐이기에 그것들을 포기하라는 권고가 있긴 하다. 하지만 수업은 묻는 다. 고통만 주는데다가 그 본래가 '아무것도 아닌 것'(nothing)을 포기하 는 것이 과연 희생이냐고? 그런 것들을 포기하는 것이 희생이라는 믿음 자체가 환상이라고 지적하는 것이다.

교사지침서 13:1 첫 번째 환상은, 또 다른 사고체계가 확고히 자리 잡을 수 있으려면 그전에 물러쳐야 하는 것으로서, 이 세상의 것을 포기하는 것이 희생이라는 것이다. 이야말로 환상이 아닌 무엇일 수 있겠는가? 이 세상 자체가 환상에 지나지 않으니 말이다.

④ 신은 우리가 가졌다고 믿는 세상의 것들(환상들)에 대해서는 아예 관심이 없다. (**워크북 133:2, 이 수업은 *너로부터 네가 가진 아무것도 아닌 것을 뺏기를 시도하지 않는다.***) 어떤 종교조직들에서 보이듯 제물을 바치고, 육신을 괴롭히며 몸을 바쳐서 헌신하거나, 화려한 예배와 찬양을 드리는 것에 대해서 그 열성의 정도를 판단할 지각도 좋아할 만한 에고도 신은 갖고 있지 않는 것이다. (**텍스트 4:100, '*에고도 지각도 가지고 있지 않은 하느님*'**) 그렇다면 그것들을 대하고 다루는 우리의 마음만 문제가 된다는 결론에 이를 수 있다.

2

기적수업의 열매와 혜택

기적수업의 독특한 열매와 공헌

1) 지성적인 신앙(믿음에 대한 정의와 경전의 이해와 해석에 있어서 과학적/이성적 사고와 합리적 비평정신이 배제되지 않고 역할을 하게끔 허용되는 신앙)의 회복을 돕는다

믿는다는 것은 무엇인가?

신앙의 외부적인 형식들에 매달리는 것인가 아니면 신앙의 내면 차원에 보다 더 초점을 두는 것인가?

예수(혹은 부처, 알라, 브라흐만 등)라고 하는 이름의 주술적인 힘에의 의지인가? 아니면 예수의 정신과 가르침의 핵심을 자기의 인생 여정에 필요한 원칙들로 받아들이고 예수가 그리했듯이 받아들인 원칙들에 따라서 살기로 선택하는 것인가?

내가 믿고 있는 것과 믿어야 할 것은 무엇인가?

여태껏 믿고 있던 것의 유지인가? 그것의 전복과 역전인가?

사회와 교회의 가치체계와 믿음체계의 답습과 수용인가, 그것들의 비평적 역전인가?

믿음조차 사고의 역전을 적용한 새로운 이성적 믿음을 받아들이는 것이 진정한 속죄이다.

베드로전서 2:9 너희는 택하신 족속이요 왕 같은 제사장들이다.

그리스도 안에는 자유인도 종도, 유대인도 이방인도, 남자도 여자도 없다 (갈라디아서 3:28, 일체성). 이런 혁명적인 아이디어뿐만 아니라 성경에 나오는 "건축자들이 버린 돌이 모퉁이의 머릿돌이 되었나니."(막 12:1~12) 혹은 "하느님께서 죄인으로 십자가 위에서 죽은 예수를 부활시키셨다." 등의 기독교 신학의 중심적 가치를 지닌 성경구절들이 알려 주듯 기독교 자체가 바깥에 보이는 것들의 전복과 통상적인 사고의 역전이었다.

우리 시대의 기독교는 대체로는 우민화의 흔적을 여전히 지닌 다소 소프트한 가르침으로 변했다. 신자들이 복음과 그 가르치는 바를 받아들이고 나서 가지는 새로운 선택과 변화를 강조하기보다는 복음의 피상적인 메시지가 촉발시키는 신자들의 감정적인 고양에 더 치중하는 듯 보이는 가벼운 복음으로 변질되었다는 지적을 피할 길이 없다.

축복 보호 특별함 장수 번영 같은, 몸의 편안함과 세상에서의 권력과 영광을 누리는 것과 관련된 가치들이 주로 부각되고 다루어지며 신자들에 의해서도 선호된다.

- 지금은 빈약하나 나중에는 심히 창대하리라.
- 믿는 자에게는 능치 못한 일이 없다.
- (하느님의 **특별히 나를 향한** 보호와 축복으로) 내게 부족함이 없을 것이고 내 잔은 넘쳐 난다.
- 지금의 고난은 나중에 천국에서 보상받아서 누릴 영광에 족히 비할 바가 못 된다.
- 너는 하늘의 별과 같이 빛날 것이다.
- 너의 자손들이 하늘의 별들처럼 많아질 것이다.
- 너는 내가 축복해서 (다른 민족이 이미 살고 있었지만 쫓아내고서 네게 준) 땅 위에서 오래 살 것이다.
- 하느님은 특별히 너를 눈동자 같이 지키고 보호하실 것이다.
- 땅에서도 잘됨같이 하늘에서도 영광을 누릴 것이다.
- 꼬리가 되지 않고 머리가 되게 하옵소서.

이상은 과학기술 발전과 경제팽창으로 최소한 외형적으로는 최고의 번영을 구가하고 있는 우리 시대의 평균적인 기독교인들이 가장 선호하는 것으로 보이는 성경의 구절들과 개념들이다. 반면에 가장 핵심적인 예수의 가르침들이 녹아들어 있다고 인정받는 비유들이나 산상수훈은 수수께끼처럼 취급되면서 별로 열독이나 깊은 탐구의 대상이 되지 못하는 경향이 짙다.

이에 비해서 기적수업은 대체로 평균적인 종교인이라면 받아들이기는커녕 매력을 느끼기조차 쉽지만은 않은 상급자용 가르침이라고 할 수 있다. 실재와 비실재의 문제를 다루고, 지각의 거짓됨을 지적하며, 세상은 환상임을 가르치는 것만으로도 결코 진리/절대자/신/사랑의 탐구에 이제 막 나선 초심자의 구미를 맞추기에는 적절하지 않은 내용으로 보인다. 단 **기적수업은 우리의 이성이 신앙과 믿음의 내용에 대한 해석에 합치하지 않거나 *이성과 믿음이 서로 어긋나는 경우가 최소화된 가르침***이라는 장점은 가지고 있다고 할 수 있다.

종교의 교리들과 경전들이 기록하고 가르치는 아이디어들과 레슨들이 우리의 최소한의 이성과 합리적/과학적인 사고와 조화롭지 못할 경우에 우리는 종종 회의와 실망으로 종교를 떠나거나 경전들을 탐구하기를 그치게 된다. (특이하게도 이런 사람들은 어떤 기독교 전통에서는 종종 '냉담' 상태에 있다고 묘사된다. 안 그래도 힘든 사람을 두 번 죽이는 것이 무엇인지 보여주는 경우이다.) 아무리 신앙이 필요하고 때로는 무엇보다도 절실하지만 과학적 비평을 견딜 수 있고 최소한의 합리성에 기반을 둔 경전과 교리의 전수와 이해가 불가능하다면 현대 사회에서 살아가는 우리가 그 신앙을 계속 유지하고 의지하기는 쉽지 않다.

영미권의 법학교육에서는 커리큘럼의 주요 과목들 중 하나로 '증거'(Evidence, 증거법)에 대해서 가르친다. 어떤 상황에서 사실관계의 확립에 대해서 서로 상충되는 증거들과 정보들을 가지고서 결론을 내리기 힘들 때 그나마 전체 맥락에서 가장 합리적이고, 구체적인 정황에 어울리며, 자체적으로 모순되지 않고, 일관성 있고 논리적이며, 다른 증거들의 증명력을 해치는 역설/모순에서 자유로운 증거들을 우선적으로 채택하는 원칙들에 대해서 배우는 것이다. 이런 커리큘럼의 취지는 어떤 사실이나 주장을 제대로 파악하고 연관된 상황의 진실성을 알려면 관련 증거들이 채택되기 이전에 과학적 사고와 이성에 기초한 합리적 추론이라는 관문을 통과해야만 함을 다시 확인하고 가르치는 것이다.

현재 우리가 읽는 성서 혹은 그 번역들은 정확한 이해의 가능성과 관련해서 상충되는 증거들이 흔히 초래하는 문제들에서 자유롭지 않다. 예를 들자면 불경한 자들의 가차 없는 살상을 명령하는 하느님과 반대로 일곱 번씩 일흔 번이라도 용서하라는 하느님, 십일조를 철저하게 바치라는 하느님과 과부의 헌금 단 한 푼이 부자가 때를 따라 내는 많은 액수의 헌금보다 더 크다는 하느님, 헌물을 반드시 바치고 각종 제사를 철저히 올리라는 하느님의 율법과 가슴을 치고 울며 하느님의 긍휼을 구하는 세리의 믿음이 형식을 철저히 다 지키는 바리새인의 믿음보다 더 크다고 가르치는 예수의 새로운 설교 등의 서로 모순되는 듯 보이는 증거들이 즐비하다. 이런 증거들은 위에서 언급한 증거법의 원칙들에 의해서 해석될 필요가 있다. (그리고 다른 경전들이나 영적인 가치를 지닌 문서들의 가치평가에도 이런 맥락에서 비슷한 원칙들을 사용해야 한다.)

① 상식적으로도 완전히 하느님의 속성에 어울리지 않는 것들은 일단 장차 그 의미나 가치가 입증될 때까지 채택을 보류하거나 무시한다. 다시 말해서 아직은 유효한 증거나 자료로 채택하지 않는다.
② 하느님의 성품에 가장 잘 어울리는 것으로 보이는 것들은 일단 채택하지만 서로 상충되지는 않는지 조사해서 자료로서의 가치를 정한다.
③ 신의 속성에 관해서 가장 이론의 여지가 없고 큰 원칙들인 하느님의 위대함, 광대함, 자비, 용서, 무조건적인 사랑과 포용('탕자의 비유' 등에 나

타나는)이라는 원칙들은 다른 특정한 신뢰성 높은 증거들과 충돌하지는 않는지 복합적인 검증 과정을 거쳐서 채택한다.

이상과 유사한 논리를 가지고서 주어진 상충되는 자료들/증거들의 우선적 가치를 매기면서 채택하려고 노력하는 것이 하느님을 아는 데("우리가 힘써 여호와를 알자." 호세아 6:3) 도움이 될 것이다. 이런 최소한의 내재적인 논리도 없이 여러 가지 증거들과 정보들을 '성서무오류설'에만 기초해서 자체적으로도 믿기 어렵고 또 다른 증거들과도 통합되지 않고 상충됨에도 불구하고 때때로 지극히 단순한 해석을 통해서 일부만 임의적으로 채택하고 활용하는 것이 현재 한국교회 주류의 성서해석과 가르침의 기본적인 입장으로 보인다.

이것은 채택하는 우리도 정신분열적으로 만들고 그런 채택된 증거들에 의해 묘사되고 예배받는 신도 분열적인 신으로 보이게 만드는 효과가 있다. 이런 신에 대해서 고찰할 때 우리는 도저히 우리가 갈피를 잡기 어렵게 만드는 모호한 의중을 가진 신, 예수가 비유와 산상수훈들에서 그렇게도 교정해 주고 싶어 했던 불합리한 이미지들로 묘사되고 설명되는 신, 의도와 정체가 참으로 알쏭달쏭한 신이라는 결론을 피하기가 쉽지 않아 보인다.

성서의 내용이 무엇보다도 보편적으로 받아들여지는 하느님의 속성과 성품에 어긋나지 않아야 보다 신뢰할 수 있는 정보가 될 수 있다는 이런 접근법이 일부 기독교인들(그리스도에 훨씬 더 초점을 맞추는 경향이 보이는 그리스도교인들)에게는 못마땅하게 느껴질 수도 있을 것이다. 하지만 성부와 성자와 성령의 삼위일체라는 기독교의 핵심교리에 비추어볼 때도 성자(그리스도)에 대한 이해와 성부(하느님)에 대한 이해는 둘 다 똑같이 중요하고 서로 상충하거나 배제해서도 안 된다. 그리스도교라 불리지만 하느님에 대한 바른 이해는 핵심이란 의미이다. 기독론만이 아니라 하자 없는 신론도 중요한 것이다.

2) 성서의 전통적인 난해한 문제들에 대해서 답의 가능성을 제시해 준다

기적은 정말로 존재하는가?
현재의 과학으로 설명이 안 되는 것은 모두 기적에 속하는가? 소위 기적적인 치유는 기적인가? 아니면 단지 지금 우리의 이해범위를 벗어나는 일인가?

만약 예수의 설교에 감동받은 청중들이 어린 아이가 제공한 빵 다섯 덩어리와 물고기 두 마리를 보고 마음이 움직여서 자기가 가져온 음식을 모두 함께 나누었다면 기적이란 과학적 사실에 어긋나는 초자연적 현상이 아니라 줌으로써 오히려 가질 수 있음을 일시적으로라도 깨닫게 된 사람들에게 일어난 지각의 교정이라고 할 수 있다. 이런 의미에서 기적은 존재한다.

악이 존재하는 문제와 신의 전능함은 어떻게 조화될 수 있는가?

기적수업에서 설명하는 신은 우리가 두려움 속에 빠진 마음으로 만든 세상을 알지도 못한다. 악이 횡행하는 세상은 그러므로 하느님에게는 존재하지 않고 오직 잠자고 있는 아들의 꿈에서만 존재한다. 이런 맥락에서 볼 때 악을 허락하는 신은 더 이상 없다. 악은 존재하지도 않기에 전능한 신과 악한 세상이라는 모순적 상황은 더 이상 존재하지 않는다. 악으로 보이는 것은 신의 전능함과 문제를 일으키지 않는 것이다.

　제2차 세계대전의 전쟁 기간 동안 일어난, 특별히 잔인하고 어처구니없을 정도로 큰 규모의 폭력과 인권 유린의 사건들이 신에 대한 서구 사람들의 관념에 한 전복적인 변화를 일으키기 시작했다. 특히 길지 않은 기간 동안에 무려 6백만 명에 달하는 인간의 생명을 갖은 극악한 방법들을 써서 말살했던 홀로코스트가 그 사건들의 중심에 있었다. 그것이 보여 준 전례 없이 잔혹했던 폭력, 비합리성, 부조리함, 그리고 공포의 압도적인 경험으로 우주를 합리적으로 운영하는 선한 신의 존재를 더 이상은 믿지 못하는 정서와 분위기가 피해자들의 주거주지였던 서구를 중심으로 생겨났다. 이런 배경에서 일어난 포스트모더니즘의 등장은 역사적인 사실이자 신과 우주와 인간의 이성과 합리성을 믿었던 수많은 사람들의 지지를 얻은 사건이다.

　홀로코스트나 레닌과 모택동의 대학살 등의 결과로 보다 뚜렷이 드러나기 시작한, 신의 섭리에 대한 신뢰할 수 없음 혹은 신의 피조물로 여겨졌던 인간 존재의 궁극적인 부조리함이라는 문제는 기적수업의 신학, 특히 그것이 제시하는 신론과 창조론에 비추어 보면 해결의 한 실마리를 기대해 볼 수 있게 된다. 우리는 신을 사유하거나 신앙하는 데 있어서 신이 합리적이며 이해할 수 있는 신이기를 바란다. 기적수업이 말하는 '우리에게 현재 지각되는 세상을 만들지도 않았고 알지도 못하는 신'과 '천국처럼 영원히 변하지 않는 것만 창조하는 신'의 개념들은 하나의 새로운 신론으로서 우리의 오랜 신학적인 곤경인 이해하기도 힘들고 합리적으로 보이지도 않는 신이라는 문제를 해결하는 데 도움이 될 수 있다.

수업의 신학 특히 창조론은 우리는 하느님이 창조하신 그대로라는 것을 되풀이해서 강조한다. 하느님이 창조하신 그대로 여전히 우리가 남아 있기에 우리는 거룩한 존재들이며, 그런 존재인 우리가 머무는 듯 보이는 이 세상은 진실로는 있을 수 없으며, 따라서 우리가 보는 모든 것은 우리가 지어낸 것, 즉 환상이라는 것을 가르친다. 그리고 우리 의식의 모든 사고와 몸의 경험도 아무것도 아닌 것, 우리가 꾸는 꿈의 내용물일 뿐이라는 것을 강조한다. 게다가 하느님은 우리가 꿈꾸고 있다는 것만 아실뿐 꿈의 내용에 대해서는 지식도 관심도 가지고 있지 않다고 한다. 우리 꿈의 내용은 영원한 것이 아니고 변하는 것이기에 하느님의 지식의 대상이 될 수가 없고 하느님은 인지조차 하지 않으신다는 것이다. 기적수업의 이런 특징적인 신학은 전통적으로 가장 난해한 기독교신학의 문제들 중 하나였던 신정론(theodicy, 악의 존재를 포용하는 신적인 섭리의 타당성 문제)과 관련된 질문에 적절한 대답을 가능하게 하는 한 단서가 될 수 있다.

삼위일체론에 대한 새로운 시각은 가능한가?
예수의 신성과 인성에 대한 이해에 대한 새로운 시각은 가능한가?
예수의 수수께끼 같은 가르침에 대한 새로운 해석의 여지는 있는가?

특히 "원수를 사랑하라."는 계명(혹은 "이웃을 네 몸처럼 사랑하라."는 계명. - 우리는 자신을 몸이라고 믿음을 믿고 있음과 어떤 경우에도 자신의 몸을 아끼고 사랑함을 지적하며 그 정도로 이웃을 사랑하라는 언급.)은 "하나님을 전력을 다해서 사랑하라."는 계명과 더불어 모든 계명들과 율법들의 요약으로서 우리의 마음 영역까지의 변화를 요구하는 것이다. 이것은 전통적인 종교적 사고를 가진 우리에게는 너무나 지키기 어려운 계명이다. 기적수업은 이것이 가능해지는 길을 제시한다.

> **텍스트 1:18** 기적은 너의 이웃을 *너 자신처럼 사랑하는 방법이다. 기적을 행하는 자는 자기 자신과 이웃의 헤아릴 수 없는 가치를 동시에 인식한다.*

십계명의 대부분은 실정법의 요구와 비슷해서 지키는 것이 가능하다. 교만, 원망, 분노, 판단 말라는 계명적인 가르침들도 교양과 신앙심으로 혹은 궁극적인 이기적 이유(실익이 자기에게 있다는 계산에서 나오는)로 가능하다. 그러나 남에게 보여 주는 것도 아니고 은밀한 영역인 마음속에서 원수를 체념과 수용의 믿음으로 그냥 잊고 사는 것도 아니고 *사랑하기까지 하라*는 것은 인간에게 요구하기에는 너무 가혹하게 들린다.

그런데 기적수업에서는 이 계명을 지키는 것이 가능한 이유가 제시된다. 에고의 용서계획에 따른 전통적인 용서의 의미가 지각의 역전으로 포기될 때 가능해지는 성령의 용서계획에 따른 용서가 그 가능성이라고 가르치는 것이다. 세상은 실재가 아니고 지각은 가짜이며 환상들과 꿈은 왜소함이거나 무이다. 그러나 우리 자신과 이웃, 즉 우리 모두는 '*헤아릴 수 없는 가치*'를 가지고 있고 하나이다. 우리의 몸과 몸이 하는 일은 지속되는 의미나 가치가 없는 환상일 뿐이지만 말이다. 그리고 우리는 남에게 주는 것을 결국 받게 되고 받고 용서할 때만 내가 용서 받는다. 또한 내 원수가 나의 구원자라는 역전된 사고를 받아들인다면 드디어 원수를 사랑하는 것이 가능해진다.

3) 바깥에 있는 물질과 세상(idols)의 실재성을 당연시하는 주류문화와 달리 내면(마음)으로 향하는 것의 의미를 가르친다

회광반조 vs. 바깥과 몸에의 편향적인 집중

기독교에서 세상은 힌두교 전통에서 그러하듯 환상(가유)도 아니고 대승 불교에서 파악하듯 묘유(진공묘유)도 아니며 실재이다. 바깥에 보이는 것들을 우상들(idols)로 정의하는 수업(그리고 특히 선불교의 가르침)은 바깥의 환상들은 우상들이므로 그것들을 간과하고(disregard) 용서하여(forgive), 마음으로 향하고 내면을 보라고 가르친다.

> **텍스트 29:48** 우상에게 기대지 말라. 너 자신의 밖에서 구하지 말라.
> (Look not to idols. Do not seek outside yourself.)

> **텍스트 29:43** 너는 실패할 것이고, 우상이 하나씩 무너질 때마다 울게 될 것이다. 천국이 없는 곳에서 천국을 발견할 수 없고, 천국 외에는 평화가 있을 수 없다.

4) 사소한/왜소한 것들(little things)에 중독되어 있고 자동적으로 의지하던 '습관'에서 해방되는 길을 제시한다

돈, 권력, 명예, 몸의 쾌락 추구, 건강 염려, 사고와 불행의 걱정, 죽음의 두려움 등 몸 정체성의 결과들로부터 해방됨.

보잘것없음, 하찮음, 너무 사소한 것, 왜소함(littleness, little things로 묘사되는)은 결국 '아무것도 아닌 것'이자 '무'이다.

이것들이 나의 내면의 죄책감이 탈출구를 찾는 과정에서 만들어 낸 환상들일 뿐이고 그 환상들이 또다시 지어낸 상징들에 지나지 않음을 안다면 그 환상들은 근본적인 존재의 힘을 잃게 된다. 이런 환상들이 지속되는 것에는 한계가 있다. 습관은 이미 없어진 죄의 희미한 흔적일 뿐이기 때문이다. 이것은 곧 속죄를 받아들인 자의 해방이 멀지 않았다는 의미이다. (If winter comes, can spring be far behind?)

5) 수업이 보장하는 기쁨, 행복, 평화라는 열매로 신약성서에서 예수가 주겠다고 말했던 '하느님의 평화'의 가능성을 *체험하게* 해 주는 *커리큘럼을* 소개한다

워크북 복습 5:15 우리는 우리가 사용하는 수단이 아닌, 연습에서 오는 경험을 믿는다. 우리는 경험을 기다리며, 확신은 오로지 경험으로부터 온다는 것을 인식한다.

기적수업의 커리큘럼은 그것이 목표로 하고 보장하는 진정한 하느님의 평화(세상이 주는 것과 같지 않은 평화, 조건에 따라 변하지 않는 평화)의 경험이 가능하도록 먼저 상세히 가르치고(텍스트), 연습시키며(워크북), 직접 체험하게까지 이끌게 구성되어 있다. 이렇게 아이디어들이 실천적으로 적용되게 이끄는 통합적인 커리큘럼은 동서고금을 막론하고 그 유례가 희귀한 것이다.

"나는 너희에게 평화를 남기고 간다. 내 평화를 너희에게 준다. 내가 주는 평화는 세상이 주는 평화와 같지 않다." 요한복음 14:27

(위 p. 208에서 인용)

"잠시 하다가 포기하는 것이 아니고 지속적으로 수업을 공부하고 연습하는 것은 가르침에 대한 단순한(지적인) 이해하기를 넘어서 뜻/용의를 가진 증거(받아들이기로 선택한 증거)라고 할 수 있다. *이런 용의가 영원 안에서는 즉각적으로 학생에게 구원과 치유 그리고 기쁨, 행복, 평화를 가져옴은 물론이다.* 행복, 기쁨, 평화를 누리기에 있어서 시간 안에서의 지연은 공부를 해 나가는 과정에서 이해되고 용해된다. 학생이 시간의 속성을 꿰뚫어 보고 이해하게 되기 때문이다. 영원의 관점과 배경에서 제한적인 것인 환상은 전적으로 무의미함을 보게 되는 것이다."

*성령의 인도함과 도움은 물론 있지만 학생의 입장에서는 용의만으로 충분히 가능해지는 이런 행복, 기쁨, 평화의 향유*가 기적수업과 다른 가르침들의 가장 중요한 차이점들 중의 하나이자 기적수업의 독특한 실용적 가치라 하겠다.

6) 보편적인 신앙체험(vs. 보편적 신학이론)의 가능성을 제시한다

산상수훈과 예수의 비유들은 기독교 신자인지 아닌지를 막론하고 가장 보편적으로 그 정신적이고 영적인 가치를 받아들일 수 있고 기독교의 혁신적인 가르침의 정수가 나타난 자료들로 인정받아 왔다. 그러한 산상수훈이나 예수의 비유들에 나타나는 것과 같은 그리스도의 원래의 가르침과 그것에 반영되어 나타나는 정신을 따라 행하고 살 것인가 기독교(혹은 특정 종교와 교단)가 시대에 따라 수호하고 강조해 온 다양한 교리를 더 중요하게 여기고 그에 따라서 살 것인가의 문제는 항상 제기되어 왔다. 기적수업은 이 문제에 대한 하나의 답으로서 독특한 교리들과 시대마다 그 강조점과 해석의 방향이 달라져 온 신학처럼 전승되어 내려온 다양한 전통들이 아니라 원래의 예수의 가르침과 그 정신이라는 본질이 더 중요함을 강조한다.

이 문제는 달리 표현하자면 우리 영혼과 마음과 이성에 새겨져 있고 잠시 가려지기는 하지만 결코 완전히 사라지지는 않는 하느님의 성품/속성(무조건적 사랑, 용서, 치유, 평화, 기쁨 등의)과 그 흔적에 기초한 가르침을 더 신뢰하느냐 아니면 개별 교단/교회/성직자의 때로는 비이성적이고 사랑의 본질에서 벗어나기도 하는 상대적으로 변화무쌍하고 임의적인 지침들을 믿느냐의 문제이기도 하다. 구름은 햇빛을 잠시 가릴 수는 있지만 영원히 사라지게 할 수는 없기 때문이다.

기적수업은 이렇게 보편적인 신학은 결코 가능하지 않지만 보편적인 체험(가르침을 따르는 자가 변함없는 기쁨, 평화, 행복이라는, 전에는 누리지 못하던 열매를 삶에서 실제로 누릴 수 있는가의 문제)은 가능함을 지적한다. 합리적 사고와 이성적 논증이라고 하는 보다 보편적인 검증과 평가의 관문을 통과하면서도 실천적으로 적용이 가능한 가르침들을 제안한다. 이것은 마치 소송에서의 한 당사자가 수많은 주장들을 내어놓으면서 오랜 역사와 전통에 의해서 뒷받침된다는 이유로 자기주장이 참이라고 우기는 상황과도 유사하다. 그러나 그런 주장들, 의견들, 증언들, 상황의 관찰들 중에서 오직 최선의 합리적 논증과 이성적 추론 그리고 실제적인 삶에서의 진실성과 실천적인 적용의 가능성이라는 검증의 관문을 통과한 것들만 신빙성 있는 주장으로 여겨지고 증거로 채택되어야 함은 물론이다.

> **교사지침서 26:4** 고통받는 자들이 너의 말을 들을 수 있으려면, 너는 그들의 언어로 말해야 한다. 너희가 구원자들이 되려면, 무엇에서 벗어날 필요가 있는지 이해해야 한다. *구원은 이론적이지 않다. 문제를 보고 답을 청하라. 그리고 답이 오면 답을 받아들여라.*

'모두 다 행복을 원하지만 아무도 진정으로 행복하지는 않다.'는 문제와 '아무리 애써도 우리의 행복, 기쁨, 평화가 완전하지 않다.'는 문제는 아마도 물질문명과 상업주의의 한가운데에서 극단적인 버전들을 경험하며 살면서도 여전히 영적인 가치와 신뢰할 수 있는 진리의 이정표들에 목말라하는 적지 않은 우리 시대 사람들에게 시급한 해결이 필요한 문제이다. 이제는 문제를 보고 답을 청할 때이다.

7) 신앙과 믿음의 혁신적이고 전복적인 재정의를 시도한다

인간의 정체성은 어떤 믿음을 받아들이느냐에 의해 정립된다. 그러므로 우리의 믿음의 내용은 우리의 정체성을 보여 준다.

죄와 죄책감과 십자가라는 상징이 나타내는 희생으로 대가를 치러야 구원될 수 있는 우리라는 정체를 믿느냐 거룩하고 권능과 영광의 존재이자 죄 없는 하느님의 아들인 우리의 정체를 믿느냐와 관련해서 무엇을 믿는 것이 올

바르고 하느님을 제대로 하느님답게 대접하는 신앙인지를 새롭게 정의한다.

8) 이원성에 비해 세상의 현실을 보다 잘 설명해 주는 다양성 개념의 수용을 가능케 하는 기초를 제공한다

이원성이 아니라 다양성이라고 하는, 현실의 보다 정확하고 정교한 이해에 필요한 개념을 소개한다.

> "그리스도 안에는 유대인도 희랍인도 없고, 자유인도 종도 없으며,
> 남자도 여자도 없다." 사도바울, 갈라디아서 3:28

이미 사도바울에 의해서 강력하게 선언되었고 많은 사람들에게 영감을 주고 수많은 정치적 사회적 변화를 이끌어 내기도 했지만 여전히 기독교인들과 사람들에게 진정으로 수용이 되기는 어려운 것이 인간의 다양성을 수용하는 것이다. 이 어려움은 다양성을 인정하기 위해서 먼저 인정해야만 하는 동등성에 대한 확신의 부족이 한 이유라고 할 것이다.

기적수업에서의 다양성 수용은 지각되는 것은 아무것도 아니라는 핵심적인 이론의 구조와 형제의 완벽한 동등성이라는 원리에서 이끌어 내어지고 보장된다. 겉에 드러나는 모습은 어차피 진실이 아니고 가짜이며 '아무것도 아닌 것'이다. 그것은 환상이고 상상일 뿐이며 이미지에 불과하다. 그러므로 다양성을 인정하지 못할 아무런 이유도 남지 않게 된다. 역설적이게도 다양성의 수용은 보이는 것이 아무것도 아님과 실재 차원에서의 모두의 일체성을 인정하는 기적수업의 사고체계 아래에서 진정으로 가능해진다.

9) 일체성의 한 색다른 개념을 소개한다

"너희는 모두 그리스도 예수 안에서 하나이다." 사도바울, 갈라디아서 3:28

텍스트 27:82 *모든 것이 하나인 영원 속으로 아주 작고 미친 아이디어가 하나 기어들어 왔는데, 하느님의 아들은 그것을 웃어넘기는 것을 기억하지 못했다. 그의 망각 속에서 그 생각은 심각한 아이디어가 되어, 성취될 수도 있고 실제적인 결과를 낳을 수도 있게 되었다.* (Into *eternity, where all is one,* there crept a tiny mad idea at which the Son of God remembered not to laugh. In his forgetting did the *thought become a serious idea and possible of both accomplishment and real effects.*)

수업은 영원, 천국, 실재, 사랑, 일체성, 전일성과 같은 우리의 영원한 본성의 묘사를 통해서 우리는 하나임을 보여 준다. 일체성 (하나임)을 망각한 것 혹은 일체성에 대한 확신을 잃은 것이 우리의 분리의 망상, 세상이라는 꿈의 시작이었다. 수업은 그 망상과 꿈에서 깨어나는 여정을 안내함으로써 진정한 일체성을 가르치고 그 회복을 보장한다.

실재(하느님, 천국, 사랑, 진리 등)가 아닌 모든 것은 단지 환상일 뿐이고 존재(실재)하는 것은 하느님밖에 없으며, 그 하느님은 영원함(eternity)이자 일체성(oneness)이고 영원이라는 상태 자체가 '그 안에서 모든 것이 하나/일체'인 상태라고 하는 내용의 색다른 일체성 개념이 소개된다.

10) 건강하고 풍요로운 삶에 필수적인 '건설적인' 비평적 시각의 확보를 돕는다

자기 성찰적이고 비평적인 시각의 토대가 되는 사고역전, 사고전환의 근거를 제공해서 보다 성숙하고 통합적이며 풍요로운 삶을 살 수 있게 돕는다.

"보이는 것이 다가 아니다."
"보이는 세상은 사실은 실재하지 않는다."
"전승되고 있는 믿음과 가치체계는 과연 모두 다 진리인가?"

다신교의 전복인 토라(모세의 율법이 담긴 구약의 5가지 율법서)와 유대교처럼["나는 너의 하나님이고 너는 나의 백성이다. 너희는 내 앞에 다른 신들을 두지 말지니라."(구약성서)], 유대교의 전복인 기독교["십자가 위에서 처형된 죄수를 하느님이 부활시켰다. 혈통과 할례가 아니라 아브라함의 것과 같은 믿음이 구원을 준다."(사도바울)]가 나타났다.

같은 맥락에서 기독교의 전복인 기적수업(세상은 없다. 실재인 것과 환상의 차이는 무엇인가?)이 또 다른 심층의 사고역전을 얻도록 초대함으로써 건설적인 비평에 익숙해지도록 유도한다.

열심히 신의 명령을 지키려고 노력할수록 큰 축복을 받는다. vs. 기적에는 난이도가 없다.

이것들은 지각 그리고 나아가서 사고의 역전을 특정으로 하고 보다 성숙

하고 풍요로운 삶으로 인도하는 건설적/창조적 비평(constructive/creative criticism)에로의 초대이다.

3

기적수업을 (기적수업의 속죄를) 가르치도록
초대받은 자의 특징

1) 지금은 극단적이어야 할 때

사고체계들에 대한 충성의 극단적인 보기들인 자들과 충성을 위한 능력이 계발되어 있는 자들이 그 충성에 대한 가능성 때문에 기적수업을 공부하고 가르치도록 (속죄를 가르치도록) 선택되었다고 예수는 설명한다.

> 텍스트 6:3 너희가 속죄를 가르치도록 선택된 이유를 정확히 말하자면, 너희가 그동안 자신의 사고체계에 충성하는 극단적인 본보기였으며, 따라서 충성할 수 있는 능력을 개발해 두었기 때문이다.

가장 으뜸의 가르침이라는 뜻을 가진 종교도 항상 혁신을 외치면서 시작했지만 극단적인 전복과 과격한 역전을 부담스러워하는 인간의 생리로 단지 계몽하는 수준으로 퇴보하다가 마침내는 사람들에게 버림받아 왔다. 이제 우리는 전복과 역전을 두려워하지 말아야 한다. 이제는 배움과 실천에서 극단적이어야 할 때이다. 극단의 역전도 불사하겠다는 각오로 기적과 용서와 속죄와 치유를 가르치고 배워야 한다.

2) 이제는 뭘 하지?

enjoy happiness, joy and peace. (행복, 기쁨, 평화를 즐기라.)

smile more frequently with serene forehead and quiet eyes. (차분한 이마와 조용한 눈길로 더 자주 미소 지으라.)

forgive and save the world. (용서하고 세상을 구하라.) - 용서와 구원만이 나의 기능이다. 다른 것들은 모두 *사소한 목적들, 목표들*이다(워크북 65:4).

기적수업을 공부하고 속죄를 받아들이고 용서하기를 우리의 삶의 원칙으로 만들겠다는 선택을 한 우리의 인생은 기본적으로 분노와 원망과 비교와 판단과 공격과 복수의 삶에서 기쁨과 행복과 평화의 삶으로 역전되었다. (선택과 그 효과는 '영원'에서 즉각 일어나지만 '시간 안'에서 인식하게 되기까지는 그야말로 대다수에게는 '시간'이 걸린다.)

이 역전된 삶은 마치 사도바울이 갈라디아 교회의 교인들에게 한 신앙고백 (**갈라디아서 2:20, 그런즉 이제는 내가 산 것이 아니요 오직 내 안에 그리스도께서 사신 것이라.**)에 나타나는 것처럼 내 안의 가짜 나/왜소한 나의 경험이란 아무것도 아님을 아는 매우 근본적인 평화의 삶이다. 그리고 이런 평화에 도달하는 것이 '배움'의 정해진 결말이다. (**워크북 353:1, 이와 같이 배움은 정해진 결말에 거의 도착했다.**)

그런 평화 안에서 우리가 이제부터 할 일은 역시 상당한 심지어 때로는 극단적이기까지 한 역전을 포함한다. 우리는 사회와 학교와 동료들과 사회 지도자들과 종교의 사제들에게서 배웠던 내용의 상당 부분을 전복적인 새 시각으로 바라보기 시작한다.

그런 새로운 시각은 풍부한 영성이나 상근기가 갖추어질 때에야 비로소 우리가 성령의 목소리를 따라서 환상을 용서하는 것이 가능해지는 것이 아님을 알려 준다. 우리가 가진 어떤 것이나 애써 획득하게 된 어떤 것이 우리를 용서할 수 있게 되는 수준에로 이끄는 것이 아니라, 거꾸로 우리의 용서의 선택이 우리 영성을 풍부하게 만들고 우리 내면의 신성을 보여 주며 우리가 상근기의 사람들이었음을 확인시켜 준다. 이것은 우리가 하는 거룩한 행위가 우리를 거룩하게 만드는 것이 아니라 본래 있던 우리의 거룩함이 발현되어서 우리가 하는 행위를 거룩한 것으로 만든다고 하는, 역시 매우 전복적인 발상의 지적과 같다. 거룩한 자가 거룩한 행위를 하는 것이지 거룩한 행위를 하는 것이 그 행위자를 거룩하게 만드는 것이 아니란 것이다.

이런 의미에서 볼 때 침묵이 가장 위대한 찬양이고 기도가 가장 위대한 선행이라는, 기독교 신비주의의 전복적 사고가 우리에게 주어진 가장 수준 높은 가르침인지도 모른다.

3) 내가 누구인지에 대한 앎이 주는 자유를 가진 사람["진리를 알지니 진리가 너희를 자유롭게 하리라"(요한복음 8:32)]

나는 누구인가라는 질문에 대한 기적수업의 답은 누차 강조되었다. 우리는 더 이상 우리가 스스로 만든 자아이미지, 가족과 사회와 학교와 교리와 기업의 상품광고들이 우리에게 주입시키는 그런 이미지들(죄인, 두려움 속에서 유한한 삶을 사는 자, 닥치는 대로 욕망하는 자라는 이미지들)에 속지 않는 자이다. 그런 자아이미지(self-image)는 기껏해야 보다 많이 먹고, 보다 비싼 옷을 입고, 보다 빠른 차를 타고, 보다 비싼 장난감을 소비하며, 보다 큰 집에 사는 이미지일 뿐이기 때문이다. 그런 이미지는 또한 보다 유명해지고, 보다 큰 권력을 쥐고, 보다 오래 살고 싶어 하며, 보다 큰 복을 이생에서 누리고 저승에서조차 보다 안전하고 안락하기를 바라는, '왜소한'(little) 자가 추구하는 '특별함'의 이미지에 지나지 않는다.

기적수업의 답은 그런 자아이미지의 정반대인 우리의 진정한 정체를 알려준다. 우리는 몸이 아니다. 우리는 모든 한계들에서 자유로운, 하느님의 거룩한 아들로서 안전하고 치유되었고 온전한 자이다. **여전히 하느님이 창조하신 그대로**이기에 공격하거나 아플 수 없고, 자유롭게 용서하고, 자유롭게 세상을 구하는 존재이다. 요컨대, **우리는 영이다**(워크북 97:9).

요한복음에서 설명되는, 우리가 알게 됨으로써 우리를 구원하고 자유롭게 하는 진리는 기적수업에서도 재차 설명되고 강조된다.

텍스트 18:7 *진리가 너를 구원할 것이다.* (The truth will save you.)

워크북 특별주제 14. 나는 무엇인가?(What am I?)

①*나는 하느님의 아들이다. 나는 완전하고 치유되었고 온전하며, 하느님의 사랑을 반영하여 빛난다. 나는 하느님의 거룩한 죄 없음 자체다.*

③ 우리는 *구원을 가져다주는 자들이다.* 우리는 *세상의 구원자로서의 우리의 역할*을 받아들이며, 세상은 우리의 공동의 용서를 통해 구원된다. 우리는 세상에게 이러한 선물을 주며, 그 결과 그것이 우리에게 주어진다. 우리가 우리의 역할을 다했을 때, 앎이 돌아올 것이다.

④ 우리의 눈을 통해 그리스도의 비전은 죄의 생각에서 완전히 해방된 세상을 본다.

⑤ 우리는 *하느님의 거룩한 메신저들이다.* 우리는 하느님을 대신해 말하며, 하느님이 우리에게 보내신 모든 이에게 그의 말씀을 전하면서, *그것이 우리 가슴에 새겨져 있음을 배운다.*

우리는 세상에서 우리가 차지할 수 있는 모든 왜소한 것들(the little things: 돈, 권력, 명성, 육체적 즐거움들 등)이 최대로 혹은 충분히 쌓였을 때 마치 우리가 죽지 않고 영원히 살 수 있는 듯 혹은 못하는 것이 아무것도 없을 만큼 부유하고 강력한 듯 소위 '신인 척하기'(to play God) 놀이를 하곤 한다. 불로초를 찾으라 했던 진시황이나 이 세상을 넘어 영원히 살고 싶어서 피라미드를 지었던 파라오들의 예들이 아니라도 영원함이나 전능함을 마음 한구석에서 갈망하는 우리의 모습은 역사와 현실의 도처에 그 흔적이 남아 있다.

이것이 보여 주는 것은 단지 자신이 잊어버리고 있는 천국의 영원함과 하느님과의 일체성(oneness)을 회복하기를 우리가/세상이 얼마나 간절히 원하고 있는가이다. 우리 마음은 다시 영으로 회복되기를 갈망한다. 그 무엇보다도 먼저. 어려서 부모와 헤어졌던 자식이 기억에 떠오르는 아버지의 집을 항상 그리워하는 것이기에 자연스럽지만, 찾을 방도와 돌아갈 길을 전혀 모르고 있어서 보기에 애처롭다.

그렇다면 구원과 용서와 치유와 속죄와 영으로의 회복의 비밀을 알아낸 우리가 세상에 머무는 동안 할 일은 명백하다. 영인 우리가 실제가 아니라 가짜인 세상에 살고 있다. 여기서 우리가 할 일은 '용서하고 세상을 구하는 것'뿐이다. (free to forgive, free to save the world, 워크북 97:9)

> **워크북 153:8** 우리의 진정한 목적은 세상을 구하는 것이다. (Our true purpose is to save the world.)

> **워크북 153:15** Salvation is the only goal we have···. (우리의 유일한 목표는 구원이다.)

그게 다이다. 세상을 실재로 믿고 바꾸려 하거나 세상이 모든 것인 듯 그 안에서 거머쥐고 즐기는 것이 목표가 되어서는 안 된다. 자신이 먼저 **완전한 용서를 통해** 완벽하게 깨어나서 아직도 악몽이 실제라고 믿고 고통스러워하는 꿈속의 형제들을 깨어나도록 돕는 것이 유일한 기능이자 할 일이다. 이것이 하느님의 뜻이기에 또한 우리의 진정한 의지는 하느님의 그것과 다르지 않기에 우리의 평화는 여기에 달려 있을 것이다.

> **텍스트 19:100** *완전히 용서하기* 전에는, 여전히 용서하지 않은 것이다.

> **워크북 346:1** 저는 당신의 *사랑 외에 모든 것을 잊고자* 합니다. 당신 안에 머물러 살면서, 당신 사랑의 법칙만을 알고자 합니다. 또한 당신과 저의 영광을 바라보면서, 제가 만든 어리석은 *장난감들을 전부 잊고서* 당신이 아들을 위해 창조하신 평화를 발견하고자 합니다.

이 평화는 오래전에 《바가바드기타》(2:56)에서도 묘사된 바 있다.

"의식의 고통 속에서도 근심으로 동요되지 않고, 좋은 환경 속에서도 행복에 대한 애착으로 흔들림이 없는 자, 세속적인 사랑과 공포와 분노에서 자유로운 자, 그가 **변하지 않는 식별력을 지닌 무니**[muni, 스스로의 마음을 신 안에 녹일 수 있는 자: '석가모니(*Sakyamuni*)'의 '무니']이다."

이 평화 속에 사는 우리는 세상에서 보이는 것들과 들리는 것들에 놀라거나 흔들리지 않을 것이다. 쉼 없는 판단으로 피곤해지지도 않을 것이다. 아무것에도 더 이상 집착하거나 속지 않고, 차분한 이마와 조용한 눈길로 보다 자주 미소 지을 것이다. 아무도 빼앗아 가거나 방해할 수 없는 한결같은 기쁨과 행복 속에서 고요한 온유함과 진정한 풍요로움으로 두려움 없이 살 것이다. 형제를 깨어나게 돕고 구하는 일 외에는 '아무 일도 없이'(아무런 사소한 목적도 안 가진 채로) 살 것이다. '세상에 살지만 세상에 속하지 않은 자'로, '세상이 감당할 수 없는 자'로 살 것이다(신약성서, 사도바울). 우리의 삶은 '세상의 빛'이 될 것이다(에베소서 5:8).

진리는 이렇게 우리를 자유롭게 할 것이다.